미래가
우리 손을
떠나기 전에

미래가 우리 손을 떠나기 전에

나오미 클라인, 리베카 스테포프 지음
이순희 옮김

나오미 클라인과 함께하는 기후 행동

일러두기
• 이 책의 각주는 모두 옮긴이주이다.

산호초에서

어려서 나는 물에서 많은 시간을 보냈다. 예닐곱 살 즈음엔 아버지에게서 스노클링을 배웠는데, 그때의 추억은 내 인생에서 손에 꼽히는 행복한 기억으로 남아 있다. 어릴 적 나는 수줍음이 많았고 남들의 시선을 받을 때면 마음이 졸아들곤 했다. 그런데 물속에 있을 때만큼은 그런 기분에서 벗어나서 자유를 만끽할 수 있었다. 바다 생명체를 가까이서 만나는 경험은 늘 경이로웠다.

바다로 헤엄쳐 들어가 산호초 가까이 다가가면 처음에는 물고기들이 쏜살같이 달아난다. 하지만 숨대롱으로 조용히 숨을 쉬면서 가만히 움직이다 보면 이삼 분쯤 지나서 물고기들이 나를 바다 풍경의 일부로 여기는 순간이 온다. 수경에 닿을 듯 가까이 다가오거나 내 팔에 살짝 입질을 하는 물고기도 있다. 이런 경험을 할 때마다 내 가슴에는 꿈결같이 황홀하고 아늑한 평온이 차올랐다.

여러 해가 흐른 뒤 호주에 갈 일이 생겼을 때, 나는 네 살 난 아들 토마에게 어렸을 적 나를 황홀경으로 이끌었던 수중 체험을 하게 해주어야겠다고 마음먹었다. 밖에서 바다를 볼 때는 별로 대단해 보이지 않을지 몰라도 바닷속으로 들어가면 완전히 새롭고 다채로운 세계가 펼쳐진다는 것을 직접 보여 주고 싶었다.

마침 토마는 막 수영을 익힌 터였고, 우리 일행은 그레이트 배리어 리프에 갈 계획이었다. 나도 처음 만나게 될 그곳은 어마어마하게 많은 수의 산호라는 작은 생물들이 모여서 만든 곳, 지구상에서 생명체가 지어낸 구조물 중에 규모가 가장 큰 것이라는 수식어가 붙은 곳이었다. 그때 내 생각은 이랬다. 어쩌면 이렇게 모든 것이 완벽하게 맞아떨어질까!

우리는 그레이트 배리어 리프에 갈 때 다큐멘터리 촬영 팀과 그곳을 연구해 온 과학자 팀과 동행했다. 솔직히 말해서, 나는 토마가 산호초를 제대로 볼 거라고는 기대하지 않았다. 그런데 경이로운 체험의 순간만큼은 아이의 마음에 또렷이 새겨져 있었다. 아이는 말했다. 「니모를 봤어요.」 해삼도 보고, 바다거북도 보았던 것 같다.

그날 밤 숙소에서 나는 잠자리에 누운 아이에게 말했다. 「오늘은 바닷속 비밀 세계를 직접 본 날이네?」 아이가 나를 올려다보며 짓는 더없이 행복한 표정만으로도 아이가 내 말을 이해한다는 것을 읽을 수 있었다. 「응, 맞아요.」 아이의 대답을 듣는 순간, 내 가슴에는 기쁨과 슬픔이 뒤섞인 감정이 밀려들었다. 내 아이가 드디어 이 세상의 아름다움에 눈을 뜨기 시작했구나. 그런데 그 아름다움은 이미 사라져 가고 있으니 이를 어쩌나.

그레이트 배리어 리프는 내 인생 최고의 장관이었다. 그곳에는 헤아릴 수 없이 많은 다양한 생명체들이 어우러져 있었다. 다채로운 색깔을 뽐내는 산호와 물고기 사이로 바다거북과 상어가 지나갔다. 그런데 그곳은 내 인생 최대의 악몽이기도 했다. 굳이 보여 주지 않아서 토마는 몰랐겠지만 그 산호초 가운데 많은 곳이 이미 죽었거나 죽어 가고 있었다.

그곳은 한마디로 무덤이었다. 나는 기후 변화와 환경 전문 기자의 입장에서 취재차 온 터라 그곳에서 무슨 일이 일어나고 있는지 잘 알았다.

그레이트 배리어 리프에서는 산호초의 대량 백화 현상이 빠르게 진행되고 있었다. 백화 현상은 수온이 높을 때 발생한다. 살아 있는 산호의 색깔이 잿빛이 어려 괴이한 느낌을 주는 흰색으로 바뀐다. 수온이 잠깐 높아졌다가 다시 낮아지면 백화 현상이 사라지고 정상으로 돌아갈 수 있다. 하지만 2016년 봄에는 수온이 높아져서 몇 달 동안 정상으로 돌아가지 않았다. 이곳 산호초의 4분의 1이 죽어 썩어 가면서 진득한 갈색 액체로 녹아내리고 있었다. 이미 죽은 곳 말고도, 이곳 산호초의 절반 이상이 수온 상승 때문에 상당한 타격을 입은 상태였다.

태평양 수온이 얼마나 많이 올랐기에 이렇게 그레이트 배리어 리프 산호초의 떼죽음이 일어났을까? 수온이 그리 많이 오른 것은 아니다. 실제로 당시 태평양 수온은 섭씨 1도가 올라갔는

위 건강한 산호초를 품은 다채로운 색상의 바닷속 세계.

아래 수온 상승으로 백화된 산호는 수온이 다시 내려가지 않으면 마침내 죽어서 갈색으로 변한다. 산호초가 죽으면 결국에는 산호초가 지탱하는 생태계 역시 파괴된다.

데, 섭씨 1도만 올라도 산호가 버틸 수 없다. 그때 내가 보았던, 이미 죽었거나 죽어 가는 산호초의 모습은 섭씨 1도 수온 상승이 빚어낸 결과였다.

백화 현상 때문에 타격을 입는 것은 산호만이 아니다. 물고기를 비롯한 수많은 종의 생물들이 먹이나 서식지를 구할 때 산호의 덕을 본다. 또 약 10억 명의 사람들이 산호초에 의지해 살아가는 물고기를 잡아 식량과 소득을 얻으며 살아간다. 이처럼 산호초 떼죽음의 충격은 아주 멀리까지 퍼져 나간다. 엎친 데 덮친 격으로, 그레이트 배리어 리프뿐 아니라, 지구상 모든 곳의 온도가 점점 더 올라가면서 많은 산호초가 죽어 가고 있다. 그리고 점점 심해지는 온난화가 우리 세계를 변화시키고 있다. 이 책은 이런 변화를 다룰 것이다. 왜 온도가 점점 올라가고 있는지, 온도 상승이 어떻게 기후를 변화시키고 우리 모두의 거주지인 지구를 망가뜨리고 있는지 알아볼 것이다. 그리고 우리 모두가 이런 변화에 맞서서 할 수 있는 일은 무엇인지 더 열심히 알아볼 것이다.

지구 기후를 바꾸어 놓는 원인인 오염 물질 배출을 줄이려는 노력은 우리 한 사람 한 사람이 당연히 해야 할 일이다. 또 우리는 그런 개인적인 노력을 넘어서 더 큰일까지 이루어 낼 수 있다. 우선 우리는 자연을 보호하고 모든 생명을 지탱하는 지구를 보호하기 위해 기후 변화에 맞서 행동해야만 한다. 하지만 우리가 할 수 있는 일은 거기서 그치지 않는다.

기후 변화는 여러 가지 측면에서 공정하지 않은 결과를 낳고 있다. 우선, 기후 변화는 내 아들 토마를 비롯한 청소년들에게서 건강하고 깨끗한 지구에서 살아갈 기회를 빼앗아 가고 있다.

또 기후 변화는 일반적으로 가난한 사람들이나 사회적 약자에게 집중적으로 타격을 안긴다. 따라서 이 책에서는 정의와 공정성의 문제도 함께 다룰 것이다. 기후 변화에 어떻게 대응해야 지구를 덜 망가뜨릴 뿐 아니라 지구에서 함께 살아가는 모든 사람이 더 공정한 세상에서 살 수 있을지 알아볼 것이다.

청소년 세대와 앞으로 태어날 세대들은 기후 변화의 위기를 빚어내는 일을 전혀 하지 않았다. 한마디로, 아무런 책임이 없다. 하지만 우리가 세상을 바꾸지 않는다면 청소년 세대와 앞으로 태어날 세대들은 기후 위기로 빚어지는 최악의 충격에 시달리며 살아가게 될 것이다.

나는 이 책을 써서 더 나은 세상을 만드는 변화가 충분히 가능하다는 것을 알리고 싶었다. 그런데 책을 마무리할 무렵, 코로나19로 알려진 신종 전염병이 출현하여 하루아침에 온 세상을 예상치 못한 위기로 몰아넣었다.

2020년 초에 코로나 바이러스는 점점 세력을 키워 갔고, 결국 지구상 거의 모든 나라의 사람들을 위협하는 코로나19 세계적 유행 즉 팬데믹 상황이 되었다. 그만큼 감염률과 치명률이 대단히 높았다. 바이러스 확산을 막기 위해 수천만, 수억 명의 사람들이 집 밖 외출과 다른 사람과의 만남을 삼가는 등 일상의 극적인 변화를 견뎌 내야 했다. 많은 나라가 학교 휴업 조치를 내리면서 아이들은 집에 갇힌 채 재택 수업을 하고 친구도 만나지 못하는 새로운 일상의 포로가 되었다.

이 책의 마지막 부분에서는 전 세계가 함께 겪은 이 경험으로부터 우리가 무엇을 배울 수 있는가를 짚어 볼 것이다. 이처럼 강력한 코로나19 세계적 유행도 기후 변화의 진행만큼은 막지 못했다. 그런데 코로나19 세계적 유행이 막지 못한 것이 또 하나 있다. 바로 기후 변화를 막으려는 운동의 진전이다.

이 운동은 지금도 계속되고 있다. 이 운동은 기후 변화에 맞서 싸우면서 동시에 모든 사람이 공정하고 살기 좋은 미래를 현실로 만들어 가는 것을 목표로 한다. 이것을 한마디로 기후 정의라고 표현한다. 청소년들이 이 운동의 일원으로 참여하고 있을 뿐 아니라 앞장서고 있다. 여러분도 이 청소년들과 함께 행동에 나서지 않겠는가?

부디 이 책이 이 질문에 대답하는 데 도움이 되기를 바란다. 또 이 책을 통해 정보만을 얻는 게 아니라 행동에 나서려는 열의와 기발한 구상과 행동에 필요한 도구까지 더 많은 것을 찾아내기를 바란다.

우선 여러분은 이 책에서 기후 변화에 맞서는 동시에 인종 차별과 성차별을 극복하는 것을 포함하는 사회 정의와 경제 정의의 실현을 위해 청소년들이 하고 있는 몇 단계의 행동을 보게 될 것이다. 다음에는 지금 기후가 어떤 상태인지, 어떻게 해서 이런 지경이 되었는지 자세히 알아볼 것이다. 이런 내용을 알고 나면 여러분은 앞으로 다가올 미래를 어떤 세상으로 만들지 결정짓는 데 힘을 보탤 수 있다. 여러분은 결코 외롭지 않을 것이다. 이 책을 통해 우리 지구를 지키면서 동시에 기후 정의를 실현하기 위해 행동하는 세계 전역의 청소년 활동가들을 만나게 될 테니까.

기후 변화의 현실을 자세히 알게 된 것만으로도 버겁다고 느낄 수 있다. 하지만 그런 사실들 때문에 기가 꺾일 필요는 없다. 그 사실들은 이야기의 일부일 뿐이고 이야기의 중요한 대목은 따로 남아 있다는 것을 부디 잊지 말기 바란다. 그건 바로 운전대를 쥔 것은 다름 아니라 곧 우리라는 사실이다. 이런 깨달음이 세계 전역에서 수많은 청소년들의 열의를 북돋우고 있다. 사회 경제적 불평등에 반대하고 기후 행동을 촉구하는 이 대규모 행동들은 얼마나 많은 사람이 변화를 갈망하고 있는지를 분명히 보여 주는 산 증거다. 기필코 모든 것을 바꾸겠다는 의지가 있다면, 우리는 더 나은 미래를 만들어 낼 수 있다.

차례

1부
우리는 어디에 서 있나

1장
행동에 나선 아이들

아이들이 흥분에 들떠 재잘거리는 모습으로 이 학교 저 학교에서 실개울 흐르듯 밀려 나왔다. 이 실개울은 커다란 대로로 밀려들어 청소년들이 이룬 수많은 실개울과 합쳐졌다. 세계 곳곳의 수십 개 도시에서 표범 무늬 레깅스 차림부터 단정한 교복 차림까지 다양한 옷을 입은 아이들이 구호를 외치고 재잘거리면서 세찬 강물을 이루었다. 행진 대열은 수백, 수천, 수만 명으로 불어났다.

사무실 창문 너머로 내다보던 사업가들은 〈저렇게 많은 아이가 학교에 가지 않고 거리에서 무얼 하는 거지?〉라고 궁금해했고, 상점가로 향하던 사람들은 거리에서 끓어오르는 흥분감을 감지하고는 〈무슨 일이야?〉 하며 주위를 두리번거렸다. 이들의 질문에 대한 답변은 행진 대열이 든 수많은 팻말 속에 있었다.

뉴욕의 거리를 행진하는 10만여 청소년 가운데 한 여학생이 호박벌과 꽃, 정글에 사는 동물 그림 팻말을 치켜들고 있었다.

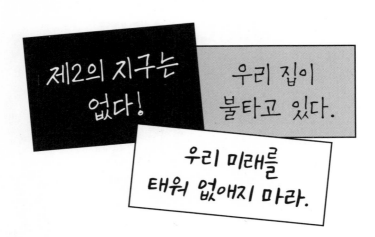

그 팻말에는 그림의 화려하고 풍성한 분위기에 어울리지 않게 엄중한 현실을 알리는 글귀가 들어 있었다. 〈기후 변화 때문에 곤충 45퍼센트 멸종! 최근 50년 사이에 동물 60퍼센트 멸종!〉 팻말 한가운데에는 모래알이 거의 다 빠져나간 모래시계 그림이 있었다.

2019년 3월, 세계 청소년들은 사상 최초로 전 세계에서 동시다발로 기후 시위를 벌였다.

학생들의 등교 거부 시위

이 세계적인 동시다발 시위의 주최자들은 그날 125개국에서 약 2,100건의 청소년 등교 거부 시위가 열렸고, 150만이 넘는 청소년들이 참가했다고 추정한다. 그날 참가자들은 대부분 걸어서 학교를 빠져나왔다. 그중에는 미리 학교 측 허락을 받고 나온 학생도 있고, 그렇지 않은 학생도 있고, 한 시간만 시위에 참여하고 학교로 돌아간 학생도 있고, 하루치 수업을 모두 빠진 학생도 있었다.

이날 많은 학생을 거리로 나서게 이끈 것은 자신이 세상에 대해 배운 것 중에 서로 크게 충돌하는 내용이 있다는 깨달음이었다. 이들은 교과서와 다큐멘터리를 통해서 태곳적에 만들어진 빙하와 황홀한 빛을 내뿜는 산호초를 비롯해 지구의 신비로 꼽히는 여러 생명체에 대해 배웠다. 그런데 이들은 이 경이로운 존재들에 대해 알게 됨과 거의 동시에 이 중 상당수가 이미 사라졌다는 사실을 알게 되었고, 〈이다음에 어른이 되어서 뭔가 하면 되겠지〉 하고 손놓고 있다가는 훨씬 더 많은 존재가 사라지게 된다는 것을 깨닫게 되었다.

기후 변화에 대해 알게 되면서 청소년들은 지구의 신비가 그대로 유지되지 않을 거라는 것을 분명히 깨달았다. 그래서 이들은 세상을 바꾸기 위한 행동에 뛰어들었던 수많은 활동가들이 해왔던 것처럼, 직접 시위행진에 나선 것이다.

그러나 미래에 닥쳐올 상실을 미리 막아야 한다는 깨달음이 청소년들이 시위에 참여한 유일한 동기는 아니었다. 이미 기후 위기의 고통을 겪고 있는 청소년도 많았다.

남아프리카 공화국 케이프타운에서는 청소년 수백 명이 선출된 지도자들을 향해 지구 온난화를 부채질하는 새로운 화석 연

호주 시드니에서 열린 최초의 청소년 기후 시위에서 거리를 가득 메운 청소년들이 지구 모형 풍선을 튕기며 기대감과 결단의 의지를 뿜어내고 있다.

료 사업을 승인하지 말라고 외쳤다. 대도시 케이프타운은 꼭 1년 전에 심각한 물 부족 사태를 겪었다. 강우 부족과 심한 가뭄이 몇 년간 이어지면서 하마터면 물 공급이 완전히 끊기는 상황으로까지 번질 뻔했다. 이 사태를 부른 원인, 또는 최소한 가뭄을 더 심하게 만드는 원인은 바로 기후 변화였다.

태평양 섬나라 바누아투에서 기후 시위에 참가한 청소년들은 〈목소리를 높여라! 해수면 상승은 싫다!〉라는 구호를 외쳤다. 바누아투섬과 이웃한 솔로몬 제도에서는 이미 작은 섬 다섯 개가 바다 밑으로 사라졌다. 지구 온도가 올라감에 따라 바닷물이 팽

창하고 빙하와 빙상이 녹아내려 해수면이 높아진 탓이었다.

인도 델리의 기후 시위에서 학생들은 흰색 미세먼지 방지 마스크를 쓰고 〈감히 우리 미래를 돈과 바꾸다니!〉라고 외쳤다. 인도는 석탄을 굉장히 많이 쓰는 나라이고, 그중에서도 델리는 세계 최악의 대기 오염을 자주 기록하는 도시다. 석탄을 태우면 오염 물질이 많이 나온다. 그런데 자욱하게 도시를 뒤덮는 대기 오염 스모그만 문제가 되는 것은 아니다. 석탄을 태우면 보이지 않는 온실가스까지 뿜어져 나와 대기로 들어간다. 델리 기후 시위에 참가한 학생들은 석탄 사용이 지구의 기후를 바꾸는 원인이란 것을 알고 있었을 것이다. 석탄과 온실가스에 대해서는 나중에 자세히 다룰 것이다.

이날 행진은 청소년들이 직접 기획하고 직접 꾸린 것으로서, 최초로 전 세계에서 동시에 일어난 기후를 위한 등교 거부 시위였다. 이 최초의 기후 시위와 그 후 이어진 여러 차례의 기후 시위를 통해서, 전 세계의 청소년들은 자신이 살아갈 세상의 미래를 결정하는 문제와 관련해 자신들의 의견을 반영해 달라고 요구하고 있다.

우리는 더 나은 미래를 원한다

　최초의 기후를 위한 등교 거부 시위 때, 호주의 여러 도시의 거리로 청소년 15만 명이 쏟아져 나왔다. 이들은 기후 변화가 이미 자신의 나라를 망가뜨리고 있고, 바다의 수온 상승 때문에 자연이 호주와 이 세계에 준 보물 그레이트 배리어 리프가 죽어 가고 있다는 것을 알고 있었다.

　그런데도 호주는 세계적으로 손꼽히는 석탄 생산국이자 수출국의 자리를 흔들림 없이 지키고 있다. 발전소 연료용 등 여러 가지 용도로 석탄을 태울 때 발생하는 온실가스가 지구 온도를 더욱더 뜨겁게 데우는 데도 말이다. 호주에서 등교 거부 시위 조직에 앞장섰던 열다섯 살의 노스라트 파레하는 정치인들을 향해 이렇게 외쳤다. 「당신들은 우리 미래를 짓뭉개고 있어요. 우리는 더 나은 미래를 원해요. 젊은 사람들은 투표조차 할 수 없는데 당신들이 아무 대응도 하지 않으면 그 결과는 고스란히 우리 젊은이들 몫이 될 겁니다.」 파레하뿐만 아니라 세계 곳곳에서 기후 시위에 참가한 청소년들은 권력자에게 엄연한 진실을 말하는 것을 전혀 겁내지 않는다. 변화를 지향하는 청소년 운동의 강점은 바로 이런 대담함이다.

스웨덴의 한 여학생

2019년 3월에 벌어진 기후를 위한 등교 거부 시위 운동은 청소년 운동이 엄청나게 넓은 기반과 확대 가능성을 지녔음을 전 세계에 알렸다. 그런데 이 운동에 첫 불꽃을 지핀 것은 스웨덴 스톡홀름에 사는 열다섯 살 여학생이었다.

그레타 툰베리는 여덟 살 무렵 기후 변화에 대해 처음 배웠다. 생물 종이 사라지고 빙하가 녹아내리고 있다는 내용의 다큐멘터리를 보았고, 석탄, 석유, 천연가스 등의 화석 연료를 태우면 온실가스가 발생해서 대기로 들어가고, 온실가스 때문에 기후 변화가 일어난다는 것을 배웠다. 그리고 발전소와 공장 굴뚝, 자동차, 비행기, 이 모든 것이 대기로 온실가스를 뿜어낸다는 것도 배웠다.

그레타는 육류 위주의 식습관 역시 온실가스 증가에 한몫을 한다는 것도 배웠다. 지속적인 육류 공급을 위해서 사람들은 가축, 특히 소를 키울 목장을 만들기 위해 엄청나게 넓은 면적의 숲을 허문다. 숲속의 나무는 온실가스 중 하나인 이산화탄소를 흡수해서 광합성을 하기 때문에 대기에서 이산화탄소를 제거하는데, 인간에게 육류를 공급하기 위해서 이렇게 중요한 역할을 하는 나무들을 베어 내는 것이다. 또 소와 소의 배설물은 또 다른 온실가스인 메탄을 대기로 뿜어낸다.

그레타는 나이가 들수록 더 많은 것을 배웠다. 그리고 우리가 삶의 방식을 바꾸지 않는다면 2040년, 2060년, 2080년 무렵에 지구가 어떻게 될 것인지 연구해 온 과학자들의 예측 내용이 자꾸만 마음 쓰였다. 지구의 변화는 내 삶에 어떤 영향을 미칠까? 나는 어떤 재난을 겪게 될까? 어떤 생명체들이 영원히 사라질까? 만일 아기를 낳으면 그 아이는 어떤 고통을 떠안게 될까?

그런데 기후 과학자들이 예측한 최악의 상황이 결코 피할 수 없는 결론이 아니라는 것 역시 알게 되었다. 우리가 지금 당장 대담한 행동에 나선다면, 안전한 미래를 꾸릴 가능성이 크게 늘어나고, 빙하를 얼마간이라도 지킬 수 있고, 많은 섬나라를 구할 수 있고, 수백만 또는 수십억 사람들을 삶의 터전에서 몰아낼 수 있는 혹독한 가뭄과 폭염도 막을 수 있다는 걸 알게 되었다.

그레타는 도무지 이해할 수가 없었다. 모든 사람이 나서서 기후 위기를 막자는 이야기를 해야 하는데, 왜 아무도 그런 이야기를 하지 않을까? 우리 나라 같은 국가들은 온실가스를 줄이는 일에 가장 먼저 앞장서야 하는데, 어째서 그렇게 하지 않을까? 세상이 불타고 있는데, 어째서 사람들은 꼭 필요한 게 아닌데도 새 차와 새 옷을 사들이면서 아무 문제도 없다는 듯 평온한 일상을 이어 가는 걸까?

열한 살 무렵, 그레타는 깊은 우울증에 빠졌고, 우울증에서 쉽게 헤어날 수 없었다. 그레타는 자신에게 관심 있는 주제에만 골똘히 집중하는 일종의 자폐증을 앓고 있다. 레이저처럼 예리한 주의력이 기후 붕괴 문제에 꽂힌 순간, 그레타는 기후 위기가 뜻하는 바를 남김없이 파악하고 체감하면서 단 한 순간도 그 문제에 대한 관심을 접을 수 없었다. 망가지는 지구의 꼴이 너무도 무섭고 슬퍼서 다른 감정은 들어설 틈이 없었다. 우울증은 복잡한 병이고, 그레타의 우울증에는 다른 요인도 영향을 미쳤다. 하지만 그레타는 어째서 권력을 가진 사람들이 기후 변화의 위기를 막기 위해 적극적으로 행동하지 않는지, 또 어째서 겁에 질리지 않고 분개하지 않는지 도저히 이해할 수 없었다.

그레타는 기후 위기에 대해 배운 것과 자기 가족의 생활 방식 사이의 커다란 격차를 줄일 방법을 찾아내면서 우울증에서 조금이나마 벗어날 수 있었다. 육류를 먹지 말고 비행기 여행도 하지 말자고 부모를 설득한 것이었다. 하지만 그레타를 우울증에서 구해 낸 가장 중요한 변화는 직접 행동에 나서기로 결심한 것이었다. 그레타는 모든 게 정상인 듯 행동하는 걸 당장 멈춰야 한다는 것을 세계에 알리기로 마음먹었다. 〈영향력 있는 정치인들이 기후 변화를 막기 위해 비상 행동에 나서게 하려면, 내가 직접 이런 비상사태를 반영하는 행동을 하는 수밖에 없어.〉

2018년 8월에 학기가 시작되었지만, 열다섯 살 그레타는 학교에 가지 않았다. 그 대신에 손수 〈기후를 위한 등교 거부〉라고 써서 만든 팻말을 들고 스웨덴 의사당 앞에 앉았다. 그 후 그레타는 매주 금요일 중고 옷가게에서 산 후드 티셔츠를 입고 양 갈래로 땋은 밝은 갈색 머리를 어깨 위에 드리운 채 의사당 앞에서 한나절을 보냈다. 그레타가 홀로 시작한 이 시위는 결국 〈미래를 위한 금요일〉 운동으로 이어졌다.

스웨덴의 여학생 그레타 툰베리가 시작한 운동은 결국 세계 전역으로 퍼져 나갔다.

　공개적인 장소에서의 시위는 자신의 주장을 알리는 강력한 방법이 될 수 있다. 그러나 한두 번의 시위가 곧바로 결실을 맺는 경우는 거의 없다. 처음에는 의사당 앞에서 팻말을 들고 앉은 그레타에게 아무도 눈길을 주지 않았다. 하지만 꾸준히 이어지는 그레타의 시위에 차차 언론이 주목하기 시작했다. 그레타의 단독 시위 소식은 이 여학생의 의견에 동의하고 직접 행동에 나서길 원하는 사람들의 마음을 움직였다. 학생과 어른 몇몇이 팻말을 들고 그레타 곁에 모여들었다. 얼마 후 그레타에게 연설을 해달라는 요청이 하나 둘 들어오기 시작했다. 그레타는 처음에는 곳곳의 기후 집회에서, 나중에는 유엔 기후 회의와 유럽 연합 의회, 영국 의회 등 여러 곳에서 연설했다.

그레타는 자신처럼 자폐증을 가진 사람들은 〈거짓말을 하지 못한다〉고 말한다. 그레타는 짧으면서도 날카롭게 진실만을 말한다. 2019년 9월 유엔 회의장에서는 세계의 지도자들과 외교관들을 향해 이렇게 말했다. 「여러분은 우리 기대를 저버리고 있습니다. 그러나 이제 우리 청소년들은 여러분이 우리 기대를 저버리고 있다는 것을 깨닫기 시작했습니다. 미래 세대 모두가 여러분을 주시하고 있습니다. 우리 기대를 저버리는 길을 선택한다면 우리는 결코 여러분을 용서하지 않을 것입니다. 교묘히 빠져나갈 생각은 하지 마십시오. 여기서부터는, 지금부터는 결코 우리가 용인하지 않을 겁니다. 전 세계가 깨어나고 있습니다. 여러분이 좋아하든 싫어하든 변화가 오고 있습니다.」

그레타의 연설은 세계 지도자들의 행동에 큰 변화를 불러일으키진 못했지만 다른 많은 이들의 마음에 깊은 감동을 주었다. 사람들은 소셜 미디어를 통해 그레타가 나오는 동영상을 공유했다. 그들은 이 여학생 덕분에 미래의 기후 위기에 대한 두려움을 직시하고 행동에 나설 용기를 얻었다고 이야기했다. 세계 전역의 청소년들이 그레타의 행동에 자극을 받아 직접 행동에 나서기 시작했다. 청소년들은 직접 기후를 위한 등교 거부 시위를 조직했다. 많은 청소년이 그레타가 했던 말을 인용해 〈나는 여러분이 극심한 공포에 빠지길 원한다. 우리 집이 불타고 있다〉라고 쓰인 팻말을 들었다.

2019년 12월 시사 주간지 『타임』은 기후 위기에 대한 관심을 지펴 올린 공로를 기려 그레타 툰베리를 올해의 인물로 선정했다. 그레타는 『타임』이 선정한 올해의 인물 가운데 가장 나이가 어리다. 그레타는 자신에게 영감을 준 것은 플로리다주 파클랜드 청소년들의 시위 행동이었다고 말한다. 2018년 2월, 파클랜드의 어느 고등학교에서 총격 사건이 일어나 열일곱 명이 목숨을 잃었을 때, 파클랜드 학생들이 총기 소유를 강력히 규제할 것을 요구하는 등교 거부 시위를 시작했고, 이 시위는 전국적인 등교 거부 시위를 불러일으켰다. 이들의 등교 거부 시위에 착안하여 행동을 개시한 그레타 덕분에 청소년 기후 변화 운동은 전 세계로 활동 무대를 넓혔고, 수많은 청소년들이 그레타가 앞장선 길을 따라 기후 변화의 위태로운 전개를 막는 행동에 적극 참여하고 있다.

그레타의 초강력 파워

　자폐증을 안고 살기란 쉽지 않다. 자폐증을 앓는 대부분의 사람들은 〈학교와 직장, 못되게 구는 사람들과 끊임없이 싸움을 벌여야 합니다. 그러나 적절한 상황에서 적절한 조절이 이루어진다면, 자폐증은 오히려 초강력 파워가 될 수 있어요〉라고 그레타는 말한다.

　그레타는 자신이 기후 변화 문제를 또렷이 인식하고 그 문제에 대해 명확하게 말하는 힘을 가지게 된 것이 자폐증 덕분이라고 말한다. 「온실가스 배출 중단이 필요하다면, 무슨 일이 있어도 온실가스 배출을 멈춰야 합니다. 제게 있어 그 문제는 흑 아니면 백입니다. 생존이 걸린 문제에서 이도 저도 아닌 중간 영역은 있을 수 없어요. 우리는 문명을 계속 유지하느냐 마느냐의 갈림길에 서 있습니다. 우리는 변해야만 합니다.」

　지구 기후가 어떻게 바뀌어 가는지 알고 나면 슬픔이나 분노 또는 두려움에 휩싸일 수 있다. 그러나 그레타는 직접 행동에 나서서 자기 신념을 공개적으로 밝힐 때 그런 감정이 누그러진다는 걸 확인했다. 또 실제로 그렇게 행동함으로써 많은 사람의 지지를 받았다. 굴은 자기 몸에 작은 모래알이 들어오면 체액을 분비해 모래알을 감싸 단단한 진주를 만든다. 작은 모래알이 진주를 키우는 씨앗이 되듯이, 그레타가 시작한 작은 시위는 아름답고 강력한 힘을 일구어 냈다.

청소년 기후 소송

청소년들의 기후 운동은 거리에서만 진행되고 있는 게 아니다. 법정에서도 진행되고 있다. 국제적인 법률을 이용해서 기후 변화에 맞선다는 게 과연 가능할까? 다섯 개 대륙의 열두 나라 출신 청소년 열여섯 명이 그 길을 개척하고 있다.

2019년 9월, 여덟 살부터 열일곱 살 사이의 기후 활동가 열여섯 명이 「유엔 아동 권리 협약」이라는 국제 조약을 근거로 유엔에 항의서를 제출했다. 「유엔 아동 권리 협약」은 협약에 서명한 당사국 내 아동의 권리를 보호한다는 목적 아래 1989년에 발효되었다. 이 협약의 핵심은 모든 아동에게는 〈생명권〉이 있고, 정부가 〈아동의 생존과 발전을 최대한 보장해야 한다〉는 조항이다.*

이 항의서가 겨냥하는 나라는 아르헨티나, 브라질, 프랑스, 독일, 터키, 이렇게 다섯 나라다. 이 다섯 나라는 「유엔 아동 권리 협약」에 서명한 나라들 가운데 온실가스를 많이 배출하는 곳이다. 미국과 중국은 이 나라들보다 온실가스를 훨씬 더 많이 배출하지만, 미국은 「유엔 아동 권리 협약」에 서명하지 않았고, 중국은 법적으로 문제가 될 수 있는 부분만 빼놓고 서명했다.

이들 청소년 열여섯 명은 항의서에서, 이 다섯 나라가 기후 변화를 완화하거나 대처하기 위한 충분한 조치를 취하지 않아 아동의 생명권과 건강권을 보호할 의무를 외면하고 있다고 말한다. 이 항의서는 전 세계 청소년을 대신하여 유엔에 제출된 최초의

* 이 협약에서 아동은 18세 미만의 어린이와 청소년을 말한다.

2019년 9월 브라질 출신의 카타리나 로렌조가 기후 변화 대응을 미루고 있는 여러 나라의 책임을 묻기 위해 청소년 열여섯 명이 유엔에 제출한 항의서에 대해서 이야기하고 있다. 팔라우 출신의 카를로스 마누엘(왼쪽)과 마셜 제도 출신의 데이비드 애클리 3세(오른쪽)도 그 열여섯 명에 포함된다.

기후 위기 관련 항의서다.

유엔은 이 항의서의 검토를 인권 전문가 위원회에 맡길 것이다. 이 절차가 마무리되기까지는 여러 해가 걸릴 수 있다. 만일 전문가 위원회가 항의서에 담긴 청소년들의 주장에 동의한다면, 이 위원회는 다섯 나라에 협약이 정한 의무를 이행하라고 권고할 것이다. 이 위원회에게는 각국이 권고 사항을 이행하도록 강제할 권한이 없다. 하지만 이 국가들은 이 협약에 서명한 이상 위원회의 권고를 따르겠다는 약속을 지켜야 한다.

여기 참여한 청소년 기후 활동가 열여섯 명은 스웨덴의 그레타 툰베리와 엘렌 앤, 아르헨티나의 키아라 사치, 브라질의 카타리나 로렌조, 프랑스의 이리스 뒤켄, 독일의 레이나 이바노바, 인도의 리디마 판디, 마셜 제도의 데이비드 애클리 3세, 랜튼 안자인, 그리고 리토크네 카부아, 나이지리아의 데보라 아데그빌, 팔라우의 카를로스 마누엘, 남아프리카 공화국의 아야하 멜리타파, 튀니지의 라슬렌 즈벨리, 미국의 칼 스미스와 알렉산드리아 빌라세뇨르다.

데이비드와 랜튼, 리토크네, 카를로스는 기후 변화에 맞선 시급한 행동이 필요하다는 것을 체험을 통해 배웠다. 이들은 태평양 마셜 제도의 여러 섬과 팔라우에 살고 있다. 모두 죽어 가는 산호초와 높아지는 바다, 그리고 점점 맹렬해지는 폭풍에 둘러싸여 있다. 이들은 세계를 향해 〈자기 나라나 거주지 안에서는 기후 변화를 전혀 감지하지 못하는 사람들이 있겠지만, 기후 변화는 지금 이 순간에도 분명히 일어나고 있고, 곧 우리 모두에게 영향을 미칠 것입니다〉라고 단언했다.

리토크네는 항의서에서 〈기후 변화가 내 삶을 망치고 있습니다. 내게서 집과 땅과 동물을 빼앗아 가고 있습니다〉라고 말했다.

팔라우 출신인 카를로스는 〈우리 같은 작은 섬나라들이 기후 변화로 가장 큰 타격을 입는다는 것을 큰 나라들이 알았으면 합니다. 우리 집들은 지금도 조금씩 바다에 잠겨 가고 있습니다〉라고 말했다.

인권 전문가 위원회가 이 항의서에 대해서 어떤 결정을 내리는가는 별로 중요치 않다. 중요한 것은 이미 청소년들이 지구 생태계를 지키는 치열하고 결단력 있는 수호자로 활동하고 있다는 사실이다. 세계 곳곳에서 많은 청소년이 이들의 본을 따라 이와 비슷한 기후 관련 소송을 제기하고 있다.*

　기후 위기에 대한 대중적 관심을 모으기 위한 청소년들의 열정적인 활동에 대해 알고 나니 궁금증이 솟구칠지도 모른다. 과연 무엇이 이들의 마음을 움직여서 이렇게 거창한 행동에 나서게 만든 걸까? 이제부터는 기후 위기가 무엇이고, 그 원인이 무엇인지 자세히 알아볼 것이다. 대체 그토록 많은 청소년이 세상을 바꾸는 일에 뛰어드는 이유가 무엇인지 알게 될 것이다.

---

　*　한국의 경우, 2020년 3월 13일 청소년기후행동 소속 활동가 19명이 정부의 소극적인 기후 위기 대응 정책이 미래 세대의 기본권을 침해한다는 취지의 헌법 소원 심판 청구서를 헌법재판소에 제출했다.

2장

누가 세상을 뜨겁게 만드나

2019년 12월 24일, 남극 대륙은 전혀 반갑지 않은 크리스마스 선물을 받았다. 남극이라는 이름에 새로운 기록이 붙게 된 것. 얼음으로 뒤덮인 남극 대륙은 이날 하루 동안 가장 많은 양의 얼음이 녹았다는 신기록을 얻었다. 이미 남극 대륙 표면의 얼음 중 15퍼센트가 녹아 있는 상태였다. 그러나 이것은 어느 따뜻한 날에만 일어나는 일이 아니다.

남극에서는 12월이 여름이고, 얼음이 녹는 계절이다. 지구 남반구와 북반구는 계절이 서로 반대니까. 그런데 아무리 여름이라도 그렇게 많은 얼음이 그렇게 빠른 속도로 녹아내린 것은 처음이었다. 그해 크리스마스 무렵, 여름을 맞아 빙하가 녹은 물의 양은 한 달 평균치보다 230퍼센트 많았다. 이유가 무엇일까? 한 과학자는 그해 남극 대륙의 사계절 기온이 〈평균보다 훨씬 더 따뜻했다〉고 말했다.

거의 같은 시기에, 북극에 가까운 러시아의 모스크바 역시 겉

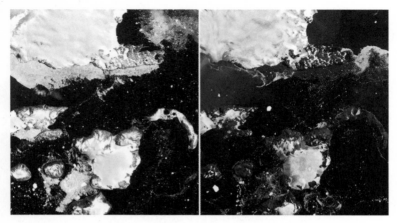

2020년 2월에 9일 간격으로 찍은 사진. 기록적인 고온이 발생한 뒤에 남극 반도의 끝에서 굉장히 많은 얼음이 녹았음을 알 수 있다.

보기에는 전혀 다르지만 본질적으로는 비슷한 문제에 시달리고 있었다. 한창 겨울인 12월에 모스크바에 눈이 없었다!

수세기 동안 모스크바는 동장군의 위세가 대단한 곳으로 명성을 떨쳤다. 이곳에는 심한 혹한이 자주 찾아오는데다, 대개 해가 바뀌기 전부터 눈이 내린다. 그런데 2019년 12월에는 기온이 평년보다 높았다. 정원에서는 화초들이 때 이른 꽃을 피웠고, 아이들은 얼음이 얼지 않은 빙상장에서 하키 대신 축구를 했다. 공무원들은 새해맞이 스노우보드 행사를 준비하기 위해 인공 눈 수십 톤을 트럭으로 실어 날랐다.

모스크바에 인공 눈이 쌓이는 사이에, 지구 정반대쪽에서는 유례없는 고온 때문에 기후 참사가 일어났다. 2019년 12월 마지막 날, 호주 남동부에서 큰 화재가 발생해서 수천 명이 집과 마을을 향해 돌진해 오는 불길을 피해 해변으로 달아나야 했다.

남반구의 초여름이 시작되던 때인데도 호주는 극심한 폭염에 시달리고 있었다. 강우량이 예년보다 적은 해가 삼 년째 이어지면서 많은 곳이 심각한 가뭄으로 몸살을 앓았다. 나무와 식물이 바싹 말라 불길이 옮겨붙기 좋은 상태였다. 불길은 순식간에 퍼져 나갔다. 번개가 마른나무에 떨어져 붙은 불이나 사람들이 쓰레기를 태우려고 피운 불이나 모닥불, 담뱃불에서 시작된 작은 불길이 바싹 마른 식물이 있는 숲을 집어삼키며 순식간에 큰불로 자라났다. 불에 삼켜진 것은 식물만이 아니었다. 세계 각지의 수많은 산불이나 들불이 흔히 그렇듯이, 주택과 사무실, 공장 등 사람들이 세운 각종 구조물이 파괴되거나 손상을 입었다.

그런데 이런 대형 화재 소식은 이곳 사람들에게 더 이상 예상치 못한 충격이 아니었다. 호주는 불과 1년 전, 2019년 연초부터 사상 최악의 폭염에 시달렸다. 섭씨 40도를 넘는 고온이 40일 동안 연속해서 나타난 지역도 있었다. 그때도 큰 화재가 일어나 막대한 피해가 발생했다. 관측 이후 최저의 1월 강우량이 나온 태즈메이니아주에서는 오래된 숲 가운데 방대한 면적이 불에 타 재가 되었다.

2019년 말까지 호주에서는 아홉 명 넘는 사람들이 화재로 목숨을 잃었고, 주택 900채가 잿더미가 되었고, 4만 4,500제곱킬로미터의 땅이 불에 탔다. 연기와 재가 하늘을 가득 메워 한낮에도 하늘이 컴컴했다. 불은 또 다른 참사를 낳았다. 코알라 수천 마리를 포함하여 동물 약 10억 마리가 목숨을 잃었고, 일부 희귀종 생물이 멸종 위기에 놓였다. (이듬해 산불 발생 기간에는 상황이 더 악화된다. 2020년 3월 말까지 일어난 화재로 34명이 사망하였고, 주택 3,500채가 파괴되었고, 18만 6,155제곱킬로미터의 땅이 불에 탔고, 동물 30억 마리가 죽거나 다치거나 서식지를 잃었다.)

2019년은 세계 전역에서 이런 기후 관련 재해와 기록이 많이 발생한 해였다.

아시아에서는 관측 이후 가장 많은 사이클론(강력한 열대성 폭풍)이 발생해 인도양의 여러 나라를 덮쳤다. 미국에서는 홍수가 나서 국토 중심부의 넓은 면적이 물에 잠겨 농작물이 쓰러지고 사람들이 집을 버리고 대피해야 했다.

유럽 전역과 알래스카에서는 새로운 폭염 기록이 나왔다. 2019년 7월은 사람들이 기온을 측정한 이후로 가장 높은 온도를 기록한 달이었다. 9월에는 수천 년 혹은 수십만 년 동안 북극해를 덮고 있는 얼음이 빠르게 녹아 관측 역사상 두 번째로 좁은 면적으로 줄어들었다.

약 1년 뒤, 오랫동안 추운 기온을 유지해 왔던 러시아 북동부의 시베리아가 무더위로 절절 끓었다. 2020년 6월, 외딴 마을 베르코얀스크의 기온이 섭씨 38도를 찍었다. 북극에서 관측된 사상 최고 온도였다. 시베리아 일부 지역에서는 플로리다보다 높은 온도가 관측되어 전 세계 과학자들을 놀라게 했고, 이 폭염은 수백 건의 맹렬한 들불을 지피는 연료가 되었다.

이 모든 사건의 공통점은 무엇일까? 바로 열이다.

열과 극단적인 날씨

홍수와 가뭄도 열 때문에 발생하고, 폭염과 혹한의 겨울 폭풍도 열 때문에 발생한다니, 어떻게 해서 열이 이처럼 다양한 기상 현상을 일으키는 것일까? 폭염의 출현은 쉽게 이해할 수 있다. 기온이 상승하면 대개 낮과 밤의 기온이 높아진다. 특히 여름 기온이 더 높아지고 평소 따뜻하던 지역의 기온이 더 높아진다. 중요한 것은 밤이 되어도 열이 식지 않는다는 점이다. 밤에 기온이 크게 떨어지지 않으면 폭염이 전혀 누그러지지 않고 계속 쌓이게 된다.

열은 지표면과 대기 사이의 관계를 바꾸어 놓는 방식으로도 날씨에 영향을 미친다. 공기가 데워지면 더 많은 수증기를 품을 수 있다. 육지에서는 공기가 데워지면 액체가 수증기로 바뀌는 증발 과정이 빨라져 흙에서 더 많은 수분이 빠져나와 공기로 들어간다. 식물은 증산 작용을 통해 물을 뿜어낸다. 가뭄이 있을 때는 증발과 증산 작용을 통해 흙과 식물의 수분이 거의 다 빠져나와서 가뭄이 더 심해진다. 지나치게 많은 수분을 빼앗긴 식물이 들불을 만나면 불쏘시개처럼 훨훨 타오른다.

대기로 들어가는 수증기가 많아지면 여러 가지 극단적인 기상이 나타난다. 대기가 여느 때보다 많은 수분을 품고 있으니 비나 눈이 내릴 때 평소보다 맹렬하게 퍼부어서 홍수나 심한 눈폭풍을 일으킬 수 있다.

공기가 데워지면 육지뿐만 아니라 물에서도 수분이 빠져나와 공기로 들어간다. 바다 위 대기가 더 많은 열을 품으면 수분도 더 많이 품게 된다. 바닷물 온도가 높아져서 바다 위 대기가 더 많은 열과 수분을 품으면 허리케인, 사이클론, 태풍과 같은 해양성 폭풍이 훨씬 더 강력하고 파괴적인 힘을 가지게 된다.

열이 늘어나면 제트 기류의 움직임도 달라진다. 지구 상공에는 빠르게 흐르는 공기의 흐름 네 개가 있는데, 북극과 남극 지역 상공에 하나씩, 북반구와 남반구의 적도 부근 지역 상공에 하나씩 있다. 이 기류는 차가운 극지 공기가 따뜻한 열대 공기와 만나는 곳에서 발생한다. 이 기류는 일반적으로 기상 시스템을 서쪽에서 동쪽으로 이동시키는데, 통상적인 경로보다 남쪽으로 혹은 북쪽으로 휘어지기도 한다. 북극의 추운 지역은 지구상의 다른 지역보다 훨씬 빠르게 온도가 올라가고 있다. 이 때문에 북극 제트 기류가 약해져서 물결 모양으로 구부러지는 현상이 나타날 수 있다. 북극 제트 기류는 남쪽으로 휘어질 때 몹시 차가운 극지 공기와 혹독한 겨울 날씨를 끌고 내려온다. 이 때문에 지구 평균 기온은 올라가는데도 일부 지역에서 겨울에 극심한 추위가 발생하는 것이다.

지구는 점점 더 뜨거워지고 있다. 그래서 흔히 지구 온난화라는 표현을 쓰는데, 〈기후 변화〉가 더 적절한 표현이다. 실제로 지

2011년 5월, 토네이도로 폐허가 된 미주리주 조플린 지역. 기후 변화는 대체로 이런 극단적인 기상 재해가 더 자주, 더 강력히 발생하게 만든다.

구 모든 곳의 기온이 높아지고 있는 것은 아니다. 지구 기온이 상승하고 있다는 것은 각 지역에서 나타나는 온도 변화를 평균하여 구한 결과다.

폭염과 폭풍은 예전부터 있어 온 것이다. 사이클론, 홍수, 산불혹은 들불도 마찬가지다. 문제는 지구가 더 뜨거워지면서 극단적인 현상(가뭄 등)과 극단적인 기상(초강력 태풍 등)을 부채질하고 있다는 점이다. 기후 변화는 치명적이고 파괴적인 자연 현상의 발생 가능성을 높인다.

그러나 기후 변화를 유례없는 기상 이변이나 온도 상승이라고만 이해해서는 안 된다. 나날이 뜨거워지는 세계는 식물과 동물,

바다, 그리고 그 밖에 많은 부분에 헤아릴 수 없이 많은 변화를, 그것도 거의 낌새를 챌 수 없을 만큼 느린 변화를 일으킨다. 이 장에서는 과학자들이 알아낸 지구의 온도 상승과 그 때문에 빚어지는 변화에 대해 다룰 것이다. 과학자들은 지금 이 순간에도 이런 크고 작은 변화를 완벽히 이해하려고 노력하고 있다. 이런 변화는 결국 우리 모두의 삶, 그리고 지구에서 함께 살아가는 모든 생명에 영향을 미칠 것이다.

이처럼 세상만사를 헤집어 놓는 기후 변화를 일컬어 기후 붕괴라고 한다. 기후 붕괴는 대단히 파괴적인 영향을 미칠 수 있는 새로운 상황을 만들어 낸다. 다행스럽게도 우리는 기후 변화의 원인이 무엇인지 알고 있고, 따라서 기후 변화를 늦추거나 막기 위해서 무슨 일을 할 수 있는지도 알고 있다.

지구의 현실

지금 젊은 세대인 청소년들은 서로 다른 곳에 살더라도 공통점을 가지고 있다. 어린 시절부터 기후 붕괴가 진행되고 점점 심해지는 것을 직접 목격하고 있다는 점이다.

20세기에 전 세계 육지와 바다 표면의 평균 기온은 섭씨 13.9도였다. 2020년 초, 미국 국립 해양 대기청NOAA은 2019년 전 세계 평균 기온이 섭씨 0.95도 상승했다고 공표했다. 실제로도 2019년은 지구 평균 기온이 2016년에 이어 두 번째로 높았다. 21세기 들어서 새로운 온도 기록들이 연이어 나오고 있다. 관측 역사상 지구 평균 온도가 가장 높았던 열 번의 해 가운데 아홉 번이 2005년 이후였는데, 그중 다섯 번이 2015년 이후였다.

어느 여름날 오후 기온이 0.9도가량 올라간다 해도 우리는 별 신경을 쓰지 않는다. 그러니 2019년에 지구가 그 정도로 더워졌다고 뭐 그리 큰 문제가 되겠는가?

사실 그게 아주 큰 문제다.

지구 표면의 연간 평균 온도를 아주 조금 끌어올리는 데에는 엄청난 양의 열이 필요하다. 바다는 많은 열에너지를 저장할 수 있고, 바다에 저장된 에너지가 대개는 지구 표면 온도에 큰 영향을 미치지 않는다. 그런데 지구 표면 온도가 약간 상승했다는 것은 바다에 저장된 열이 엄청나게 늘어났다는 사실을 반영한다. 미국 국립 해양 대기청이 발표한 내용에 따르면, 〈이렇게 추가된 열이 지역별 온도와 계절별 온도의 극단적인 변화를 낳고, 빙하와 해빙을 줄어들게 하고, 폭우의 강도를 높이고, 식물과 동물의 서식 범위를 확장시키거나 줄어들게 하는 등 변화를 불러일으키고 있다〉고 한다.

그린란드를 예로 들어 보자. 그린란드는 대서양과 북극해 사이에 있는 거대한 섬으로 대부분 두꺼운 빙상으로 덮여 있다. 2019년 여름 그린란드 빙상에서 닷새 만에 550억 톤의 물이 흘러내렸다. 그만큼의 빙상이 녹아 바다로 흘러든 것이다. 만일 이 물을 플로리다주 한 곳에 쏟아부으면 물 높이가 무려 13센티미터나 될 거란다! 그린란드의 얼음이 이렇게 빠른 속도로 녹아내리는 일은 2070년쯤에야 일어날 거라는 게 과학자들의 예측이었다. 이처럼 약간의 온도 변화만으로도 엄청난 결과가 빚어질 수 있다.

이것이 바로 기후 변화와 기후 붕괴의 현실이고, 더 나아가 기후 행동을 촉구하는 알림이다.

인류 이전의 기후 변화와 지금의 기후 변화

기후 변화는 인류가 직면한 가장 큰 어려움이다. 하지만 기후 변화는 최근 들어 처음 일어난 일이 아니다. 지구는 이미 여러 번 기후 변화를 겪어 왔다. 예를 들어, 2만여 년 전에는 북반구의 대부분이 빙상으로 덮여 있었다. 우리는 이 시기를 빙하기라고 부른다. 하지만 이 빙하기는 지금으로부터 가장 가까운 지질 시대에 있었던 가장 최근의 빙하기일 뿐이다.

지난 200만 년 동안, 지구의 북쪽 지역에서는 빙하가 만들어졌다 녹으면서 전진과 후퇴를 여러 차례 반복해 왔다. 이렇게 방대한 면적의 빙하가 만들어질 때는 지구상의 물 대부분이 얼음으로 변한다. 그래서 과거 빙하기가 절정일 때는 해수면 높이가 무려 125미터나 낮아졌고, 빙하가 녹아내리면서 해수면이 다시 높아졌다.

아주 오랜 옛날 공룡이 살던 때의 지구는 지금보다 훨씬 따뜻했다. 지금으로부터 1억 4,550년 전부터 6550만 년 전까지는 지구상에 얼음이 거의 없었다. 지금까지 남아 있는 화석을 보면,

당시에는 극지방에서도 따뜻한 기후에 사는 식물과 동물이 번성했다는 것을 알 수 있다. 또한 많은 과학자가 그보다 훨씬 오래전인 약 6억 3500만 년 이전까지는 적도 근처 바다의 표면만 녹아 있을 뿐, 지구 전체가 얼음과 눈으로 뒤덮인 〈눈덩이 지구〉, 혹은 〈슬러시덩이 지구〉의 시기가 여러 번 있었을 거라고 추정한다.

고기후학은 아주 오랜 옛날 지구가 거쳐 온 기후 변화 과정을 연구하는 학문이다. 고기후학자들에 따르면, 이런 기후 변화는 대부분 지구 공전 궤도의 작은 변동에서 빚어진 것이라고 한다. 지구 공전 궤도가 변화하면서 태양 에너지가 지구 표면에 도달하는 방식에 변화가 나타났다는 설명이다. 하지만 과거에 일어난 기후 변화 중 일부는 지구상에서 일어난 대규모 자연 현상 때문에 발생한 것일 수 있다. 이를테면, 수천 년 혹은 수백만 년 동안 계속된 대규모 화산 폭발 또한 기후 변화를 일으킨 요인 중 하나였다. 당시의 대규모 화산 폭발은 지금까지 지구상에 남아 있는 암석층과 용암층의 일부를 만들어 냈을 뿐 아니라, 화산 폭발이 일어날 당시에 엄청난 양의 가스와 입자를 뿜어내 대기를 가득 메웠고, 이 때문에 지구 표면에 도달하는 열에너지의 양이 줄어들면서 기후 변화가 일어났다.

기후 변화는 이미 오래전부터 지구가 겪어 온 일이라는데, 무엇 때문에 지금 일어나는 지구 온도 상승을 비상사태라고 보는 걸까?

지금 진행되는 기후 변화는 〈우리〉 때문에 일어난 것이라는 점에서 과거의 기후 변화와는 다르다.

인류 문명은 마지막 빙하기가 끝난 이후에 꽃을 피웠다. 우리 삶의 모든 것은 지난 1만 2천 년 동안의 기후 조건과 깊이 연관되어 있다. 그런데 바로 이 조건이 빠르게 변화하고 있다. 이 변화를 따라잡는 것이야말로 인류 문명에 닥친 가장 큰 도전이 될 것이다.

다시 말하지만, 오늘날의 기후 위기와 오랜 과거에 일어난 기후 변화 사이에는 결정적인 차이가 있다. 오늘날의 기후 위기를 일으키는 장본인은 바로 우리라는 점이다. 미국 항공 우주국 NASA이 발표한 보고서에 따르면, 현재의 온난화 추세의 상당 부분 혹은 전부가 인간 탓에 일어난 것이며, 〈그중 대부분이 20세기 중반 이후에 인간 활동이 빚어낸 결과일 확률이 95퍼센트 이상이다〉라고 한다.

화석 연료를 태우고 숲을 허물고 수많은 가축을 기르는 등 인간 활동은 자연적인 변화의 범위를 넘어서는 방식과 속도로 대기를 바꾸어 놓고 있다. 우리가 하는 이 모든 활동이 대기에 온실가스를 보태고 있다.

온실은 추운 날씨에도 꽃이나 과일을 기를 수 있도록 열을 가둬 두는 시설이다. 온실가스 역시 똑같은 원리로 열을 가두지만, 온실가스는 지구 전체에 영향을 미친다.

태양에서 뻗어 나와 지구에 도달한 열에너지의 대부분은 지구 표면에 반사되어 다시 우주로 돌아간다. 하지만 대기가 품고 있는 일부 기체들이 지구 표면 가까운 곳에 모인 열의 일부를 잡아 둔다. 이 기체들이 늘어나면 이 기체들에 갇히는 열 또한 늘어나서 기온이 올라간다. 기온이 올라가면 빙하가 녹고 가뭄, 폭풍, 들불, 산불이 잦아지는 등 여러 가지 양상의 기후 위기가 일어난다.

우리의 현대적인 생활 방식은 이렇게 열을 잡아 두는 온실가스를 끊임없이 뿜어내 대기로 집어넣고 있다. 한마디로, 우리는 지구 역사상 유례없는 방식으로 끊임없이 지구를 가열하고 있다.

인간 활동과 에너지 사용, 온실가스, 그리고 기후 사이의 연관성에 대해서는 4장에서 자세히 다룬다. 하지만 가장 큰 관심을 가지고 살펴보아야 할 것은 우리가 지금의 경로를 계속 따라간다면 누가 가장 큰 위험에 처하게 되는가이다. 더 나아가서 위험이 닥치고 있는 지금 이 순간이 더 좋은 기회를 품고 있는 순간이라는 점까지 살펴볼 것이다.

우리 때문에 기후 변화가 빚어졌다는 것은 결코 반갑지 않은 이야기다. 하지만 반가운 소식은 우리가 기후 변화와 관련해서 무언가를 할 수 있다는 사실이다. 우리는 놀라운 일들을 해내기 위해 필요한 지식과 도구와 기술을 이미 가지고 있다.

미래 기후의 예측

우리가 아무리 노력을 기울인다고 해도 어느 정도의 기후 붕괴는 막을 수 없다고 과학자들은 말한다. 이미 시작된 온난화가 하룻밤 사이에 완전히 멈추지는 않을 테니 말이다. 하지만 우리가 아무런 노력을 하지 않으면 기후 변화는 훨씬 더 심각해진다는 것 역시 분명한 사실이다. 그래서 기후 과학자들은 우리가 기후에 어떤 영향을 얼마나 미치고 있는지 측정하고, 미래에 기후가 어떻게 될지 예측하고, 온도 상승의 폭을 최대한 줄이기 위해 어떤 방법을 쓸지 결정하는 데 도움을 주기 위해 다양한 연구를 꾸준히 진행하고 있다.

기후 과학자들의 연구에 꼭 필요한 것은 데이터와 도구다. 데이터는 태산처럼 쌓인 정보의 무더기다. 학자들은 오랜 세월에 걸쳐 온도와 풍속, 풍향, 강우량, 바닷물의 염도, 빙하의 크기 등을 측정하고 기록해 두었다. 이들이 쓰는 도구는 지구의 복잡한 기후 시스템을 모방해서 만든 컴퓨터 프로그램, 즉 기후 모델이다. 연구자들은 과거에 일어난 기후 변화를 재현한 다음, 그 결과를 실제 측정된 기록과 비교하는 작업을 통해 기후 모델을 개발한다. 그러고 나서 그 모델을 이용해 미래에 대한 예측을 하여, 기후 시스템의 특정 변화가 어떤 변화를 불러올지 예상할 수 있는 자료를 우리에게 제시한다.

과학자들은 모델에 들어갈 데이터를 바꾸어 가면서 〈이럴 경우에는 어떻게 될까?〉라는 질문에 대한 답을 찾는다. 인류가 온실가스 배출량을 줄인다면 어떻게 될까? 인류가 온실가스를 더 많이 배출한다면 어떻게 될까? 주어진 예측 모델에서 구름은 어떤 역할을 할까? 한 해 동안 발생하는 산불 연기가 갈수록 늘어나면 어떻게 될까?

기후 시스템이 너무 복잡하기 때문에 기후 모델 연구는 대단히 어려운 일이다. 많은 기후 모델 프로그램이 있고, 이 프로그램들은 여러 가지 서로 다른 방법을 이용한다. 게다가 기후 모델 연구를 할 때 모든 연구자가 똑같은 데이터를 이용하지는 않는다. 그렇기 때문에 서로 다른 미래 기후 예측이 나온다. 과학자들이 새로운 데이터를 수집하거나 더 정밀한 새 모델을 개발한 경우에도 예측 결과가 바뀐다. 이를테면, 바다 온도 상승이 예상보다 더 빠르게 진행되거나 그린란드 빙하가 더 빨리 녹고 있다는 연구 결과가 확인되자, 그 정보를 토대로 기후와 관련한 여러 가지 예측이 달라졌다.

과학자들은 이것 말고도 기후 예측에 영향을 미칠 수 있는 두 가지 요인이 있다고 말한다. 바로 급변점과 되먹임 순환이다.

급변점

기후 변화는 일정한 속도로 서서히 진행되지 않는다. 서서히 바뀌어 온 것이 갑자기 빠르게 변하기도 한다. 여러 가지 조건이 급변점에 도달하면, 눈 깜짝할 사이에 빠른 변화가 일어날 수도 있다.

여러분이 몸을 한쪽 방향으로 천천히 조금씩 기울인다고 상상해 보자. 점점 기울어지던 몸이 어느 시점엔가 왈칵 동그라질 것이다. 이때가 바로 급변점에 도달한 순간이다. 기울어 가던 몸이 바닥으로 쓰러지면서 몸동작이 순식간에 일어나 자칫하면 큰 사고가 날 수도 있다. 일단 몸이 바닥에 쓰러지고 나면 무엇을 짚거나 무엇에 의지하지 않고는 혼자 힘으로 다시 몸을 곧추세울 수 없다.

기후 변화와 관련해서도 같은 일이 벌어질 수 있다. 예를 들어 보자. 2014년 미국 우주 항공국과 미국 어바인 캘리포니아 대학교에서 일하는 과학자들이 충격적인 보고서를 냈다. 이 과학자들은 남극 대륙을 뒤덮은 거대한 빙상의 일부분인 서남극 빙상을 연구해 오던 중 서남극 빙상에서 프랑스 면적만큼의 부분이 〈결코 멈추지 않을 것 같은〉 추세로 녹고 있다고 발표했다. 예전에는 이곳의 빙상이 아주 느리게 녹아 그 물이 바다로 흘러드는 속도가 더뎠지만, 지금은 빙상이 녹은 물이 바다로 흘러드는 속도가 굉장히 빨라지고 있다. 그 이유는 빙상과 바닷물이 만나는 지점의 물이 점점 따뜻해져서 그 물이 빙상을 아래쪽부터 녹이기 때문이라는 게 과학자들의 설명이었다.

이 과학자들은 서남극 빙상의 소멸로 이어지는 급변점을 이미 넘어선 것인지도 모른다고 보았다. 서남극 빙상이 계속 녹아내리면 해수면이 3~5미터까지 상승할 거라고 과학자들은 예측한다. 한 과학자는 〈이 일이 현실화되면 전 세계 수백만 명이 삶의 터전을 잃게 될 것〉이라고 말했다.

이미 급변점에 도달했다는 것은 걱정스러운 일이지만, 서남극 빙상이 완전히 녹아 사라지려면 수백 년이 걸릴 것이다. 서남극 빙상의 소멸을 막을 기회를 이미 놓쳐 버렸다고 해도 우리에게는 아직 이 재앙의 발생을 늦추기 위해 노력할 시간이 남아 있다. 지금 우리가 할 수 있는 일은 단 한 가지, 서남극 빙상이 녹아 흘러내리는 속도를 늦추는 것, 즉 지구가 뜨거워지는 속도를 늦추는 것이다. 우리가 지구가 뜨거워지는 속도를 늦출 수 있는 유일한 방법은 지구 온도를 끌어올리고 지구 온난화를 더욱 심하게 만드는 온실가스의 배출을 줄이는 것이다.

되먹임 순환

되먹임 순환은 기후 예측을 복잡하게 만드는 또 다른 요인이다. 어떤 과정이 다른 과정의 진행을 촉진하거나 억제하고, 이 두 번째 과정이 첫 번째 과정의 진행을 촉진하거나 억제하는 식의 현상이 계속해서 이어지는 것이 되먹임 순환이다.

바닷물이 얼어서 만들어진 해빙은 되먹임 순환의 실례를 보여 준다. 북극해와 남극 대륙과 접한 바닷물에는 얼음이 떠 있다. 여름이면 온도가 올라가면서 바다에 떠 있는 얼음 중 일부가 녹는다. 얼음이 녹으면 흰 얼음으로 덮였던 표면에서 얼음이 사라지고 대신 어두운 색깔의 물이 드러난다. 흰 얼음은 태양에서 온 열을 반사하여 지구 표면 밖으로 내보내지만, 어두운 색깔의 물은 열을 흡수한다. 온난화 추세 때문에 일부 얼음이 녹으면 열을 반사하는 얼음이 줄고 열을 흡수하는 물로 덮인 표면이 늘어

활성층

얼음쐐기

영구 동토

영구 동토층(위)은 항상 얼어 있는 토양이다. 물론 온도가 올라가면 영구 동토층이 녹는다. 녹아내린 영구 동토층의 일부(아래)가 무너져 바다에 떨어져 있다.

난다. 이 과정은 온난화를 더욱 촉진하고, 따라서 더 많은 얼음이 더 빨리 녹는다. 이런 되먹임 순환을 멈추게 하는 일이 일어나지 않는 한, 이런 순환이 계속 이어져서 여름이면 얼음이 완전히 사라지는 순간이 닥칠 것이다.

되먹임 순환은 영구 동토층에서도 일어난다. 영구 동토층은 높은 산과 극지방 등 추운 지역의 지표면 아래 일 년 내내 얼어 있는 토양을 말한다. 영구 동토층에는 죽은 식물과 박테리아 등 한때 살아 있던 생물이 품었던 물질들이 들어 있다. 온도가 높아져서 일정 온도에 다다르면, 영구 동토층이 녹기 시작하고 생명체를 이루던 물질이 부패한다. 이 물질이 부패할 때 메탄과 이산화탄소가 나오는데, 둘 다 온실가스다. 이렇게 대기로 들어가는 온실가스의 양이 늘어나면서 온도가 더 빨리 올라가고, 온도가 올라가면서 영구 동토층이 녹는 속도는 더 빨라진다. 이것이 바로 현재 진행 중인 또 하나의 되먹임 순환이다. 이런 되먹임 순환은 기후 모델 연구를 더욱 어렵게 만드는 요인이다. 과학자들이 모든 되먹임 순환을 놓치지 않고 전부 예측할 수 있는 것은 아니기 때문이다.

이런 점에서 기후 변화란 빠르게 변화하는 연구 분야이며, 기후 과학자들은 데이터를 수집하고 모델을 통한 예측을 찾아내는 데 쓸 새롭고 더 정확한 도구를 개발하는 일에 꾸준히 노력을 기울여야 한다. 기후 과학자들은 우리가 아무런 대응도 하지 않으면 우리의 기후가 어떻게 될지, 또 우리가 어떤 변화를 선택해야 더 나은 성과를 낼 수 있을지에 관해 중요한 정보를 제공하고 있다.

미래의 지구는?

과학자들이 제시하는 기후 모델은 미래를 향한 다양한 가능성을 제시한다. 그런데 기후 모델은 대부분 과거의 같은 지점에서 출발한다.

그 출발점은 19세기 후반, 1880년 무렵의 지구 평균 기온이다. 과학자들은 그 온도를 기준 온도로 잡고 현재의 온도를 측정한 다음, 섭씨 1.5도, 2도 등 미래에 온도가 얼마나 오를지 예측한다.

섭씨 1.5도, 2도는 어디서 나왔을까? 2016년에 200여 개국이 모여 유엔 기후 변화 협약의 일부인 파리 협정에 서명했다. 이 파리 협정은 지구 기온 상승을 산업화 이전보다 섭씨 2도 이하로 억제하되, 되도록 섭씨 1.5도 이하로 억제하는 것을 목표로 온실가스 배출을 줄이자는 내용을 담고 있다. 이 두 숫자는 달성 가능성이 있는 목표 중에 가장 낮은 목표라는 게 당시의 판단이었다.

섭씨 1.5도와 2도의 차이가 작아 보일지 모르지만, 이 차이는 많은 의미를 담고 있다. 2018년 9월, 기후 변화에 관한 정부 간 협의체(유엔이 인간이 빚어낸 기후 변화에 대한 과학적 정보를 전 세계에 제공하기 위해 1988년에 만든 국제기구)가 1.5도 온난화와 2도 온난화의 영향을 비교하는 보고서를 발표했다. 이 보고서에 따르면, 그 차이는 실로 엄청나다.

2도가 올라가면 1.5도가 올라갈 때에 비해 극심한 폭염에 노출되는 사람의 수가 무려 17억 명이나 늘어나고, 해수면은 무려 10센티미터가 더 높아질 거라고 한다. 여러 가지 이유에서 1.5도 목표는 2도 목표보다 훨씬 더 나은 목표다.

그렇다면 세계는 이 목표를 달성하기 위해 어떤 노력을 하고 있는가? 이 책을 쓰고 있을 때에 지구는 이미 19세기보다 섭씨 1도 더 뜨거워진 상태였다. 지구 기온을 관측하는 세계 기상 기구의 예측에 따르면, 우리는 여전히 21세기 말 무렵에 지구 온도를 섭씨 3~5도까지 끌어올리는 경로를 따라가고 있다고 한다. 앞에서 이미 보았듯이, 2019년은 관측 사상 두 번째로 따뜻한 해였다. 이 책을 마무리할 무렵에, 2020년은 관측 사상 다섯 번째로 더운 해가 되는 궤도에 올라 있었다.

하지만 온도만이 기후 변화를 측정하는 유일한 방법은 아니다. 2019년 11월, 미국 해양 대기청이 발표한 보고서에 따르면, 전 세계 해수면은 1880년에 비해 21~24센티미터 높아졌다. 20세기 대부분의 기간 동안, 해수면 높이는 해마다 평균 1.4밀리미터씩 상승했다. 그런데 2006년부터 2015년까지 해수면 높이는 해마다 평균 3.6밀리미터씩 상승했다. 지구 온도도 점점 빠르게 올라가고, 해수면도 점점 빠르게 상승하고 있다는 이야기다.

미래에 어느 정도의 온도 상승은 이미 벌어진 일이 몰고 올 피할 수 없는 결과다. 그러니 해수면 상승이 완전히 멈추는 일은 없을 것이다. 온실가스 배출량이 현재 수준에 그대로 머무르는 최악의 상황을 가정하면, 2100년에 해수면은 2000년보다 최대 2.5미터까지 더 높아질 수 있다. 이렇게 되면 세계 각지에서 엄청난 면적의 해안 저지대가 바닷물에 잠기고 수많은 대도시가 폐허가 될 것이다. 결국 수백만, 혹은 수십억 명이 살 곳을 찾아서 다른 도시나 다른 나라로 떠나야 하는 기후 난민 신세가 될 것이다.

물론 이런 결과는 우리가 아무런 대응을 하지 않을 때 벌어질 일들이다.

미국 해양 대기청에 따르면, 인류가 온실가스 배출을 최대한 줄여서 지구 온도 상승을 억제하고 빙하가 녹는 속도를 늦출 경우, 2100년에 세계 해수면은 2000년보다 2.5미터 높아지는 것이 아니라 30센티미터 높아지는 데 그칠 확률이 높다고 한다. 정말 엄청난 차이 아닌가! 그렇기 때문에 그레타 툰베리를 비롯한 많은 청소년이 기후 변화를 최대한 억제하기 위해 노력하지 않는 정치인들에게 강력한 항의의 목소리를 내고 있는 것이다.

하지만 지구 온도 상승이 1.5도를 넘지 않도록 묶어 두는 것은 운항 중인 거대한 배의 항로를 정반대로 돌리는 것처럼 어려운 일일 것이다. 기후 변화에 관한 정부 간 협의체의 보고서 집필에 참여한 저자들은 1.5도 목표를 달성하려면 2030년까지 전 세계 이산화탄소 배출량을 거의 절반으로 줄이고, 2050년까지 전 세계 이산화탄소 배출량을 영으로 만들어야 한다는 것을 확인했다. 물론 한 나라에서만이 아니라 경제가 발전하고 경제 규모가 큰 모든 나라에서 이런 배출량 감소가 이루어져야 한다.

온실가스를 이렇게 대규모로 줄이려면 어떤 일을 해야 할까? 이산화탄소는 지구 온난화의 가장 큰 원인이 되는 온실가스인데, 나무와 석탄, 석유, 가스를 태울 때 대기로 배출된다. 삼림 벌채와 자동차 운전, 비행기 운행, 그리고 화석 연료를 태우는 화력 발전소에서 만든 에너지를 끌어다 쓰는 여러 가지 산업 활동까지, 이 모든 활동에서 이산화탄소가 나온다.

대기 중 이산화탄소 농도는 이미 안전한 수준을 한참 넘어선 상태다. 따라서 온도 상승을 1.5도 이내로 억제하자는 목표를 충족하려면 대기에 포함된 막대한 양의 이산화탄소를 제거해야 한다. 이산화탄소를 분리해 내서 저장하는 기술을 이용하면 대기 중의 이산화탄소를 줄일 수 있지만, 이 기술은 여러 가지 한계를 가지고 있다. 이에 대해서는 7장에서 다룬다. 나무와 식물 수십억 그루를 심는 전통적인 방법으로도 대기 중의 이산화탄소를 줄일 수 있다. 식물은 대기 중의 이산화탄소를 흡수하고 대기로 산소를 내뿜는다. 하지만 어느 한 가지 방법만으로 대기 중 이산화탄소를 획기적으로 줄일 수 없다. 기후 변화에 관한 정부 간 협의체는 보고서를 통해 목표 달성을 위해서 〈사회의 모든 영역에서의 변화〉를 신속하게 이루어야 한다고 말한다.

우리는 에너지를 생산하는 방법, 식량을 재배하는 방법, 이동하는 방법, 건물을 짓는 방법을 당장 변경하자는 결정을 내려야 한다. 우리는 여러 가지 대안 중에서도 화석 연료를 풍력과 태양광 등 깨끗하고 재생 가능한 에너지원으로 대체하는 방법, 자동차와 비행기 운행을 줄일 수 있도록 고속 전기 열차 교통망을 세우는 방법, 냉난방용 에너지가 적게 드는 주택과 사무용 건물을 짓는 방법을 선택할 수 있다.

그러나 우리는 더 근본적인 변화에 대해서도 생각해야 한다. 우리는 에너지를 얻는 원천을 바꾸는 데 그치지 않고 에너지 사용량 자체를 줄일 수 있다. 대중 교통수단을 개선하거나 무료로 이용할 수 있게 하면 자동차 운행을 줄일 수 있다. 또 우리가 사서 쓰는 모든 제품은 제조와 운송 전 과정에서 에너지를 쓴다(〈친환경〉 제품도 마찬가지다!). 따라서 새 제품 구입과 소비를 줄이는 것도 중요한 방법이다.

그야말로 인류 역사상 최대의 도전이다. 과연 우리가 이 일을 감당할 수 있을까?

아직까지는 기온 상승을 1.5도로 억제하자는 목표를 이루어 낼 시간이 있다. 하지만 지금 당장 행동하지 않으면 결코 이룰 수 없는 목표다.

왜 변화를 측정하는 기준점이 1880년일까?

지구상 대부분의 나라들이 서명한 파리 협정에는 지구의 온도가 산업화 이전 수준보다 섭씨 2도 넘게 올라가지 않도록 하되, 되도록 섭씨 1.5도 이하로 억제하도록 노력하자는 내용이 있다. 그런데 〈산업화 이전 수준〉이란 게 대체 무얼까?

파리 협정은 〈산업화 이전 수준〉에 대해 정확히 정의하지 않고 있지만, 일반적으로 이 용어는 〈화석 연료를 태워 동력을 얻는 현대적인 산업이 출현하기 전까지의 지구 온도〉를 의미한다. 4장에서 보겠지만, 실제로 지구 온도 상승이 시작된 것은 1770년 무렵이다. 그렇다면 기후 변화를 측정하는 데 이상적인 기준점은 1770년 무렵의 지구 온도일 것이다.

그런데 안타깝게도 1850년 이전까지는 제대로 된 온도 측정 기록이 거의 남아 있지 않다. 과학자들은 나무 나이테의 두께와 그린란드와 남극 대륙의 빙상 깊은 곳에서 조심스레 파낸 얼음 핵 등 물리적인 증거들을 이용해서 아주 먼 과거의 온도를 추정할 수 있다. 또지구가 태양에서 어떤 위치에 있는지, 화산이 폭발할 때 대기로 분출된 화산재와 여러 가지 입자가 얼마나 되는지 등의 관측 결과를 이용하는 컴퓨터 모델 연구를 통해서도 과거 온도를 추정할 수 있다. 그러나 대부분의 기후 모델이 1850~1900년 또는 1880~1900년을 기준 연도로 사용한다. 이 시기부터 믿을 만한 지구 온도 측정과 기록이 시작되어 꾸준히 이어졌기 때문이다.

온도 상승만 문제가 아니다

우리 지구에 충격을 안기는 요인은 온도 상승만이 아니다. 여러 가지 인간 활동이 지구의 자연을 바꾸어 가는 바람에, 자연 다큐멘터리에서 아름답고 풍요로운 곳으로 묘사되던 열대 우림과 바다 등의 모습이 빠른 속도로 달라지고 있다.

받아들이기 어려운 일이지만, 지구에서 함께 살아가는 많은 생명이 위기에 처해 있음은 분명한 진실이다. 습지를 메우고 드넓은 들판을 갈아엎고 화학 물질과 플라스틱을 내버려 물을 오염시키고 산호초를 파괴하는 인간 활동 때문에 많은 생명체가 집을 잃은 채 고통받고 있다. 변화하는 온도에 적응하지 못해 스러지는 생명체도 많다. 예전에는 철새가 돌아오는 계절에 개화하던 식물들이 일찌감치 꽃을 피우는 탓에, 계절에 따라 다른 곳으로 이동하는 많은 종의 철새가 먹이를 구하지 못해 시련을 겪고 있다. 무분별하게 사냥하는 인류로 인해 다른 동물이 멸종 위기로 내몰리고 있다. 막 시작된 인간의 심해 탐사 활동 역시 미처 알려지지 않은 다양한 생물 종의 씨를 말리고 말 것이다.

또한 우리는 어마어마하게 빠른 속도로 나무를 베어 내고 있다. 연료를 얻고 종이 등 각종 제품의 원료를 얻으려고 나무를 베어 내고, 소를 키울 목장과 옥수수, 대두, 설탕 등 상품 작물을 키울 대규모 농장을 세우려고 숲을 헐어 낸다.

동남아시아 보르네오섬의 드넓은 숲이 야자유(팜유) 수요 때문에 파괴되고 있다. 야자유는 다양한 식품과 비타민 제품, 화장품 등 각종 소비재 상품을 만들 때 사용되는 원료다. 한때 수많은 종의 동식물이 깃들어 사는 천연 서식지였던 숲이 허물어진 곳에 야자유 채취용으로 쓸 야자나무가 가지런히 줄을 지어 심어지고 있다. 거대한 면적을 차지하는 아마존 열대 우림 등지에서도 소를 키울 목초지를 만들기 위해 숲을 베어 내거나 불을 지르는 일이 계속되고 있다.

인간의 이런 나쁜 선택이 끼치는 부정적인 영향이 기후 변화 때문에 더욱 심해지고 있다. 숲들은 벌써부터 인간 활동 때문에 위협받고 있었지만, 기후 변화 때문에 예전보다 더 따뜻해진 숲으로 나무를 죽이는 곤충들이 옮겨 오는 바람에 더 빠르게 죽어 가고 있다. 이런 과정은 결국 온난화의 되먹임 순환으로 이어진다. 나무가 죽으면 대기에 든 이산화탄소를 흡수하지 못하기 때문이다. 게다가 죽은 나무는 살아 있는 나무보다 수분을 적게 품기 때문에 훨씬 쉽게 불이 붙는다.

우리가 하는 행동이 지구와 자연환경, 그리고 다른 생명체에게만 해를 끼칠까? 우리 행동은 우리 자신에게도 해를 입힌다. 그중에는 우리로서는 알아차리기 쉽지 않은 방식의 피해도 있다. 한 가지 예로, 이산화탄소는 우리가 섭취하는 음식에도 좋지 않은 영향을 끼친다.

과학자들은 대기 중 이산화탄소 농도가 높아지면 식량 작물의 영양학적 품질이 나빠진다는 것을 확인했다. 과학자들은 공기에 이산화탄소를 주입하는 기계 여러 대를 쌀과 밀을 심은 야외 경작지 주위에 놓고 실험을 진행했다. 실험 결과, 쌀과 밀의 낟알에 함유된 단백질과 철분, 아연, 비타민 B의 양이 정상 수준보다 적었다.

대기 중 온실가스 농도가 계속해서 늘어나면 우리가 식품으로 이용하는 농작물의 영양가가 전반적으로 떨어지기 때문에 기아와 질병 문제가 더 심해질 수 있다. 게다가 지금과 같은 속도로 기후 변화가 계속 진행된다면 식량을 생산하는 농경지 가운데 많은 면적이 폭염과 가뭄 때문에 불모지로 변할 수도 있다.

기후 변화가 심해져서 이런 일이 벌어지는 것을 막기 위해서 우리는 일상에서 여러 가지 행동을 선택할 수 있다. 그레타 툰베리가 일상에서 실천했던 것처럼 육류 소비와 비행기 여행을 하지 말자고 가족을 설득하는 것도 좋은 행동이다. 일주일에 하루는 육류를 먹지 않고, 해마다 한 번씩 비행기 여행을 줄이는 데서부터 시작하는 것도 좋다. 개인적인 실천이 중요하긴 하지만, 개인적인 실천만으로는 반드시 이루어야 하는 전면적인 변화를 불러일으킬 수 없다. 이런 변화를 실현하기 위해서는 정부와 기업체, 산업체 역시 이제까지와는 전혀 다른 선택을 해야 한다.

바로 이 점을 잘 알고 있기에 청소년 기후 활동가들이 학교를 나와 거리로 나섰던 것이다. 따라서 함께 힘을 합쳐 우리 의견을 펼칠 기회를 잡는 것, 우리가 미래의 기후에 얼마나 관심이 많은지 정치인들에게 알리는 것, 그리고 더 좋은 미래를 만드는 일을 돕는 것이야말로 더없이 중요하다. 청소년 기후 활동가들을 실천에 나서게 만든 기후 변화 관련 지식을 공유하게 되었으니, 이제부터는 직접 기후 행동에 참여할 수 있는 방법에 대해 알아보자.

　우리는 지구 온난화를 방관하지 않겠다고 분명히 선언해야 한다. 그리고 이 선언은 곧 더 공정하고 평등한 세상을 만드는 데 참여하겠다는 선언과도 통한다.

3장
기후와 정의

모든 사람이 기후 변화의 영향을 똑같은 강도로 경험하는 것은 아니다. 우리는 인종적 불평등, 경제적 불평등, 기후 불평등의 세계에 살고 있다. 이 세계에서는 어떤 사람은 필요한 것보다 훨씬 더 많은 것을 누리고 살아가는 반면에, 많은 사람이 충분히 누리지 못하는 삶을 살아간다. 이 장에서는 각각의 불평등이 어떻게 시작되었는지, 각각의 불평등이 어떻게 연결되는지, 그리고 사람들이 이 모든 불평등을 없애기 위해 어떤 활동을 펼치고 있는지 알아볼 것이다.

허리케인 카트리나는 자연재해가 아니다

2005년 8월 허리케인 카트리나가 멕시코만 해안의 미국 영토를 강타한 후에, 나는 루이지애나주 뉴올리언스를 찾았다. 루이지애나 해안에 상륙하기 하루 전날, 카트리나는 5등급 허리케인이었다. 5등급 허리케인은 관측 사상 멕시코만에서 발생한 최고

허리케인 카트리나가 강타하면서 뉴올리언스 거리는 끊어진 전선과 파편이 뒤얽힌 장애물 코스로 변해 버렸다.

등급의 초강력 폭풍이었다. 다행히 이튿날 카트리나는 3등급 허리케인으로 위력이 약해진 채로 루이지애나 해안에 상륙했다. 그럼에도 카트리나가 몰고 온 바람과 비, 해일은 루이지애나주 해안 여러 곳을 휩쓸어 폐허로 만들었고, 인구 130만의 대도시 뉴올리언스를 물바다로 만들었다.

허리케인 피해가 나고 몇 주 뒤에 나는 팀을 꾸려 뉴올리언스로 갔다. 침수 피해가 완전히 복구되지 않은 이 도시에서 피해 복구가 어떻게 진행되고 있는지 취재하기 위해서였다. 당시 그곳에는 오후 6시 통금 조치가 내려져 있었다. 그런데 통금 시각이 가까워지는데도 우리는 자동차에 탄 채로 길을 찾지 못하고 갈팡질팡 헤매고 있었다. 신호등은 꺼져 있었고, 도로 방향 표지판도 절반가량은 바람에 날아가 사라졌거나 뒤틀려 있었다. 도로에 물과 부서진 파편들이 가득 차 있어서 자동차 운행이 불가능한 곳도 많았다.

허리케인 카트리나와 같은 재해는 폭풍, 지진, 홍수 등의 자연현상과 관련되어 있기 때문에 흔히 자연재해라고 불린다. 하지만 기후 변화가 그렇듯이, 우리가 뉴올리언스에서 목격한 재해 역시 자연 때문에 빚어진 게 아니었다. 카트리나는 처음에는 강력한 파괴력을 가진 허리케인이었지만, 뉴올리언스에 상륙했을 당시에는 위력을 거의 잃은 상태였다. 카트리나의 위력만으로는 도시를 그렇게 쑥밭으로 만들 수 없었을 거라는 이야기다.

그렇다면 대체 무엇이 문제였을까? 이 질문의 정답 역시 같다. 바로 인간의 결정에 문제가 있었다.

이미 약해져 있던 도시

카트리나가 닥쳤을 때 뉴올리언스의 홍수 방어 시설은 제대로 기능하지 않았다. 이 도시와 인근 미시시피강, 그리고 두 개의 큰 호수 사이에는 여러 개의 제방이 세워져 있었다. 이 제방들은 댐과 비슷하게 긴 구조물 형태로서 카트리나 같은 강력한 폭풍으로 인한 해일로부터 도시를 보호할 목적으로 세워진 것이었다. 그러나 여러 해 동안 보수가 필요하다는 경고가 수차례 이어졌음에도 관리 책임을 맡은 정부 기관은 제방을 그대로 방치했고,

이 제방들은 약해져 갔다. 대체 왜 그렇게 방치한 것일까? 제방이 무너질 경우 가장 큰 피해를 입게 될 가능성이 높은 곳은 가난한 아프리카계 미국인들이 사는 곳이었는데, 이들은 정치적으로 영향력을 행사할 수 있는 처지가 아니었다.

카트리나에 강타당해 무너진 제방 너머로 물이 들이쳤을 때, 세계 뉴스에는 돌연 가진 사람들과 가진 것이 없는 사람들 간의 첨예한 갈등이 등장했다. 돈이 있는 사람들은 위험한 지역에서 빠져나와 호텔에 숙소를 정하고 보험 회사에 전화를 걸었다. 자동차가 없었던 뉴올리언스 주민 12만 명은 정부가 자신들을 침수된 도시 밖으로 이동시켜 주기만을 기다렸다. 구조대가 오기를 목을 빼고 기다리던 사람들은 지붕에 올라가 필사적으로 살려 달라는 신호를 보냈고 냉장고 문짝을 떼어 뗏목처럼 사용했다. 너무나 많은 사람이 구조대의 도움을 받지 못했고, 1천 명이 넘는 사람들이 목숨을 잃었다.

아비규환이 된 이 도시의 영상은 세계를 충격으로 몰아넣었다. 많은 사람이 지구상에서 가장 부유한 나라에서도 의료 혜택과 좋은 교육이 공평하게 제공되지 않는다는 사실을 익히 알고는 있었지만, 재해 대응만큼은 공평하게 제공될 거라고 믿고 있던 터였다. 사람들은 가난한 나라도 아니고 부유한 나라의 정부라면 재해가 났을 때만큼은 적어도 모든 사람을 공평하게 돕는게 당연하다고 생각했다. 그런데 뉴올리언스의 상황은 그렇지 않은 현실을 고스란히 보여 주었다. 아주 가난한 이 도시의 주민들은 대부분 아프리카계 미국인이었고, 이들은 대부분 아무런 지원도 받지 못한 채 스스로 살 방도를 찾는 수밖에 없었다.

사람들은 최선을 다해 서로를 도왔다. 카누와 보트를 이용해 이웃을 구했고, 자신의 냉장고에 든 것을 이웃과 나눠 먹었다. 그러다 음식과 물이 바닥나자, 상점에 가서 필수품을 챙겨 왔다. 언론은 목숨을 부지하기 위해 필사적으로 움직이는 아프리카계 미국인 주민들을 〈약탈자〉로 묘사하면서, 이들이 곧 물에 잠기지 않은 백인 거주 지역을 습격하고 파괴할 거라고 보도했다. 아프리카계 주민들이 침수 지역을 벗어나는 것을 막기 위해 경찰 검문소가 설치되었다. 어느 검문소의 경찰관들은 몇몇 아프리카계 주민들을 보자마자 총을 쏘아 놓고는 나중에 가서야 아무런 무기도 없이 총격을 당한 이 사람들이 한 경찰관에게 총을 쏘았다며 거짓 주장을 내놓았다. 자치 경비대를 꾸린 백인들까지 총을 들고 도시로 들어와서는 〈약탈자는 보는 즉시 쏜다〉라고 당당하게 선포했다.

나는 뉴올리언스에 도착했을 때 경찰과 군인, 사설 보안업체들이 전쟁터에 온 듯이 신경을 곤두세우고 있는 걸 직접 확인했다. 이들 중 태반이 이라크와 아프가니스탄의 전쟁 지역에서 막 돌아와 뉴올리언스에 투입된 사람들이었다. 그런데 이곳 주민들을 도와야 할 사람들이 아니라 적으로 대하라는 명령을 받은 듯이 행동했다. 나중에 사람들을 도시 밖으로 대피시키기 위해 도착한 주 방위군조차도 쓸데없이 공격적으로 굴었다. 주 방위

군은 버스에 오르는 사람들을 향해 기관총을 겨누었고, 많은 아이를 부모로부터 떼어 놓았다.

뉴올리언스 제방이 제대로 관리되지 않고 방치된 이유를 꼽자면 이 제방의 보호를 필요로 하는 주민 대부분이 가난한 아프리카계 미국인이었다는 것을 빼놓을 수 없다. 그러나 이곳 제방에 대한 부실한 관리는 미국 전역에서 펼쳐지던 더 큰 흐름에서 비롯한 것이기도 했다. 도로, 교량, 수자원 관리, 제방 등 정부가 건설하고 관리하는 공공시설물을 일컬어 공공 기간 시설이라고 부르는데, 미국 전역에서 이런 공공 기간 시설이 방치되고 있었다. 그리고 이런 방치는 미국 정부가 국민을 지켜야 할 책임을 얼마나 소홀히 여기는가를 반영하는 것이었다.

〈정부를 줄이자〉

정부의 역할이 무엇인지, 정부가 국민의 삶에 얼마나 관여해야 하는지에 대해서는 사람들 사이에 의견이 갈린다. 수십 년 전부터, 세계 전역에서 내려지는 경제적·정치적 결정은 대부분 정부의 역할 축소를 목표로 하는 세 가지 원칙을 고수하며 이루어졌다. 서로 밀접히 연결된 이 세 가지 원칙을 뭉뚱그려서 신자유주의라고 부르기도 한다.

그중 첫 번째 원칙은 규제 완화다. 규제 완화란 개인이 소유하는 은행과 기업의 수익 사업을 제한하는 내용의 규칙이나 규정을 줄이거나 없앤다는 의미다. 두 번째 원칙은 민영화다. 정부가 공공 재원을 이용해 직접 운영해 온 공공 분야(학교, 고속 도로 등)를 수익 사업을 하는 기업에게 넘겨주는 것을 말한다. 세 번째 원칙은 세금을 줄이자는 것인데, 특히 기업과 부자에게 매겨지는 세금을 줄이자는 데 주안점이 있다. 세금으로 거둬들이는 돈이 부족하면 정부가 공공 기간 시설 등 공공 분야에 지출할 돈이 줄어든다. 앞에서 다룬 뉴올리언스 제방의 방치는 이런 공공 재원 부족과 깊은 연관이 있다.

이 원칙들은 대체 어떤 생각에 뿌리를 둔 것일까? 첫째, 기업의 자유를 최대한 보장해야만 기업이 성장하고, 더 많은 제품을 팔아 더 많은 수익을 올리고, 그래서 더 많은 일자리가 만들어진다는 생각이다. 둘째, 정부는 기업을 운영하는 것처럼 운영되어야 하고, 국민의 기본적인 필요를 보장하는 일에 대한 정부 개입은 줄여야 한다는 생각이다.

허리케인 카트리나 참사가 발생하기 오래전부터, 〈정부를 줄이자〉라는 관점과 〈공익을 위해 힘쓰자〉라는 관점 사이에 직접적인 충돌이 빚어져 왔다. 설사 수익이 나지 않더라도 사회의 모든 구성원에게 도움과 혜택을 주는 것을 중시하는 게 〈공익을 위해 힘쓰자〉라는 관점이다. 〈정부를 줄이자〉라는 관점은 모든 국민에게는 공원과 질 좋은 공교육, 안전하게 유지되는 공공 기간 시설 등 기품 있는 삶을 누릴 권리가 있다는 믿음을 무너뜨리려고 집요하게 노력했다. 결국 정부는 공익을 위한 지원을 줄였다. 허리케인 카트리나가 상륙했을 당시 뉴올리언스 제방이 오랜 방치로 무너지기 직전의 상태가 되어 있던 데는 이런 요인이 있었다.

그런데 이 관점 때문에 방치되어 약화된 것은 물리적 기간 시설만이 아니었다. 재해 대응의 인적 시스템 역시 방치되어 약화되어 있었다.

미국의 각 지방 정부에는 재해 발생이 예상될 때 사람들이 피해를 입지 않도록 돕고 재해 발생 후에는 사람들에게 대피 공간과 의료를 제공하는 등 구호 활동의 임무를 띤 기구가 있다. 미국 연방 재난 관리청은 전국의 재해 방지 및 구호 활동을 감독한다. 그런데 허리케인 카트리나가 지나간 뒤, 연방 재난 관리청은 물에 잠긴 도시에 발이 묶인 뉴올리언스 주민들의 기대를 완전히 저버렸다.

연방 재난 관리청이 경기장 〈슈퍼 돔〉에 마련된 대피소에 있던 주민 2만 3천 명에게 식수와 음식을 공급한 것은 재해 발생 5일 만이었다. 슈퍼 돔 안의 참혹한 상황이 언론을 통해 알려지자 전 세계가 충격에 휩싸였다. 뉴올리언스에서 연방 재난 관리청의 구호 실패를 빚어낸 원인은 여러 가지다. 무엇보다 그 기구의 직원들 중에는 재해 관리에 대한 경험이 거의 없거나 전혀 없이 그저 정치적 연분 덕분에 그 직위에 오른 사람이 많았다. 또 기업을 운영하는 것처럼 정부를 운영하자는 관점 때문에 그 기구에서 오랜 기간 경험을 쌓은 사람들이 밀려나고 그 자리에 근무 기간도 짧고 경험도 적은 신참자들이 앉아 있었다.

게다가 연방 재난 관리청은 비상 보급품을 충분히 준비해 두지 않았다. 2020년에도 역시 전국적으로 똑같은 상황이 펼쳐진다. 코로나19 위기에 맞서 싸우는 병원 인력이 반드시 써야 할 개인 보호 장비가 부족했다. 연방 정부의 준비 부족, 그리고 최대한 많은 수익을 내도록 설계된 의료와 병원 시스템이 빚어낸 참혹한 결과였다. 이런 시스템에서는 예비 병상이나 제대로 갖추어진 비품 창고가 부실한 경영의 증거로 여겨진다. 이런 예비 품목들을 당장 수익을 내지 못하는 돈, 낭비되는 돈이라고 보기 때문이다. 예비 병상과 풍족한 비품을 유지하는 것은 재해에 대한 합리적인 대비책이다. 그러나 이런 시스템은 돈을 쓰는 게 아니라 돈을 벌어야 한다는 압박감에 쫓기기 때문에 재해 대비를 제대로 하지 않는다. 이런 상황에서 재해가 닥치면 사람들은 고통에 시달릴 수밖에 없다.

　2005년 뉴올리언스로 돌아가 보자. 당시 뉴올리언스 시장을 비롯한 지도자들 역시 재해를 키우는 데 한몫을 했다. 이들은 도시를 떠나라는 대피령을 제때에 내리지 않았고, 대피소에 식수, 음식, 의료용품 등을 제대로 공급하지 않았다. 연방 정부 공무원도 지방 정부 공무원도 심각한 폭풍우가 몰아칠 때에 대비해서 공익을 보호하기 위한 대비책에 돈과 노력을 투입해야 하는 책무를 방기한 탓에 피해는 훨씬 커졌다.

　몇 주 동안, 물바다가 된 뉴올리언스의 모습은 카트리나의 피해를 훨씬 크게 키우는 결과를 낸 이러한 경제 정책과 기후 재해에 뒤이어 발생한 인재의 문제를 만천하에 부각시켰다. 카트리나가 덮쳤을 때 그곳에서 벌어진 일들은 몹시 충격적이었다. 그런데 카트리나가 지나간 뒤에는 훨씬 더 충격적인 일이 벌어졌다.

가장 먼저 가장 심한 고통을 겪는 가난한 사람들

허리케인 카트리나로 뉴올리언스가 물에 잠기자, 여러 기업이 이 비극을 이용할 기회를 노리고 달려들었다.

많은 가구가 자진해서 혹은 강제로 버스에 실려 물에 잠긴 뉴올리언스를 떠나 미국 전역으로 흩어졌다. 〈작은 정부〉를 옹호하는 경제학자 집단을 이끄는 어느 학자는 이 도시의 학생들이 흩어진 것을 두고 〈교육 시스템을 근본적으로 개혁할 수 있는 절호의 기회〉라고 말했다. 여기 쓰인 개혁이란 말은 민영화를 뜻한다. 말하자면 이 도시의 공립 학교들을 사립 학교로 전환하자는 것이다. 그렇게 되면 일부 학교들은 교육비를 받지 않던 방침을 바꾸거나 공립 학교와는 다른 교육 기준을 채택하게 된다.

루이지애나주의 한 공화당 하원 의원은 〈드디어 뉴올리언스의 공공 주거 시설이 말끔히 정리되었다〉라면서 가난한 사람들이 살던 주거 지역이 파괴된 것을 신의 도움이라고 말했다. 그런데 일부 지역의 파괴는 허리케인 때문에 일어난 게 아니라 의도적으로 이루어진 것이었다. 가난한 아프리카계 주민들이 뉴올리언스를 떠나자, 폭풍이 몰아친 지 몇 달이 지나도록 공무원들은 주민들이 그곳으로 돌아올 수 있도록 돕지 않았다. 다른 지역으로 옮겨진 주민들이 살던 수천 개의 공공 주거 시설이 파괴되었다. 그런데 그중에는 무사히 폭풍 피해를 피하고도 파괴된 주거 시설이 많았다. 고지대에 위치해 있어 피해를 전혀 입지 않았거나 가벼운 피해를 입은 곳이었다. 이 주거 시설을 쓸어 버린 것은 폭풍이 아니라 철거 단원이었다. 그 자리에는 아파트와 고급 주택들이 들어섰다. 이 새로운 주택들은 폭풍 전에 그 지역에 살던 주민 대부분이 엄두도 낼 수 없는 높은 가격이 붙었고, 덕분에 건설을 주도한 부동산 개발업자들은 큰 수익을 움켜쥐었다.

뉴올리언스가 혼란에 빠져 있는 사이에 기업들은 자신이 원하던 계획들을 실현할 기회를 잡았다. 이 계획들은 표면상으로는 도시 재건을 목표로 하고 있었다. 그러나 기업들은 허리케인으로 피해를 입은 사람들을 돕거나 미래의 재해 때 사람들을 보호할 기간 시설을 복구하는 일을 외면한 채, 노동 법규와 환경 규제, 공립 학교를 약화시키는 변화를 밀어붙였다. 그렇다면 이런 변화가 강화시킨 것은 무엇이었을까? 석유와 천연가스 기업과 부동산 기업 등의 수익 사업체들이었다. 대부분의 기업이 수익 창출을 목표로 하고 이런 기업들은 재해를 기회로 수익을 낼 수 있다.

허리케인 카트리나 이후에 이런 〈복구〉 방식이 빚어낸 불공정의 사례는 여기서 그치지 않는다. 재해에서 수익을 뽑아낼 작정으로 이 도시로 몰려든 많은 민간 기업과 정부와 계약한 업체가 거액의 정부 돈을 받았다. 그러나 그 대가로 그들이 제공한 성과는 부실했고, 때로는 아무런 성과를 내지 못했다. 이런 일이 벌어질 수 있었던 것은 정부 재원이 어디에, 어떻게 쓰이는지 감독해야 할 정부가 그 일을 하지 않았기 때문이다. 정부 축소가 계속 진행되면 결국 이런 일이 벌어질 수밖에 없다.

한 회사는 응급 상황 근무자들을 위한 숙소와 부대시설을 짓는 중요한 사업을 맡고 520만 달러를 받았다. 그러나 이 시설은 결국 완공되지 않았다. 알고 보니 정부와 계약하여 이 사업을 맡은 기업은 한 종교 단체였다. 이 단체의 대표는 〈내가 해본 일 중에 이 일과 가장 비슷한 활동은 교회 청소년 캠프를 준비하는 일 뿐이다〉라고 털어놓았다.

카트리나 참사 후에 정부는 도시 재건에 필요한 일들을 시행하고 주민들이 협력하여 일상을 되찾도록 돕는 역할을 맡아야 했다. 정부 계약을 맡은 업체들에게 그 지역 주민들을 고용하고 적정한 임금을 지급하라고 요구했어야 했다. 그러나 공무원들은 해야 할 일을 하지 않았다. 지역 주민들은 정부 계약을 맡은 업체들이 저임금 노동자, 그것도 대부분 이민자를 데려다 쓰고서 제 주머니에 큰 수익을 챙겨 넣는 모습을 지켜볼 수밖에 없었다. 게다가 이 사업이 끝난 뒤에는 많은 이주 노동자들이 국외로 추방될 위기에 몰렸다.

뉴올리언스의 가난한 주민들은 허리케인 카트리나로 집과 일자리와 공동체를 잃기 전에도 이미 사회적, 경제적으로 어려운 처지였다. 허리케인의 타격으로 이들은 훨씬 더 큰 곤경에 빠졌다. 재해 구호와 재건 과정에서 적절한 지원이 이루어졌다면 이런 사회적 · 경제적 불평등을 조금이나마 바로잡을 수 있었을 것이다. 그러나 현실은 정반대였다. 허리케인의 타격이 있고 몇 달 뒤에, 미국 의회는 정부 계약과 세금 우대 조치를 통해서 민간 기업들에게 지급된 막대한 비용을 메우기 위해서 연방 정부 예산을 무려 400억 달러나 줄이겠다고 발표했다. 의회는 예산을 줄이기 위해서 어떤 항목을 삭감했을까? 학자금 대출, 빈민층 식품 지원, 빈민층 의료 지원 등의 여러 사업이었다.

허리케인 카트리나 이후에 정부와 계약한 업체들의 횡재를 위해서 저소득층 국민이 몇 번이나 타격을 입어야 했던 현실은 기후가 빚어낸 불공정을 반영하는 대표적인 사례다. 허리케인 재해로 저소득층 거주 지역이 도시의 다른 지역보다 훨씬 큰 피해를 입은 것 자체가 저소득층에게는 이미 큰 타격이었다. 그 후 재난 구호 활동이 기업들의 횡재 수단으로 변형된 것 역시 큰 타격이었다. 그리고 마지막으로 기업들의 횡재에 투입된 돈을 메우기 위해서 실업자와 저소득 노동자들을 직접 지원하는 전국적인 사업의 재원이 삭감되면서 이들은 또다시 큰 타격을 입었다.

허리케인 카트리나 이후에 일어났던 일들을 통해서 우리는 지금의 경제 시스템이 재해와 전쟁 등의 극단적인 사건들을 어떻게 바라보는지 분명히 알 수 있다. 한마디로, 〈재해 자본주의〉의 관점이다. 재해 자본주의란 비극적인 재해가 발생했을 때 부와 권력을 가진 사람들이 서민들의 곤경은 안중에 두지 않고 이 재해의 충격을 은행과 산업, 권력을 쥔 정치인들에게 유리한 방향으로 모든 상황을 통제하고 변화시킬 기회로 여기는 관점이다.

재해는 정상적인 삶을 파괴한다. 따라서 재해는 변화가 시작될 수 있는 기회다. 비상사태가 발생하면 일반적인 법률과 관행이 일시적으로 정지되기도 한다. 사람들은 무력감과 혼란에 휩싸이고 생존이나 일상 회복에만 관심이 쏠려서 무슨 일이 벌어지고 누가 혜택을 보고 있는가라는 중요한 문제에 관심을 쏟지 못한다.

자연재해의 발생이 잦아지는 기후 변화의 시대에는 대형 폭풍이나 홍수, 화재가 발생한 직후에 이처럼 불공정한 상황이 끊이지 않고 반복된다. 기후 변화로 빚어지는 모든 종류의 피해가 약한 사람들에게 집중될 수 있다. 이미 어려운 처지에 있는 사람들, 예컨대 가난한 사람들과 유색인, 원주민이 가장 먼저 가장 심한 피해를 입는다.

따라서 기후 변화를 막기 위한 운동은 사회 정의와 경제 정의를 실현하기 위한 운동이 되어야 한다. 우리는 재해를 기회로 삼아 소수의 사람들만이 아니라 모든 사람에게 긍정적인 방향으로 사회를 바꾸어 가는 법을 배워야 한다. 우리는 기후 변화를 빚어낸 책임이 가장 큰 기업들이 위기를 이용해서 수익을 내는 현실을 바꾸어 내야 한다. 수익만을 노리는 재해 대응 방식은 위험한 되먹임 순환을 일으킨다는 점을 잊지 말아야 한다. 재해에 대응하는 우리의 노력과 정부의 지출은 피해를 입은 사람들을

돕는 데, 그리고 공익이 중요하다는 믿음의 불꽃을 되살리는 데
투입되어야 한다.

노던샤이엔의 새로운 에너지

뉴올리언스에서 카트리나로 빚어진 참사를 직접 목격했던 때
로부터 5년 뒤에, 나는 몬태나주 남동부의 노던샤이엔 보호 구
역에서 기후 변화와 기후 불평등에 대해 전혀 다른 대응이 진행
되는 것을 목격했다. 이곳을 처음 찾았을 때는 마을 전체가 구름
에 휩싸여 있었다. 이 구름은 기상 현상이 아니라 석탄을 둘러싼
갈등의 구름이었다.

석탄의 위협

이곳의 완만한 구릉에는 소와 말, 그리고 독특한 모양으로 솟
은 사암 바위가 점점이 흩어져 있다. 갈등의 불씨는 이 구릉 아
래에 묻혀 있는 대량의 석탄이었다. 광산 회사들은 노던샤이엔
보호 구역과 그 주변에 묻힌 석탄을 캐낸 다음, 새로 철도를 건
설해 이 석탄을 중국을 비롯해 세계 각지로 보낼 계획을 세워 두
었다. 그런데 이 광산과 철도가 건설되면 중요한 수원인 통강이
위험해질 수 있다. 게다가 이 철도는 샤이엔족 조상들이 묻힌 매
장지에 영향을 미칠 가능성이 높다.

노던샤이엔은 1970년대 초부터 광산 회사들과 싸움을 벌여
왔다. 2010년에 이곳은 화석 연료 개발 열풍에 휩쓸려 사면초가

의 상태에 있었다. 당시 미국은 국내에서 사용되는 전력의 절반 가량을 석탄을 태워 얻었고, 광산업계는 석탄의 국외 수출에 대한 기대가 컸다. 세계적으로 석탄 수요는 20년 안에 50퍼센트 넘게 증가할 것으로 예상되었다.

노던샤이엔 주민의 석탄 반대 운동이 언제까지 이 회사들의 계획을 저지할 수 있을지는 불투명했다. 얼마 전에 주 토지 위원회에서 이 새로운 광산과 관련하여 중요한 투표가 있었는데, 광산 유치 반대를 주장하는 쪽이 투표에서 졌다. 새 광산은 노던샤이엔 보호 구역 바로 바깥인 오터강에, 게다가 미국에서 건설 계획 중인 석탄 광산 가운데 최대 규모로 지어질 예정이었다.

광산 유치 찬반 투표에서 패배한 뒤에, 석탄 반대 활동을 하던 주민들은 통강 철도 반대에 전력을 쏟았다. 새 철로를 놓지 못하면 석탄을 운반할 방법이 없고 따라서 새로 광산을 건설할 이유도 없어지니 말이다. 그런데 샤이엔 주민들은 철도 반대 운동에 별로 열의를 보이지 않았다. 결국엔 철도와 광산 건설이 순탄하게 진행될 것으로 보였다.

「진행되는 일들이 너무 많아서 사람들이 무엇을 상대로 싸워야 할지 정신을 차리지 못해요.」 알렉시스 보노고프스키가 내게 말했다. 당시 보노고프스키는 국립 야생 생물 보전 연맹 소속으로 원주민 부족들이 법적인 권리를 이용해 토지와 물과 공기를 지킬 수 있도록 돕는 일을 하고 있었다. 보노고프스키는 노던샤이엔과 긴밀하게 소통하며 활동하고 있었다. 노던샤이엔은 법률을 이용해 토지를 보호해 온 오랜 역사를 가지고 있었다.

수십 년 전에 노던샤이엔은 전통적인 생활 방식을 향유할 권리(이것은 노던샤이엔이 미국 정부와 체결한 조약에 보장된 권리다)에 깨끗한 공기를 마실 권리가 포함된다고 주장했고, 미국 환경 보호청은 이 권리를 인정했다. 1977년에 미국 환경 보호청은 노던샤이엔 보호 구역을 대기질 최고 등급 지역으로 선정했다. 노던샤이엔은 이를 근거로 법원에 자신들의 공기를 오염시킬 위험이 있는 오염 유발 사업을 금지해 달라는 소송을 냈다. 노던샤이엔은 멀리 와이오밍주에서 발생한 오염 물질이 보호 구역까지 넘어와 물과 공기를 오염시킬 위험이 있으므로 조약에 따른 자신들의 권리를 침해한다고 주장했다.

그런데 오터강 광산과 통강 철도 반대 싸움은 훨씬 더 어려운 싸움이었다. 광산 회사들뿐만 아니라 원주민들 사이에서도 반발이 있었다. 노던샤이엔은 최근 석탄 광부로 일했던 사람을 부족 대표자로 선출했는데, 그 대표자는 부족의 자원을 캐내 가거나 없애 버리려고 하는 회사들에 보호 구역의 땅을 개방하겠다는 뜻이 확고했다.

그 사람 말고도 광산 사업의 유혹에 넘어간 주민들이 적지 않았다. 광산 사업은 노던샤이엔 공동체를 곤경으로 몰아넣은 돈 문제와도 관련이 있었다. 이곳은 실업률이 대단히 높았고, 가난과 약물 남용이 보호 구역을 망가뜨리고 있었다. 광산 회사들이 보호 구역에 사람을 보내 일자리와 새로운 사회 복지 사업에 필요한 재원을 공급하겠다고 약속하자 절망에 빠진 많은 주민은 귀가 솔깃해질 수밖에 없었다.

「사람들이 이렇게 말해요. ……우리가 그 사업에 동의하면, 좋은 학교와 좋은 폐기물 처리장을 확보할 수 있지 않느냐고요.」 강인하고 열정적인 부족 토지 정책 부장 살린 올던의 말이다. 부족 내에서 석탄 광산 반대를 외치는 사람들이 점점 줄어들고 있었다. 올던은 석탄 사업으로 얻을 수익을 위해 토지의 건강을 희생한다면 샤이엔 주민들은 문화와 전통에서 멀어질 수밖에 없고, 따라서 우울증과 약물 남용이 완화되기는커녕 더 악화될 가능성이 높다고 걱정했다.

「샤이엔에서 〈물〉은 〈생명〉이라는 단어와 같아요.」 올던이 설명했다. 「석탄 산업에 얽혀 드는 것은 생명을 파괴하는 일이라는 것을 우리는 잘 알고 있습니다.」

실제로 석탄 산업은 이미 생명을 파괴하고 있었다. 보호 구역 내 가옥 대부분은 1940년대와 1950년대에 정부가 공급한 조립식 주택이라 외풍이 심한 구조였다. 집 안에 아무리 뜨거운 열기를 불어넣어도 벽과 문, 창문에 난 틈새로 열기가 술술 빠져나갔다. 가구당 월평균 난방 요금이 무려 400달러였는데, 화석 연료인 석탄과 프로판가스를 난방 연료로 쓰고 있었다. 한 달 난방 요금으로 1천 달러 넘는 돈을 쓰는 사람들도 있었다. 엎친 데 덮친 격으로 주민들이 난방에 쓰는 화석 연료 에너지는 계속되는 가뭄과 대규모 산불 등 이미 이 지역을 맹렬히 공격하고 있는 기후 위기를 더 가중시키고 있었다.

샤이엔의 차세대 지도자들에게 선조들이 값비싼 희생을 치르고 지켜 낸 토지를 넘겨주지 않고도 빈곤과 절망에서 벗어날 또 다른 경로를 제시하는 것, 올던은 이것이야말로 난관을 헤쳐 나갈 유일한 방법이라고 확신했다. 올던은 여러 가지 가능성을 찾아냈다. 그중 하나가 열과 짚과 관련된 것이었다.

몇 년 전에 한 비정부 기구가 찾아와 집 몇 채를 지어 준 일이 있었다. 짚단을 이용하는 전통적인 방식으로 지어서 여름에는 시원하고 겨울에는 따뜻한 집이었다. 올던은 그 집에 사는 가구들의 전기 요금이 〈한 달에 400달러가 아니라 19달러〉로 놀랄 만큼 적게 나온다고 말했다.

원주민의 지혜를 이용해서 집을 지으면 되는데 굳이 외부인의 힘을 빌릴 필요가 있을까? 주민들에게 집을 설계하고 짓는 법을 익히게 하고 필요한 자금을 확보해서 보호 구역 내 모든 주택을 개조하면 되지 않을까? 그러면 당장에 친환경 집 짓기 열풍이 퍼져 나갈 테고, 기술을 익힌 주민들은 배운 기술을 사용해서 다른 지역의 집 짓기를 도울 수 있을 터였다. 그러면 땅을 만신창이로 만들지 않고도 더 많은 집을 지을 수 있지 않을까?

하지만 이런 계획을 진행하려면 돈이 드는데 노던샤이엔 주민들에게는 돈이 없었다. 한때 사람들은 당시 오바마 대통령이 이끄는 행정부가 사회 취약 계층을 위한 친환경 일자리 사업 지원을 늘릴 거라는 기대감에 부풀었다. 그야말로 기후 변화를 억

제하고 경제적 불평등을 바로잡는 데 보탬이 될 수 있는 일석이
조의 정책이었다. 하지만 2008년 경제 위기가 미국을 덮치면서
이 지원 정책은 대부분 뒤로 미뤄졌다.

하지만 알렉시스 보노고프스키와 샬린 올던은 노던샤이엔 주
민에게 석탄을 대신할 다른 대안을 보여 줘야 한다는 생각에 함
께 대안을 찾아 나섰다.

내가 노던샤이엔을 처음 방문하고 1년 쯤 지난 뒤에, 보노고
프스키에게서 전화가 왔다. 올던과 함께 어렵사리 미국 환경 보
호청과 국립 야생 생물 보전 연맹에서 지원금을 받아 태양열 난
방기 설치 사업을 하고 있다면서, 내게 몬태나주에 다시 와서 이
사업의 성과를 직접 확인하고 사람들에게 널리 알리면 어떻겠
느냐고 물었다.

물론 절대로 놓칠 수 없는 일이었다.

햇빛의 무한한 가능성

두 번째 방문 때는 첫 번째 방문 때와는 날씨도 완전히 다르고
분위기도 전혀 달랐다. 봄을 맞은 완만한 구릉에 노란색 작은 들
꽃과 연녹색 풀이 가득했다. 어느 집 앞마당에 열다섯 명이 모여
서 검은 유리판을 끼운 간단한 상자로 집 한 채를 덥힐 만한 태
양열을 모으는 방법을 배우고 있었다.

이 교육을 맡은 사람은 라코타 부족 출신의 헨리 레드 클라우
드였다. 클라우드는 낡은 트럭 부품을 이용해 첫 풍력 발전기를

만든 뒤로 꾸준히 기술을 쌓았고, 나중에는 사우스다코타주 파인 리지 보호 구역에 풍력과 태양열 전력을 공급한 공헌을 인정받아 표창까지 받은 대단한 사람이었다.

클라우드는 노던샤이엔의 젊은이들에게 마을 안 집들에 태양열 난방기를 설치하는 법을 가르치러 온 참이었다. 난방기 한 대의 설치 가격은 2,000달러였지만, 보노고프스키와 올던이 모아온 지원금 덕분에 무상으로 설치될 예정이었다. 게다가 이 난방기를 사용하면 각 가구의 난방 요금이 절반으로 줄 터였다.

레드 클라우드는 태양열 난방기에 대한 기술적 내용과 〈태양열은 항상 원주민의 생활 속에, 즉 우리 문화, 우리 의전, 우리 언어, 우리 노래 속에 깃들어 있다〉라는 성찰을 자연스럽게 연결시켰다. 클라우드는 일 년 내내 햇빛이 잘 드는 지점이 어디인지 찾아야 한다며 휴대용 태양광 측정기를 들고 집 주위를 돌았다. 태양열 난방기가 잘 작동하려면 하루 여섯 시간 이상 햇빛을 받아야 한다면서, 나무나 산 바로 곁에 붙어 있는 집들에는 태양열 수집 상자 대신에 지붕형 태양광 전지판을 설치하거나 다른 재생 에너지를 이용하는 게 낫다고 말했다.

난방기 설치 작업을 하며 여러 집을 돌던 일행이 보호 구역의 중심부에 있는 레임 디어 마을, 통행량이 많은 길가의 어느 집에 갔을 때였다. 클라우드와 젊은이들이 측량을 하고 구멍을 뚫고 망치질을 하는 사이 사람들이 모여들었다. 아이들도 모여들어 구경을 했다. 무엇을 하는 거냐고 묻던 어느 나이 든 여성이 젊

헨리 레드 클라우드(가운데)와 그를 따르는 태양의 전사들이 태양광 전지판을 설치하면서 깨끗하고 재생 가능한 에너지와 환경 정의가 있는 세상을 향한 한 걸음을 내딛고 있다.

은이들 대답을 듣고는 반색을 했다. 「전기 요금이 절반으로 준다고? 정말요? 나도 설치하고 싶은데 어떻게 해야 하나요?」

레드 클라우드의 입가에 미소가 번졌다. 이처럼 무엇을 해야 한다고 말하는 게 아니라 무엇을 할 수 있는지 보여 주는 방법으로 그는 원주민 마을에서 태양의 혁명을 펼쳐 간다. 첫 실습에 참여한 젊은이 가운데 몇몇은 레드 클라우드를 따라다니며 더 많은 실습을 했고, 자청해서 실습에 참여하는 젊은이도 늘어 갔다. 클라우드는 실습에 참여하는 젊은이들에게 기술자가 되는 데 만족하지 말고, 지구에 대한 존중과 감사가 녹아 있는 삶을 위해서 열정적으로 활동하는 〈태양의 전사〉가 되라고 말했다.

그 뒤 여러 달, 여러 해가 지나면서 오터강 광산과 통강 석탄 수송 철도 반대 투쟁이 다시 활기를 되찾았다. 샤이엔 사람들의 시위가 끊이지 않았다. 사람들은 규제 당국자와의 면담을 요청하거나 공청회에서 감동적인 연설을 했다. 그 대열의 선두와 중심에는 〈석탄 반대〉 문구가 박힌 붉은 티셔츠 차림의 태양의 전사들이 있었다.

바네사 브레이디드 헤어는 레드 클라우드의 실습 교육을 받은 학생 중 하나로, 자원봉사로 소방대 활동도 겸하고 있었다. 바네사는 2012년 여름 230제곱킬로미터의 땅을 집어삼킨 큰 산불과 싸우기도 했다. 그때 노던샤이엔 보호 구역에서만 열아홉 채의 주택이 잿더미로 변했다.

바네사 브레이디드 헤어는 굳이 누군가의 이야기를 듣지 않고도 기후 위기가 이 세상을 덮치고 있다는 것을 알고 있었다. 바네사는 기후 위기를 직접 몸으로 체험했기에 기후 변화 문제를 풀어 가는 일원으로 활동하는 걸 뿌듯하게 여겼다. 레드 클라우드가 말했듯이, 태양의 힘은 바네사를 키워 낸 세계관에 꼭 들어맞는 것이었다. 〈계속해서 퍼내 가고 퍼내 가고 또 퍼내 가는 건 옳지 않죠. ……필요한 만큼만 가져가고 나머지는 땅으로 돌려보내야 합니다〉라고 바네사는 말했다.

역시 레드 클라우드의 실습 교육에 참여했던 루카스 킹은 오터강 광산과 관련한 청문회에서 석탄 회사 대표에게 이렇게 말했다. 「이곳은 샤이엔의 터전입니다. 까마득히 오랜 옛날, 화폐가 생겨나기 전부터 샤이엔의 터전이었습니다. ……돌아가서 보고해야 할 사람을 만나면 우리가 석탄 개발을 결사 반대하고 있다고 전하세요. 그것은 결단코 우리를 위한 일이 아닙니다. 고맙습니다.」

태양의 전사들과 많은 샤이엔 사람들이 석탄 광산과 석탄 철도 계획에 반대하는 활동을 계속해서 펼쳐 갔다. 보호 구역 밖에서도 반대 활동이 계속되었다. 몬태나 주립대학교 학생들이 〈푸른 하늘〉이라는 이름의 캠페인을 시작해 이미 운영 중인 석탄 수송 철도 노선 주변 지역 주민들의 반대 시위 조직을 도왔다. 석탄을 실은 열차가 대개는 가난한 사람들이 사는 동네를 관통하기 때문에, 이곳 주민들은 석탄 먼지와 경유 연료가 타면서 내뿜는 매연 때문에 고생이 이만저만이 아니었다. 〈푸른 하늘〉 소속 학생들은 시위와 행진을 조직하고 시의회를 찾아가 기존 철도 노선과 신규 철도 노선, 화석 연료 개발을 중단하는 조치를 마련하라고 요구했다.

2012년 8월, 몬태나주 의사당 계단에서는 주 정부의 토지를 석유 회사에 임대해 준 처사에 항의하는 사람들이 모여 닷새 동안 농성을 벌였다. 2년 후, 몬태나주의 수십 개의 공동체에서 온 1,500명이 깨끗한 에너지를 위한 행동의 날 행사를 열었다. 2015년에는 노던샤이엔 부족 협의회가 통강 철도에 대한 투표를 실시했는데, 철도 건설에 찬성하는 표가 한 장도 나오지 않았다.

대중적인 운동이 통강 철도를 막아 내는 데 성공하면 오터강에는 새 광산이 들어서지 못할 것이다. 그런데 사실 오터강 광산 건설에 반대하는 힘은 더 큰 원천에서 비롯한 것이었다. 석탄이 에너지계의 대장으로 행세하던 시대는 이미 저물고 있다. 위험한 채굴 작업과 환경 오염, 온실가스 배출 등 석탄에서 비롯한 여러 가지 문제가 점점 널리 알려지면서 석탄 시장이 힘을 잃은 탓이다. 대신에 깨끗하고 친환경적이며 재생 가능한 에너지를 쓰자는 목소리가 점점 커져 가고 있다. 미국에서는 석탄 광산이 잇달아 문을 닫고 새로 광산을 지으려던 계획도 취소되는 추세다. 2016년 초에는 오터강 광산과 통강 철도를 추진하던 회사가 파산했다.

친환경 재생 가능 에너지는 화석 연료가 가진 여러 가지 단점을 가지고 있지 않다. 게다가 재생 가능 에너지 관련 사업을 원주민이 사는 지역에 유치하면 많은 원주민이 여전히 겪고 있는 불공정한 상황을 바로잡을 기회가 될 수 있다. 즉, 근처에 사는 원주민의 적극적인 참여와 동의를 받아서 그들이 혜택을 누릴 수 있도록 사업을 진행하는 것이다. 카트리나가 휩쓸고 간 뒤에 뉴올리언스 주민들은 도시 복구 사업과 관련해서 일자리를 전혀 얻지 못했는데 이런 상황이 되풀이되어서는 안 된다. 레드 클라우드가 보급했던 태양열 난방기처럼, 원주민이 사는 곳에 재생 가능 에너지 사업을 세우고 원주민이 이 사업에 적극 참여할 기회를 만들어서 기술과 일자리와 돈이 원주민 공동체로 흘러들게 해야 한다.

샤이엔의 경험에서 보았듯이, 석탄 광산 대신에 풍력과 태양광 발전 시설을 세우면 지하에서 파낸 더러운 에너지원 대신에 지상에서 얻을 수 있는 깨끗한 에너지원을 이용하는 것을 넘어서서 더 중요한 가치를 실현할 수 있다. 바로 오랫동안 유지되어 온 불공정한 상황을 바로잡을 수 있다는 점이다. 깨끗한 에너지 혁명의 성공을 이루는 가장 좋은 방법은 기업뿐 아니라 공동체의 참여를 이끌어 내고 희망을 불어넣는 것이다. 바로 이것이 태양의 전사 군단을 꾸려 낼 수 있는 비결이다.

희생 지대

기후 변화를 일으키는 가장 큰 원인은 화석 연료 연소다. 설사 화석 연료가 지구를 뜨겁게 만드는 원인이 아니라고 해도 노던 샤이엔 보호 구역에 등장한 태양열 난방기 같은 깨끗하고 재생 가능한 에너지로 전환하는 것은 충분히 가치 있는 일이다. 화석 연료의 추출, 가공, 수송 및 연소가 이루어지는 곳 가까이에 사는 사람들은 잘 알고 있다. 화석 연료가 지구에만 해로운 게 아니라 사람들에게 해롭다는 것을 말이다.

화석 연료에 의존해서 생활에 필요한 에너지를 얻는다면 자연히 사람과 장소의 희생이 뒤따른다. 화석 연료를 지하에서 캐낼 때 나오는 나쁜 공기와 위험한 채굴 작업 때문에 사람들의 건강한 폐와 몸이 희생되고, 광산을 뚫을 때와 유전을 만들 때, 그리고 원유가 환경에 유출될 때 나오는 독성 물질 때문에 사람들이 의지하는 땅과 물 역시 희생된다.

불과 50년 전에, 미국 정부의 자문역을 맡았던 과학자들은 〈국가 희생 지역〉의 가능성에 대해 이야기했다. 국가 전체에 이익이 된다면 어떤 사람과 어떤 공간이 피해를 입는 것을 감수해야 한다고 말하는 사람도 나타났다. 그런 지역으로 꼽힌 곳 중 하나가 애팔래치아 산지였다.

애팔래치아는 오래전부터 아름다운 자연 풍광과 석탄으로 유명한 곳이다. 그러나 지금은 석탄 때문에 애팔래치아의 많은 지역의 아름다운 자연 풍광이 희생되고 있다. 광산 회사들은 폭약을 써서 산꼭대기를 송두리째 날려 버린다. 가까이에 마을이 있으면 주민 전체를 다른 곳으로 이주시키기도 한다. 그 과정에서 나온 각종 쓰레기는 그냥 계곡과 물길에 쓸어 넣는다. 이런 채굴 방식이 땅을 파고 지하로 들어가 채굴하는 방식보다 훨씬 비용이 적게 들기 때문이다.

어떤 정부나 사회가 이런 식으로 거리낌 없이 한 지역과 공동체를 송두리째 희생시키려면, 그 사람들은 일반 시민과는 어딘가 다르고 덜 소중한 존재라고 여겨야 한다. 그래서 부지런히 일하며 사는 이 지역 사람들을 다른 사람보다 어딘가 못한 사람으로 여기는 고정 관념을 만들어 낸다. 그러고는 이 지역 사람들이 피해를 입지 않도록 보호하지 않은 데 대한 핑계를 델 때 이 고정 관념을 동원한다. 허리케인 카트리나가 닥치기 전에도 후에도 뉴올리언스의 아프리카계 주민들이 받은 대접이 꼭 이랬다. 애팔래치아 사람들도 똑같은 대접을 받았다. 그곳 사람들을 〈두

메산골 촌뜨기〉라는 모욕적인 호칭으로 부르고, 그들은 무식하고 술에 찌들어 살고 법을 지킬 줄 모르는 무법자라는 고정 관념을 만들어 냈다. 이 고정 관념은 아주 쓸모가 있었다. 일단 누가 〈두메산골 촌뜨기〉로 찍히는 날에는 촌뜨기가 사는 땅이 어떻게 되는지 따위는 전혀 개의치 않아도 되니 말이다.

이런 일은 도시에서도 일어난다. 오염 물질과 소음 문제를 안고 있는 북미 지역의 발전소와 정유 시설은 거의 대부분 아프리카계 주민과 라틴계 주민이 많이 사는 지역 근처에 세워져 있다. 기업들이 그곳에 그 시설을 세운 것은 가난한 사람들에게는 정치적·경제적 영향력이 없어서 부당한 대우를 받아도 항의할 수 없다는 것을 알기 때문이다. 하지만 부유한 지역은 사정이 다르다. 부유한 지역에 사는 사람들은 정치 기부금을 내거나 지방 정부와 중앙 정부에서 자신의 이익을 대변할 사람을 고용할 만한 경제력이 있기 때문에 정치인들은 부유한 지역에는 늘 관심을 갖는다. 이런 권력 불평등 때문에 흔히 유색인이라고 불리는 힘없는 사람들은 어쩔 수 없이 우리 경제가 화석 연료에 의존하면서 빚어진 해악을 떠안고 살아간다. 이처럼 사회적 약자에게 환경 오염의 결과를 떠넘기는 것을 환경적 인종 차별이라고 한다.

아주 오래전부터 세계 각지의 희생 지대는 몇 가지 공통점을 가지고 있다. 모두 가난한 사람들이 사는 곳이고, 외떨어진 곳이고, 인종이나 언어, 사회적 지위 때문에 정치적 영향력이 거의 없거나 전혀 없는 사람들이 사는 곳이다. 그리고 이곳에 사는 사람들은 자신들이 별 볼 일 없는 존재로 취급받고 있다는 걸 알고 있다.

이제는 희생 지대가 날이 갈수록 넓어져 가고 있다. 석탄의 시대가 저물고 있기는 하지만, 에너지에 대한 우리의 욕구는 여전하다. 결국 광산업계는 석유와 가스를 지하에서 파내는 새로운 방법을 개발해 냈다. 그중 하나가 수압 파쇄법이라고 불리는 프래킹 기술이다. 지하로 액체를 높은 압력으로 쏘아 넣어 암석을 깨뜨리거나 균열을 만든 다음, 암석 안에 갇힌 천연가스나 원유를 뽑아내는 방식이다. 프래킹은 가스나 원유 유출, 화재, 수질 오염과 지반 약화 등의 위험을 안고 있다. 그러나 광산업계는 이렇게 얻은 연료를 팔아 수익을 낼 수만 있다면 이런 희생을 전혀 개의치 않는다.

프래킹을 비롯한 여러 가지 기술이 새로 개발되자, 광산업계는 예전에는 너무 어렵고 비용이 많이 들어 손대지 못했던 곳에서도 화석 연료를 뽑아내기 시작했다. 이제는 심해에 묻혀 있거나 셰일층이나 사암층에 섞여 있는 것까지 거뜬히 뽑아낼 수 있다. 이런 신기술은 화석 연료의 대량 생산에 불을 붙였고, 온실가스 배출의 새로운 경로를 열어 놓았다.

게다가 이렇게 캐낸 연료는 반드시 수송 과정을 거쳐야 한다. 미국 내 원유 운반 기차의 수는 2008년에서 2014년 사이에 9,500대에서 50여 만 대로 급증했다. 2013년 미국 국적의 열차에서 새어 나온 원유의 양은 그 이전 40년 동안 새어 나온 양을 모두 합친 것보다 많았다. 원유 가격이 하락하고 송유관을 통해 운반되는 원유의 양이 늘면서 기차로 옮겨지는 원유의 양이 점점 줄고 있다. 하지만 아직도 수백만 명이 부실하게 관리되는 〈기름 폭탄〉철도 노선이 지나는 곳에 살고 있다. 2013년 7월, 기름을 가득 채운 화물차 72대를 싣고 달리던 열차가 폭발했다. 이 사고로 캐나다 퀘벡의 작은 도시 락 메간틱의 절반이 폐허가 되었고, 47명이 목숨을 잃었다.

2013년 『월 스트리트 저널』 기사에 따르면, 당시 미국에서는 유정을 뚫거나 프래킹이 이루어진 유전에서 1.6킬로미터 이내에 사는 사람이 1500만 명이 넘었다. 이런 지역은 늘 가스나 원유 유출과 화재 사고의 위험을 안고 있다. 『가디언』의 기자 수잔 골든버그는 〈에너지 회사들이 교회 안 공간과 학교 운동장, 개발된 부지에도 프래킹 유전을 뚫고 있다〉라고 썼다.

2019년 도널드 트럼프 대통령 집권 당시 미국 정부는 일부 국립 공원의 경계선에서 프래킹 방식을 사용해 석유를 채취하는 것을 허용하겠다고 밝혔다. 석유 회사들의 오랜 꿈을 이루어 준 것이다. 영국에서는 본섬 면적의 약 절반이 프래킹 적합지로 고려되고 있다.

화석 연료를 뽑아낼 수 있는 곳이라면 어디든 희생 지대가 될 수 있다. 희생 지대는 점점 더 넓어지고 있다. 문제는 지구의 땅속에 묻힌 석탄과 석유, 가스를 캐낼 때 발생하는 오염과 폐기물과 파괴에서 끝나지 않는다. 이렇게 캐낸 화석 연료를 태울 때 온실가스가 발생해 지구 대기권에 들어간다. 화석 연료는 기후 변화를 일으키고, 기후 변화는 모든 사람과 세계의 모든 지역을 위협한다.

우리는 모두 희생 지대에서 살고 있다. 힘을 합쳐 반대의 목소리를 높이지 않는 한, 결코 이 상황에서 벗어날 수 없다.

기후를 구실로 한 폭력

그날은 뉴질랜드 크라이스트처치에서 최초로 세계 동시다발 등교 거부 시위가 열린 날이었다. 나이도 다르고 키도 다른 아이들이 한낮에 학교 밖으로 쏟아져 나왔다. 뉴욕과 전 세계의 수많은 도시에서도 그랬듯이, 손팻말을 흔들며 행진하는 청소년들의 작은 흐름이 모여 큰 강물을 이루며 움직였다. 정오가 조금 지난 시간, 행진에 참여했던 청소년 중 약 2천 명이 도시 중심부의 광장에 모여 연설을 듣고 음악을 들었다. 「크라이스트처치 사람들이 자랑스러워요. 모두들 용감무쌍하잖아요. 등교 거부 시위는 쉬운 일이 아니에요.」 행사 준비에 참여한 열일곱 살의 미아 서덜랜드가 내게 말했다.

행사의 절정은 그곳에 모인 사람들이 한목소리로 민중가요 「일어나!」를 불렀을 때였다고 미아는 말했다. 이 노래는 크라이스트처치 기후 시위를 처음으로 제안한 열두 살의 루시 그레이가 만든 곡이었다.

미아는 야외 활동을 좋아한다. 그러다 자신이 잘 알고 아끼는 자연의 여러 부분이 기후 위기 때문에 심각한 충격을 받는다는 것을 알게 되었다. 해수면 상승과 점점 거세지는 사이클론의 파괴력 때문에 태평양 제도의 모든 나라가 위험에 처해 있다는 것도 알게 되었다. 이 일을 계기로 미아는 기후 변화가 단순히 환경 문제가 아니라 인권 문제임을 깨달았다. 「뉴질랜드에 사는 우리는 태평양 제도 공동체의 일원이죠. 모두 우리 이웃이에요.」

크라이스트처치의 기후 집회 무대에 청소년들이 차례로 올라가 마이크 앞에 서서 발언을 했다. 미아는 〈모두들 아주 행복한 표정이었어요〉라고 그때 일을 떠올렸다. 미아가 막 발언을 하려는 참에 한 친구가 미아의 팔을 끌어당기며 말했다. 「이제 끝내야 돼. 어서 서둘러!」

그때 한 경찰관이 무대로 올라와 마이크를 잡고는 모두에게 당장 광장을 떠나라고 말했다. 미아는 버스를 타러 가다가 스마트폰에 뜬 기사를 보았다. 자신이 선 곳에서 불과 10분 거리에서 총격 사건이 있었다니! 기사를 읽자마자 미아는 가슴이 쿵쾅거렸다.

학생들이 등교 거부 시위를 벌이던 바로 그때, 뉴질랜드에 거주하던 스물여덟 살의 호주 남성이 차를 몰고 크라이스트처치에 있는 이슬람 사원 알누르 모스크로 갔다. 그리고 모스크 안으로 들어가 기도 중인 사람들에게 총을 쏘았다. 총격범은 6분 뒤에 다시 차를 타고 다른 모스크로 가서 학살을 계속했다. 이 총기 난사 사건으로 50명이 숨지고 비슷한 수의 사람들이 중상을 입었다.

크라이스트처치 학살을 벌인 범인은 백인 우월주의자였다. 백인이 다른 인종보다 더 뛰어나고 그래서 더 많은 권리와 특권을 가져야 한다고 믿는 사람을 백인 우월주의자라고 부른다. 한마디로, 그 사람의 살인 동기는 다른 인종에 대한 증오심이었다. 그 사람이 자신의 범죄에 대해 쓴 글을 보면 그 증오심이 생태계 붕괴와 연관이 있다는 걸 알 수 있다.

이 살인범은 자신이 〈에코 파시스트eco-fascist〉라고 말했다. 여기서 〈에코〉라는 단어는 친환경적인 분위기를 풍기는데, 원래는 생태학을 뜻하는 〈에콜로지ecology〉에서 온 것이다. 생태학은 생명체들이 다른 생명체, 그리고 주위 환경과 어떤 관계를 맺고 있는지 탐구하는 학문이다. 〈파시스트〉는 〈파시즘〉에서 나온 단어다. 파시즘은 민주주의보다는 권위주의적이고 독재적인 지도자를 선호하고 개인의 인권보다는 인종 정체성 또는 국가 정체성을 선호하는 정치적 관점을 말한다. 이 살인자는 백인이 아닌 사람들이 뉴질랜드와 유럽 등지로 이주하는 것을 허용하는 것을 두고 〈환경 전쟁〉이라고 불렀다. 이들의 이주를 허용하면 그 지역들에서는 인구 과잉과 환경 파괴가 나타난다는 의미였다.

물론 그건 거짓말이다. 우리 행성을 가장 크게 오염시킨 장본인은 가장 부유한 나라들과 가장 부유한 사람들이다. 그러나 생태 위기와 기후 위기가 우리 사회를 덮치면 이런 식의 백인 우월주의 에코 파시즘이 더 일반화될 수 있다. 실제로 백인 인구가 다수를 차지하는 나라들, 특히 기후 변화를 막기 위한 대응을 게을리하고 있는 나라들은 기후 위기를 구실로 삼아 이민자의 입국을 막고 가난한 나라에 대한 지원을 줄여 가고 있다.

유럽 연합, 미국, 캐나다와 호주 정부는 이미 이민자의 입국 조건을 예전보다 훨씬 더 까다롭게 해놓았다. 또 이민자들을 수용소와 교도소에 감금하는 일도 점점 늘고 있다. 이 정부들은 이렇게 해야만 궁지에 몰린 사람들이 안전을 찾아 국경을 넘으려는 계획을 단념하게 만들 수 있다고 핑계를 댄다.

기후 변화의 충격 때문에 사람들이 살던 터전을 떠나 어쩔 수 없이 다른 곳으로 이주하는 상황은 기후 불평등의 한 예다. 또 다른 예를 들어 보자. 세계 최고의 갑부로 꼽히는 일부 사람들은 이미 기후 변화와 사회적 격동의 충격으로부터 자신을 보호할 방법을 차근차근 마련하고 있다. 요새처럼 튼튼한 개인 목장이나 저택을 짓고 완벽하게 물품을 갖추고 경비 태세를 철저히 해놓기도 한다. 이런 현실은 가진 사람과 가지지 못한 사람 사이의 틈을 점점 벌어지게 하고, 운명 공동체 혹은 공공재라는 개념을 약화시킨다. 사실 따져 보면 이런 개인 요새에 비축된 물자들은 다른 사람들을 돕는 데 사용될 수 있는 것들이다. 하지만 최악의 기후 변화가 발생한다면? 재산이 아무리 많고 민간 경비원을 아무리 많이 고용한 사람도 기후 변화의 끔찍한 격동으로부터 영원히 보호받을 수는 없다.

따라서 우리는 기후 행동을 이야기할 때 반드시 정의와 공정성을 이야기해야만 한다. 지금 이 순간에도 기후 붕괴에 대응해서 불공평한 조치들이 줄을 잇고 있다. 지구를 오염시킨 책임이 가장 적은 사람들이 가장 많은 고통을 겪고 있고, 지구를 오염시킨 책임이 가장 큰 사람들은 자신의 행동이 빚어낸 최악의 결과로부터 자신을 지키는 일에 물 쓰듯 돈을 써대고 있다.

이제 인류는 선택의 기로에 서 있다.

이미 펼쳐지고 있는 험난하고 불안한 미래에, 우리는 어떤 사람이 될 것인가? 우리는 남은 자원을 함께 나누고 우리를 향해 밀려드는 위험을 막아 내기 위해 서로 힘을 합칠 것인가? 아니면 남은 자원을 몽땅 자기 몫으로 챙겨 두고 다른 사람들이 들어올 수 없게 해놓고는 〈자기 자신〉만을 돌보는 사람이 될 것인가?

기후 부채를 갚자

기후 붕괴에 대응해 잔혹함으로 무장하는 길은 우리가 걸어갈 수밖에 없는 숙명의 길이 아니다. 우리는 그 길 말고도 다른 길을 선택할 수 있다. 다른 길에 오르려면, 우선 우리는 솔직히 인정해야만 한다. 지구상에서 과도하게 개발된 부유한 지역들이 아직 적절히 개발되지 않은 가난한 지역들에 빚을 지고 있음을 말이다.

일단 지구 대기로 들어간 온실가스는 대기 중에 오랜 시간 머문다. 이산화탄소는 수백 년 동안 대기에 머무르는데, 간혹 더 오래 머무르기도 한다. 이렇게 2백 년 넘게 대기에 쌓인 이산화탄소가 지구 기후를 바꾸어 가고 있다. 오랫동안 화석 연료를 이용해 산업과 경제를 키워 온 나라들은 뒤늦게 산업화를 시작한 나라들보다 지구 온도를 높이는 데 훨씬 큰 역할을 담당해 왔다. 또한 4장에서 자세히 보겠지만, 이 부유한 지역들이 가진 부는 대부분 원주민들에게서 빼앗은 땅과 아프리카에서 강제로 끌려온 사람들로부터 뽑아낸 것이다.

한마디로, 기후 위기를 만들어 낸 주된 책임은 세계에서 가장 부유한 나라들에 있다. 미국, 서유럽 국가들, 러시아, 영국, 일본, 캐나다, 호주 등이다. 이 나라들에 사는 사람은 세계 인구의 5분의 1에 못 미치지만, 이들은 세계가 배출한 이산화탄소의 3분의 2가량을 배출했고, 그 이산화탄소 때문에 기후가 변하고 있다. 미국 한 나라만 따져도 세계 인구의 5퍼센트에 못 미치는 미국인들이 전 세계 탄소의 15퍼센트를 배출한다.

기후 위기를 일으킨 책임이 가장 큰 것은 부유한 나라들과 부유한 사람들이지만, 기후 위기로 가장 큰 충격을 받는 사람들은 이들이 아니다. 세계에서 가장 뜨겁고 가장 건조한 지역들에는 부유한 나라가 거의 없지만, 부유한 나라라면 이런 지역에 있어도 막강한 경제력을 이용해서 필요한 것을 생산하거나 수입해서 쓸 수 있다. 하기야 지금 당장 그렇다 뿐이지 언제 상황이 달라질지 모르는 일이지만.

호주와 북미 대륙의 서부 지역은 요즘 갈수록 심해지는 가뭄과 화재 때문에 큰 피해를 입고 있다. 그러나 이 지역 사람들은 대체로 소득이 높고 생활 수준이 높다. 그래서 많은 사람이 냉장 시설, 냉방 시설을 갖추고 있고 비상시에는 집을 새로 얻어 옮겨 갈 여력이 있다. 그러나 이 지역들로 이주해 오는 많은 사람은 이런 식의 대응을 꿈도 꿀 수 없는 처지다.

허리케인 카트리나가 휩쓸고 간 뒤에도 그랬듯이, 온실가스 배출로 인한 피해를 가장 먼저, 가장 심하게 떠안는 것은 가장 가난한 사람들과 가장 가난한 나라들이다. 2018년 세계은행의 연구에 따르면, 2050년까지 동남아시아, 남아메리카, 사하라 사막 남쪽 지역에서는 기후 변화로 인한 홍수, 폭염, 가뭄 또는 식량 부족 때문에 살던 집을 떠나야 하는 사람이 1억 4천만 명이 넘을 거라고 예측한다. 많은 전문가들 사이에서는 그 수가 훨씬 더 많을 거라는 예상도 나온다. 이렇게 살던 집을 떠나야 하는 처지가 되면 사람들은 대부분 자기 나라를 떠나지 않고 자국 내의 도시와 빈민가로 몰려갈 것이다. 안타깝게도 이런 곳들은 이미 지나치게 인구 밀도가 높아 여러 가지 심각한 문제를 안고 있는 곳이다. 또 많은 사람이 더 나은 삶을 위해서 자기 나라를 벗어날 방도를 찾을 것이다.

정의의 기본적 원칙은 다른 사람 탓에 빚어진 위기로 피해를 입은 사람에게 정당한 보상을 해주는 것이다. 따라서 기후 정의를 이루기 위한 첫 단계는 세계에서 가장 부유한 사람들이 될 수 있는 대로 빨리 온실가스 배출을 줄이는 것이다. 두 번째 단계는 가뭄으로 땅이 말라붙어 농사를 짓지 못하거나 해수면 상승으로 땅을 잃을 위기에 몰린 사람들이 그곳을 빠져나와 안전을 추구할 권리를 인정하는 것이다. 따라서 기후 위기 때문에 집을 잃은 사람들은 자기 나라 안에서 새로운 정착지를 찾거나 다른 나라로 이주할 권리를 보장받아야 한다.

세 번째 단계는 부유한 선진국들이 가난한 저개발국들에 진 기후 부채를 갚는 것이다. 기후 부채라는 개념은 부유한 국가들이 역사적으로 가난한 나라에 빚을 지고 있다는 데서 나온 것이다.

지구 기온을 안전한 수준으로 유지하려면 대기 중에 배출하는 이산화탄소 배출량이 특정한 양을 넘지 않아야 한다. 이를 〈탄소 예산〉이라고 한다. 부유한 국가들은 이미 지구의 탄소 예산의 대부분을 써버렸다. 대부분의 가난한 국가들이 산업화를 이룰 기회를 잡기도 전에 말이다. 부유한 나라와 가난한 나라가 이렇게 갈라지게 된 과정은 복잡하지만 그 핵심에는 식민 통치와 노예제가 있다. 소득이 낮았던 나라들은 이제야 선진국을 따라잡으려고 열심히 노력하고 있다. 이 나라 사람들은 부유한 나라 사람들이 당연하게 여기는 전기, 위생, 편리한 교통망 등 여러 가지 편의를 자신들도 누리고 싶어 한다. 물론 그들에게는 그럴 권리가 있다. 그런데 문제는 전 세계 모든 사람이 부유한 나라 사람들이 흔히 하는 지나친 소비와 화석 연료를 태우는 생활 방식을 따라 할 경우 지구 온도가 더욱더 치솟게 될 거라는 점이다.

기후 부채라는 개념은 이런 곤경을 공정하게 풀어 갈 해법을 찾기 위한 하나의 시도다. 남미의 가난한 나라 에콰도르는 2006년

에콰도르 야수니 국립 공원 내에서의 석유 개발 반대 시위 때, 공원 내에 사는 원주민들이 에콰도르 수도 키토에서 경찰과 대치하고 있다.

부터 기후 부채 개념이 해법이 될 수 있음을 전 세계에 보여 주려고 시도했다. 그러나 당시에 이 시도는 사람들의 관심을 별로 끌지 못했다.

에콰도르의 야수니 국립 공원에는 방대한 면적의 열대 우림이 있다. 또 이곳에는 자신의 삶의 방식을 지키기 위해 외부 세계와의 접촉을 아예 끊고 살아온 원주민 부족도 있다. 이들은 유행성 감기처럼 흔한 질병에 대해서도 면역이 거의 없기 때문에 예기치 않게 외부인과 접촉하는 것 자체가 생명의 위협이 될 수 있다.

이 국립 공원에는 다양한 동식물이 깃들어 살고 있다. 이곳의 땅 1만 제곱미터에서 자라는 나무의 종류는 북미 대륙 전체에 분포된 나무의 종류와 맞먹는다. 또 이곳에는 큰 수달, 갈색거미

원숭이, 재규어처럼 멸종 위기에 처한 많은 동물이 살고 있다. 이곳의 자연의 신비는 지구의 자연을 다루는 데이비드 애튼버러의 훌륭한 다큐멘터리에서도 확인할 수 있다.

그런데 이 다양한 생명들 밑에 약 8억 5천만 배럴의 석유가 묻혀 있다. 엄청난 수익을 낼 수 있는 양이라 많은 석유 회사가 야수니의 석유에 욕심을 내고 있다. 만일 이곳을 석유 회사들에 개방한다면, 많은 돈이 에콰도르 경제로 흘러 들어올 것이고 에콰도르 사람들은 그 돈을 기반으로 가난을 극복할 수 있을 것이다. 그런데 열대 우림을 없애고 이곳에 묻힌 석유를 캐내 전부 태울 때 발생해서 대기로 들어가게 될 이산화탄소는 무려 5억 4700만 톤이다. 이것은 에콰도르 사람들뿐 아니라 지구상의 모든 사람에게 큰 위기를 안길 수 있는 문제다.

2006년, 에콰도르의 환경 단체 악시온 에콜로히카Acción Ecológica(생태 행동이라는 뜻)가 획기적인 계획을 내놓았다. 에콰도르 정부가 석유 개발을 허용하지 않는 대신에, 에콰도르 정부의 이런 결정을 지지하는 다른 국가들이 에콰도르에게 석유 개발을 했을 경우 벌어들였을 수익의 일부를 지불하자는 것이다.

이 계획이 현실에서 이루어지면 모두에게 혜택이 돌아갈 것이다. 온실가스가 대기로 들어가 지구를 뜨겁게 달구는 것을 억제하고 야수니 국립 공원의 생물 다양성을 보호할 뿐 아니라, 에콰도르 입장에서는 건강과 교육, 깨끗한 재생 가능 에너지에 투자할 재원이 생길 것이다.

이 야수니 계획의 핵심은 석유를 땅속에 그대로 묻어 둔다는 결정에서 비롯하는 부담을 에콰도르에 고스란히 떠넘겨서는 안 된다는 것이다. 그래서 대기에 지나치게 많은 이산화탄소를 배출한 책임이 가장 큰 데다 그 덕에 부를 일군 선진 공업국들에게 이 부담을 함께 짊어질 것을 요구하겠다는 것이다. (이 나라들이 부를 일구기 위해 사용했던 식민 통치와 노예 제도에 대해서는 다음 장에서 다룬다.) 이 계획이 실행되어 선진 공업국들이 에콰도르에 돈을 보낸다면, 에콰도르는 이 돈을 이용해서 수백 년 동안 우위를 차지해 온 화석 연료 의존 경로 대신에 환경 친화적인 개발의 새 시대로 이동할 기회를 잡게 될 터였다. 그리고 야수니 계획은 다른 나라들의 기후 부채 혹은 생태 부채 문제를 해결하는 표준이 될 터였다.

에콰도르 정부는 야수니 계획을 세상에 공표했다. 에콰도르 국민들은 이 계획을 열렬히 환영했다. 2011년 여론 조사 결과 국민의 83퍼센트가 야수니 땅의 석유를 땅속에 그대로 묻어 두자는 방안을 지지했다. 에콰도르 국민 중 석유 개발에 반대하는 비율은 2008년에는 40퍼센트에 불과했는데, 3년 만에 두 배 넘게 늘어난 것이다. 긍정적인 변화를 지향하는 계획이라면 이처럼 짧은 기간 안에도 대중의 강력한 지지를 확보할 수 있음을 알 수 있는 대목이다.

야수니 계획은 야수니 국립 공원을 석유 개발에서 지키기 위해서 에콰도르에 기부할 목표 금액을 36억 달러로 정했다. 하지만 선진국들의 기부금은 아주 굼뜨게 도착하거나 아예 오지 않았다. 6년이 지난 시점에서 모인 기부금 총액은 겨우 1300만 달러였다.

결국 이 계획은 목표 금액을 달성하지 못했고, 2013년 에콰도르 대통령은 석유 개발을 허용하겠다고 발표했다. 그러나 기후 부채 계획을 지지하는 에콰도르 사람들은 포기하지 않았다. 시민 단체들과 비영리 기구들은 석유 개발 반대 행동을 펼쳤다. 시위대는 체포의 위험과 고무탄의 공격에도 꿋꿋이 맞섰다. 이런 노력에도 불구하고 2016년에 야수니에서 석유 개발이 시작되었다. 3년 뒤에 에콰도르 정부는 야수니 국립 공원 내에서 세 번째 석유 개발을 허용했다. 게다가 이 세 번째 석유 개발 부지에는 외부 세계와 전혀 접촉하지 않고 살아가는 부족들의 땅이 포함되었다.

에콰도르 정부는 석유 채취 작업이 환경을 해치지 않도록 세심하게 신경 쓰면서 진행되고 있다고 주장한다. 그러나 설사 그게 사실이라 하더라도 야수니 땅에서 석유를 뽑아낸다는 것은 곧 화석 연료를 더 많이 써서 더 많은 온실가스가 대기로 들어가고, 결국 기후 변화가 더 심해진다는 뜻이다.

남미와 아프리카, 아시아에는 세계에서 가장 부유한 지역들이 기후 부채를 갚을 기회가 그득하다. 부유한 사람들과 부유한 나라들이 기후 부채를 갚으려면, 무엇보다 먼저 기후 변화의 원인이 될 일을 거의 하지 않았는데도 기후 변화의 피해를 떠안고 있는 나라들에 빚을 지고 있다는 것을 인정해야 한다.

부유한 사람들에게는 어떤 책임이 있을까? 가난한 사람들에게는 어떤 권리가 있을까? 이 질문들을 외면하는 한, 우리는 기후 변화 문제를 해결할 세계적인 규모의 대대적인 기후 변화 대응책을 결코 손에 넣을 수 없다. 우리는 에콰도르 야수니에서 기회를 놓쳐 버린 것처럼 안타까운 기회들을 계속해서 놓치게 될 것이다.

미래를 위한 실험실

허리케인 카트리나가 지나간 뒤, 뉴올리언스는 일종의 실험실이 되었다. 기업들은 물론이고 기업의 편에 선 정부 공무원들과 정책 연구소 연구자들은 뉴올리언스를 상대로 다양한 실험을 했다. 이들은 공공 의료와 공교육 등 공익 관련 분야에 어설프게 손을 대서 여러 가지 사업 기회를 늘렸다. 결국 이 실험을 통해서 뉴올리언스에서는 빈부 간의 양극화가 훨씬 심해지고 다음 재해에 대비할 능력은 훨씬 약화되었다.

하지만 앞으로 닥칠 재해는 공익과 관련한 실험실이 될 것이다. 홍수, 지진, 폭풍 등의 자연재해나 전쟁 같은 정치적 격변이라는 재해는 대개 불평등 문제를 부각시킨다. 허리케인 카트리나가 뉴올리언스의 불평등 문제를 여실히 드러냈던 것처럼, 재해는 사회 불평등과 기후 불평등 문제를 더 쉽게 알아볼 수 있게 만든다. 또한 재해는 일상생활을 뒤흔든다. 일반적으로 재해는 사람들의 일상에 새로운 변화를 불러온다. 이렇게 해서 재해는 기회가 된다.

대개의 경우, 재해는 부와 권력을 가진 사람들에게 더 많은 부와 권력을 손에 넣을 기회를 제공해 왔다. 하지만 재해를 통해서 오히려 공익을 강화하는 기회가 열린다면?

그런 기회가 열린다면, 사람들은 정부와 공무원, 공익 단체들의 지원과 격려를 받으며 서로에게, 그리고 지역 공동체에 도움이 되는 방식으로 재해를 헤쳐 나갈 수 있을 것이다. 6장에서 다루겠지만, 실제로 이미 이런 길을 걷고 있는 지역들이 있다. 이것이 바로 기후 정의를 실현하는 길이고, 앞으로 어떤 재해가 닥쳐도 사회 전체가 혼란에 빠지지 않고 헤쳐 나갈 수 있는 길이다. 우리는 이 길을 충분히 만들어 낼 수 있다.

1부에서 다루었듯이, 기후를 위한 시위에 나선 청소년들의 주장이 옳다. 기후와 우리 사회가 위기를 향해 치닫고 있는 지금 이 상황은 우리를 중대한 결정을 내려야 할 시점으로 떠밀고 있다. 개인으로서, 사회의 일원으로서, 그리고 인류의 일원으로서 과연 우리는 어떤 행동을 통해 어떻게 미래를 만들어 가야 할까?

과거의 실수를 되풀이하지 않으려면, 지금 우리가 맞고 있는 세계적인 기후 위기가 어떻게 생겨났는지, 기후 불평등이 어떻게 탄생했는지 알아야 한다. 공교롭게도 다음 장에서 살펴볼 이 이야기 역시 실험실에서 시작된다.

청소년이 일어나도록 돕자

엘리자베스 완지루 와투티는 스물한 살 때 아프리카 동부 케냐에서 기후 변화와 경제적 불평등에 맞서는 운동을 시작했다. 와투티가 이 목표를 이루기 위해 사용한 도구는 삽과 나무, 그리고 자신의 운동에 공감하여 일어선 젊은이들이다.

와투티는 환경 단체 그린피스와의 대화에서 이렇게 말했다. 「제가 환경을 지키려는 열정을 품게 된 것은 어려서부터 자연과 만날 기회가 많았던 덕분입니다. 제 기억에 남아 있는 가장 어린 나이에도 저는 나무를 자르고 강을 오염시키는 사람을 볼 때마다 환경이 피해를 입는다는 생각에 화가 치밀었어요. 그래서 생각했죠. 청소년들이 환경 문제에 대한 의식을 가지고 일어나도록 돕자고요.」

와투티는 케냐의 숲속에서 자랐다. 일곱 살 때 처음으로 숲에 나무 한 그루를 심으면서 첫걸음을 뗀 후로 와투티는 꾸준히 기후 행동을 이어 갔다. 와투티의 마음에 불씨를 당긴 사람은 케냐 여성 왕가리 마타이(1940~2011)였다. 마타이는 환경 보호 단체 그린벨트 운동을 만들어 케냐 여성들에게 집과 학교, 교회 주변에 나무를 심어서 환경을 보호하면 어떤 혜택이 있는지 알렸다. 그린벨트 운동의 영향은 널리 퍼져 나가 다른 나라에서도 비슷한 운동이 시작되었다. 마타이의 영향을 받은 아프리카 여성들이 아프리카 전역에 약 2천만 그루의 나무를 심었고, 마타이는 이 공헌을 인정받아 노벨 평화상을 받았다. 지금은 와투티가 나무 심기 전통을 이어 가면서 청소년들이 환경 운동가로 성장할 수 있도록 돕고 있다.

2016년 와투티는 청소년들에게 나무의 고마움을 가르치고 나무 심기를 돕는 단체 〈그린 제너레이션 이니셔티브Green Generation Initiative〉를 설립했다. 이 단체는 3년 만에 3만 그루가 넘는 나무를 심었다. 2019년에 와투티는 그때까지 심은 나무의 99퍼센트가 건강하게 자라고 있다는 반가운 소식을 전했다.

그린 제너레이션 이니셔티브는 40명의 청소년 자원봉사자의 도움으로 2만 명이 넘는 학생들을 행동으로 이끌어 냈다. 긍정적인 활동을 펼칠 기회가 주어지면 청소년들도 큰 영향력을 끼칠 수 있고, 나무 심기와 같은 단순한 행동도 강력한 영향력을 가진 운동으로 성장할 수 있다.

와투티는 이렇게 말한다. 「제가 바라는 세상은 지구를 해치지 않고 자연과 조화를 이루며 살아가는 세상, 모든 사람이 미래 세대에게 어떤 지구를 남겨 줄까 늘 의식하며 살아가는 세상, 이익보다 사람과 지구를 더 소중하게 여기는 세상입니다.」

2부
우리가 걸어온 길

4장
과거를 불태우고 미래를 세우자

　기후 변화는 1757년에 탄생했다. 대체 어디서 탄생했을까? 실험실? 작업실? 기후 변화의 탄생지는 스코틀랜드 태생의 스물한 살 젊은이 제임스 와트의 실험실 겸 작업실이었다.

　와트의 본업은 과학자들과 수학자들이 사용하는 정밀한 장비를 만들고 수리하는 일이었다. 와트는 글래스고 대학교의 천문학 장비를 수리하는 일을 끝낸 뒤에 그 대학의 제안을 받아들여 대학 구내에 작업실을 얻어서 일을 했다. 6년 뒤에, 와트는 대학의 부탁을 받아 엔진 수리 일을 맡았다. 제임스 와트는 이렇게 시작한 엔진 수리 작업 과정에서 새로운 동력원을 개발해 냈다. 과학사 분야의 저술가 바버라 프리스는 와트의 증기 기관을 〈현대 세계의 창조물 가운데 가장 중요한 발명품〉으로 꼽았다.

　와트가 발명한 증기 기관은 산업의 급속한 성장과 확산(그리고 산업을 지탱하기 위한 엄청난 양의 화석 연료 연소)으로 이어졌고, 결국 기후 위기를 불러일으킨 첫 단추가 되었다.

와트의 증기 기관

이제껏 화석 연료 이야기를 많이 했는데, 화석 연료란 대체 무엇일까? 석탄, 석유, 천연가스를 가리켜 화석 연료라고 한다. 수백만 년, 혹은 수억 년 전에 죽은 생물의 잔해가 변해서 만들어진 것이라서 화석이란 이름이 붙었다. 화석 연료의 기원이 되는 생물은 박물관에서 흔히 보는 거대한 공룡과는 거리가 멀다. 석탄과 몇 종류의 천연가스는 오래전에 죽은 나무와 여러 가지 식물의 잔해가 변해서 만들어진다. 석유와 대부분의 천연가스는 조류 같은 작은 수생 식물이나 플랑크톤이라 불리는 해양 미생물의 잔해가 변해서 만들어진다.

옛날 아주 오랜 옛날에 이 생물들이 죽어서 습지 바닥과 바다 바닥에 가라앉았다. 숱한 세월이 흐르는 동안 헤아릴 수 없을 만큼 많은 생물의 잔해가 쌓이고 그 위에 흙이 차곡차곡 쌓여 갔다. 대량의 흙이 쌓이면서 생긴 압력이 화학 반응을 일으켰고, 이 화학 반응은 유기물이 포함된 잔해를 석탄이나 석유, 천연가스로 변화시켰다.

제임스 와트의 시대보다 한참 오래전부터 사람들은 화석 연료를 사용했다. 사람들은 습지와 늪이 있는 곳에서 땅에 묻힌 토탄 덩어리를 파내 사용했다. 토탄은 오래전에 땅에 묻힌 식물 가운데 완전히 부패하지 않은 상태의 물질이다. 토탄이 땅에 묻힌 채 수천만 년이 지나면 석탄이 된다. 하지만 토탄도 땅에서 파내 불을 붙이면 집 안을 따뜻하게 할 만큼 열을 뿜으며 타오른다.

석탄은 토탄보다 깊이 묻혀 있어서 파내기가 더 어려웠다. 하지만 탈 때는 훨씬 더 뜨거운 열을 냈다. 와트가 살던 시대에는 영국의 많은 집들이 석탄을 태우는 벽난로나 난로를 써서 난방을 했다. 사실 와트가 1763년에 수리를 맡았던 엔진이 바로 뉴커먼 기관이었다. 뉴커먼 기관은 1712년에 토머스 뉴커먼이 발명한 초기 증기 기관으로, 탄광에 고인 지하수를 끌어 올릴 때 흔히 쓰였다.

간단히 말하면 증기 기관은 커다란 주전자 같은 것이다. 다른 점이 있다면 주전자는 부엌 안에 증기를 흩뿌리지만 증기 기관은 끓는 물에서 나오는 증기의 힘으로 기계를 움직인다는 점이다. 불 위에 주전자를 얹지 않고는 물을 끓일 수 없듯이, 증기 기관 역시 에너지를 공급할 연료가 없으면 물을 끓일 수 없다.

뉴커먼 기관은 석탄을 태워 에너지를 얻었다. 석탄을 태워 가열하면 용기(보일러) 안에 든 물이 끓으면서 증기로 바뀐다. 이 증기는 꼭 낀 채로 움직이는 부품(피스톤)이 딸린 밀봉 용기 안으로 흘러 들어간다. 증기의 압력이 피스톤을 밀봉 용기 안으로 밀어 넣으면, 피스톤의 운동 에너지가 밀봉 용기 밖에 붙은 막대를 움직인다. 이 움직이는 막대를 이용해서 펌프를 움직이면 탄광에 고인 물을 끌어 올릴 수 있다.

와트는 그 대학의 작업실에서 뉴커먼 기관을 수리할 때 그 기관이 효율적으로 작동하지 않는다는 것을 발견했다. 피스톤이 움직일 때마다 기관의 열이 빠져나오는 바람에 식어 버린 증기를 데우기 위해 계속 열을 공급해야 했고 따라서 낭비되는 에너지가 많았다. 몇 년 뒤에 와트는 그 증기 기관을 개량할 방법을 찾아냈다. 자신이 설계한 대로 완성이 된다면 훨씬 더 효율적이고 훨씬 더 강력한 증기 기관이 탄생할 터였다.

와트가 자신이 설계한 대로 증기 기관을 완성하고 수익을 내는 사업을 시작하는 것을 도와줄 능력 있는 동업자를 찾기까지는 여러 해가 걸렸다. 1776년에 드디어 새로운 증기 기관이 첫 사업에 투입되었다. 와트의 증기 기관이 첫 번째로 맡은 일은 뉴커먼 기관이 해왔던 작업, 즉 펌프를 작동시켜 탄광에 고인 물을 끌어 올리는 작업이었다.

와트의 동업자 매튜 볼턴은 탄광에서 물을 빼내는 펌프 시장은 너무 좁은데, 그것 말고도 동력이 필요한 작업이 많지 않으냐고 와트에게 귀띔했다. 와트는 볼턴의 의견을 받아들여 연구를 계속한 끝에 펌프 말고도 다른 기계를 움직일 수 있는 기관을 발명했다. 1782년에 한 제재소에서 새로운 증기 기관을 주문했다. 그 제재소는 목재를 자르는 기계에 에너지를 공급하기 위해 말 열두 마리를 부리고 있었다. 와트는 말 한 마리가 하는 일이 약 75킬로그램의 물체를 1초 동안 1미터 높이로 들어 올리는 힘과 같다고 계산했다. (이것이 마력이 에너지 측정 단위로 쓰이게 된 기원이다.) 와트가 만든 증기 기관은 말 열두 마리가 하는 일을 할 수 있었다.

제임스 와트는 증기 기관의 최초 발명자는 아니지만, 증기 기

증기 기관과 증기 기관의 힘을 장착한 기계(사진에 나오는 기차도 그중 하나다)는 현대적인 산업화로 세계를 바꾸어 놓았고, 더불어 세계의 기후를 바꾸어 가기 시작했다.

관을 근본적으로 개량했다. 힘도 좋고 지치지도 않는 와트의 증기 기관은 무한히 공급될 것처럼 보이던 석탄을 먹으며 에너지를 펑펑 쏟아 냈다. 그것은 와트가 살던 시대와 공간에서 권력을 부리던 사람들이 지구를 보는 관점과 지구와 인간의 관계를 바라보는 관점에 딱 들어맞는 완벽한 기계였다.

맘껏 쓰라고 있는 게 지구라고?

한번 물어보자. 여러분은 자신이 자연을 어떻게 바라보는지 생각해 본 적 있는가? 여러분이 자연을 보는 관점과 여러분이 속한 사회가 자연을 보는 관점이 똑같다고 생각하는가, 다르다고 생각하는가?

인간이 자연계 안에서의 자신의 삶에 대해 생각하는 관점은 아주 다양하다. 예를 들어, 미국의 원주민 부족 중 하나인 하우데노사우니(〈이로쿼이〉로 불리기도 한다) 부족은 어떤 결정을 내릴 때는 반드시 지금 살아 있는 세대뿐 아니라 앞으로 올 일곱 세대에 미칠 영향을 따져야 한다는 철학을 조상 대대로 계승해 왔다. 많은 문화권이 〈현명한 시민이 되는 데 그치지 말고 현명한 조상이 되어야 한다〉, 〈미래 세대의 행복을 가로막을 일은 절대로 하지 말아야 한다〉는 가르침을 중시하는 철학적 전통을 이어 가고 있다. 앞에서 소개했던 노던샤이엔 보호 구역에는 〈필요한 것보다 많이 가지려 하지 말고, 땅이 스스로 힘을 되찾아 생명을 부양할 힘을 유지할 수 있도록 땅에서 얻은 것은 다시 땅에 돌려주라〉고 가르치는 문화가 있다.

이런 세계관은 일부 공동체, 특히 세계 각지에 있는 원주민 공동체들에서 여전히 이어지고 있다. 하지만 요즘 세계의 대부분 지역에서는 이미 수백 년 전에 이런 세계관이 밀려나고 그 자리에 전혀 다른 세계관이 들어섰다. 사람들의 마음은 자연을 인간이 제어할 수 있고 제어해야 하는 대상이나 기계로 보는 관점으로 기울어졌다. 이런 세계관은 16세기부터 유럽과 유럽이 식민지로 삼았던 곳들에서 세력을 넓혀 갔다. 세계 경제는 이런 세계관을 기반으로 짜여 있다. 즉 세계 경제는 자원을 뽑아내는 것(채취하는 것)을 최고의 가치로 여긴다. 이런 세계관을 흔히 채취주의라고 부른다.

영국의 철학자이자 과학자인 프랜시스 베이컨(1561~1626)은 채취주의의 아버지라고 불릴 만한 사람이다. 베이컨은 지성인들을 향해서 〈지구를 생명의 어머니이자 주인으로 여겨 존경심, 심지어는 경외심까지 품는 낡은 생각을 버려야 한다〉고 역설한 것으로 유명하다. 인간은 자연계의 다른 요소와 얽히지 않은 독립적인 존재이고, 지구는 인간에 의해 쓰이기 위해 존재하며, 인간은 지구의 주인이라고 베이컨은 주장했다. 1623년에 쓴 저서에서는 〈자연을 연구하기만 한다면 우리는 충분히 자연을 앞에서 이끌고 뒤에서 몰아갈 수 있다〉라고 말했다.

이는 곧 인간이 지구를 완벽하게 알 수 있고 통제할 수 있다는 관점이다. 이런 관점은 영국의 철학자 존 로크(1632~1704)의 정치 저술에서도 찾을 수 있다. 로크의 철학은 자유에 대한 현대적 개념의 근간이 되었는데, 로크가 말한 자유 중에는 인간이 원하는 대로 자연계를 사용할 〈완벽한 자유〉가 들어 있다. 프랑스 철학자 르네 데카르트 역시 인간이 자연의 〈주인이자 소유주〉라는 글을 썼다.

여기서 문제가 생긴다. 자신이 무언가의 일부가 아니라 무언가의 소유주 혹은 〈주인〉이라는 이야기를 들으면, 자신이 그것을 가지고 무슨 일이든 원하는 대로 해도 아무런 문제가 되지 않는다고 생각할 수 있다. 이런 사고방식, 특히 자연계를 완벽히 알 수 있고 통제할 수 있다는 베이컨의 관점은 영국과 유럽 여러 나라의 식민 통치를 촉진하는 토대가 되었다. 이 나라들이 보낸

배들이 자연의 비밀과 부를 자국 정부에 가져다줄 목적으로 지구를 샅샅이 누비고 다녔다. 또한 이 배들의 항해는 탐험을 시행하는 나라들이 자기 나라 해안에서 멀리 떨어진 땅을 자국 영토라고 선언하고 식민지로 삼을 기회를 열어 주었다. 이렇게 해서 이미 그 땅에 살고 있던 사람들은 돌연 식민 본국의 백성이 되었다. 식민지화는 원주민의 의사와는 무관하게 일사천리로 진행되었다.

당시에 부유한 유럽 사람들은 자신이 자연보다 우월한 존재이며, 자신이 자연과 긴밀한 관계를 맺고 살아가는 기독교 세계 밖의 사람들보다 훨씬 우월하고 전능한 존재라고 여겼다. 이런 분위기는 1713년에 한 성직자가 쓴 글에도 분명히 드러난다. 〈우리는 필요하다면 지구 전체를 뒤집어엎고, 깊은 땅속까지 구멍을 뚫고, 깊디깊은 바닥까지 내려가고, 이 세상 끝까지 여행을 해서라도 부를 확보할 수 있다.〉 그야말로 의기양양한 수탈의 문화였다. 이들은 이 문화에 의지해 유럽 아닌 곳에 사는 사람들을 잡아다 노예로 부리기까지 했다. 무한한 자원이 가득 들어 있어 언제라도 뽑아 갈 수 있는 자동판매기쯤으로 지구를 보는 관점 위에서 채취주의의 꿈이 싹터 올랐다.

이제 필요한 것은 단 하나, 그 꿈을 실현해 줄 믿을 수 있는 에너지원이었다.

혁명

출시 직후 이삼십 년 동안은 새 증기 기관의 판매 실적이 그다지 좋지 않았다. 대부분의 공장이 여러 가지 장점 때문에 여전히 물레방아를 동력원으로 사용했다. 물은 공짜지만, 증기 기관을 작동하려면 석탄이 반드시 필요하기 때문에 늘 석탄이 떨어지지 않게 계속 사다 놓아야 했다. 게다가 증기 기관이 물레방아와 비교해서 훨씬 더 많은 동력을 공급하는 것도 아니었다. 대형 물레방아는 증기 기관보다 몇 배나 큰 힘을 낼 수 있었다.

그러다 영국 인구가 늘어남에 따라 저울추는 증기 동력 쪽으로 차츰 기울어졌다. 이 새 기계의 첫 번째 장점은 자연의 변화에 영향을 받지 않는다는 점이었다. 연료로 쓸 석탄만 충분히 공급되면 증기 기관은 늘 같은 속도로 작동했다. 계절에 따라 강물의 양이 달라진다고 해도 이 기계를 이용한다면 신경 쓸 필요가 없었다.

증기 기관의 또 다른 장점은 어디에 가져다 놓아도 돌아간다는 것이었다. 물레방아는 반드시 폭포나 급류 근처에 설치해야 했지만, 증기 기관을 쓰는 공장은 지리적으로 특별한 장소를 골라야 할 이유가 없었다. 물의 힘에 얽매일 필요가 없으니 외딴 도시나 시골 지역에 있던 공장을 런던 같은 대도시로 옮길 수 있었다. 도시에 공장을 세우면 일하려는 사람이 많아 노동자를 구하기가 쉽기 때문에, 말썽을 일으키는 사람이 있으면 해고하거나 파업을 진압하기도 쉬웠다. 게다가 도시에서는 쉽게 증기 기관의 연료를 구할 수 있었다. 증기 기관차가 개발된 후로, 석탄을 태우며 달리는 증기 기관차가 광산에서 생산된 엄청난 양의 석탄을 새로운 기계가 설치된 산업 중심지로 날랐다.

와트의 증기 기관이 배에도 장착된 후로, 선원들은 더 이상 바람의 힘에 의존할 필요가 없었다. 덕분에 유럽 사람들은 멀리 떨어진 지역에 배를 보내 자신의 영토로 편입시키는 활동을 훨씬 쉽게 할 수 있었다. 1824년 와트를 기리는 어느 모임에서 리버풀 백작은 이렇게 말했다. 「바람이 어느 방향에서 불어와도 상관없고, 우리 군대가 세계 어느 곳을 목적지로 삼아도 상관없다. 우리에게는 적절한 시간에 적절한 방식으로 우리 군대를 움직일 힘과 수단이 있으니까. 이게 다 증기 기관 덕분이다.」

하지만 3장에서 보았듯이 화석 연료는 반드시 희생 지대를 필요로 했다. 대표적인 희생 지대가 석탄 먼지에 찌든 광부들의 폐와 광산 인근의 오염된 강물과 지하수, 그리고 아프리카에서 노예로 끌려와 산업 혁명의 톱니바퀴 사이로 던져진 사람들의 육체였다(이에 대해서는 나중에 다시 다룬다). 그러나 광산과 공장과 해운 회사를 가진 사람들은 자유와 동력을 선사하는 석탄의 가능성을 실현할 수만 있다면 이런 희생쯤은 전혀 아깝지 않다고 생각했다. 어디로든 가져가 쓸 수 있는 간편한 동력원 덕분에, 산업과 식민주의는 노동력을 가장 값싸게 가장 효과적으로 착취하는 한편 값나가는 자원을 품은 곳이라면 어디든 가서 빼앗아 올 수 있었다. 석탄은 곧 자연과 다른 사람에 대한 완전한 지배력을 상징했다. 베이컨의 꿈이 이루어진 것이다. 석탄은 산업 혁명을 추진해 낸 원동력이었다.

같은 시기에, 필요할 때마다 자신이 원하는 것을 원하는 만큼 자연으로부터 가져다 쓸 수 있다는 생각이 사회 모든 계층 사람들에게 퍼져 나갔다. 또 새로운 물건을 사서 소유하고 싶다는 욕망도 함께 퍼져 나갔다. 공장들이 석탄을 쓰는 덕분에 사람들이 쓸 상품들을 대량 생산할 수 있었기 때문이다.

와트의 증기 기관 시대와 영국 제조업이 폭발적으로 성장한 시기가 일치하는 것은 우연이 아니다. 면화를 예로 들어 보자. 영국은 세계 각지에서 재배된 면화를 수입했다. 그중 태반이 아프리카에서 끌려와 노예가 된 사람들이나 그 자손들이 미국과 카리브해 지역에서 혹사당하며 딴 것이었다. 영국에 도착한 면은 섬유 공장을 거치면서 면직물과 면제품으로 바뀌었다. 영국 상인들은 국내뿐 아니라 세계 전역에서 면제품을 팔았다.

그야말로 혁명이었다. 이 혁명이 가능하게 만든 요인은 두 가지였다. 공장과 배의 동력으로 쓸 국내의 석탄 자원, 그리고 국외에서 면화 원료를 공급하는 노예 노동자의 노동력이었다. 이런 체계에서 땅과 땅에서 일하는 사람들은 아무런 제약 없이 착취할 수 있는 대상으로 취급될 뿐이었다.

현대 자본주의는 이렇게 출발했다. 대량 생산되어 쏟아져 나오는 새 상품과 그 상품이 판매되는 새로운 시장이라는 단짝을 만났다. 예전에는 많은 사람이 가까이에 있는 장인의 가게와 작은 농장에서 필요한 것을 구했다. 그런데 이제는 여러 가지 상품을 사고파는 시장을 중심으로 경제가 돌아가게 되었다. 시장에는 때때로 장거리로 운송되어 온 상품들도 있었다.

새로운 경제의 특징 중 하나가 소비주의였다. 물론 과거뿐만 아니라 지금도 역시 그렇다. 시장 경제에서 사람들이 맡아야 할 역할은 소비자다. 광고는 사람들에게 쓰던 물건을 버리고 새 상품을 사라고 쉴 새 없이 졸라 댄다. 심지어 정치가들도 돈을 쓰고 물건을 사는 게 시민의 의무라고 말하기도 한다.

산업 혁명은 와트의 증기 기관이 탄생한 영국에서만 일어난 게 아니었다. 산업 혁명은 서유럽과 북미 대륙으로 퍼져 갔다. 석탄을 동력으로 삼은 산업 혁명의 급속한 확산은 인간이 지구를 둘러싼 대기에 변화를 일으키는 출발점이 되었다. 석탄을 태울 때, 그리고 뒷날 널리 쓰이게 된 석유와 천연가스를 태울 때 발생하는 온실가스 중 일부가 대기에 아주 오랫동안 머무르기 때문이다.

온실가스가 대기에 머무르는 시간은 가스의 종류에 따라 다르다. 온실가스는 크게 메탄과 아산화질소, 이산화탄소, 불화가스, 이렇게 네 종류로 나뉜다. 냉장고와 냉난방 장치에 쓰이는 수소불화탄소가 대표적인 불화가스다. 일단 대기 중에 들어간 온실가스는 종류에 따라 머무르는 시간이 다르다.

메탄은 식물성 물질의 부패 등 자연적인 원천에서도 나오고, 인간의 활동에서도 나온다. 인간이 땅에서 화석 연료를 캐내고

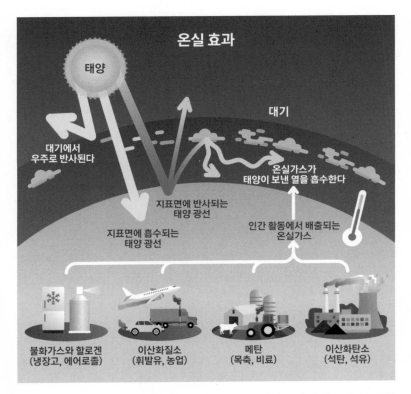

태양 에너지 중 일부는 대기에서 반사되어 우주로 돌아가고 나머지는 지구 표면에 도달한다. 지구 표면은 더 많은 태양 에너지를 반사해 우주로 돌려보낸다. 하지만 대기 중 온실가스가 반사된 에너지의 일부를 잡아 두어 지구 온도를 높인다. 주요 온실가스로 꼽히는 것은 이산화탄소, 메탄, 아산화질소, 그리고 불화가스와 할로겐가스 등 다양한 이름으로 불리는 가스 계열이다.

가축을 키우고 쓰레기장과 매립지에 쓰레기를 대량으로 쌓아 놓을 때 메탄이 발생한다. 이렇게 대기로 들어간 메탄은 약 12년 동안 대기에 머무른다.

아산화질소는 훨씬 더 오래, 약 114년 동안 머무른다. 이 가스는 질소 비료, 가축 폐기물, 그리고 일부 산업 공정에서 나와 대기로 들어간다.

불화가스는 다른 온실가스에 비해 지구 온도를 끌어 올리는 힘이 약하지만, 일부는 대기에 들어가면 수천 년 동안 사라지지 않고 머무른다.

가장 큰 골칫거리가 이산화탄소다. 이산화탄소는 인간이 화석 연료를 쓰고 삼림 파괴, 대규모 수목 벌채 등의 활동을 할 때 생겨나서 대기에 보태진다. 그중 일부는 바다에 흡수되지만 나머지는 대기에 남아 수백 혹은 수천 년 동안 사라지지 않는다.

이렇게 배출된 이산화탄소가 인간이 빚어낸 기후 변화의 가장 큰 원인이다. 기후를 변화시키는 인간의 활동 중에 가장 많이 이루어지는 것이 화석 연료, 그중에서도 석탄 연소 활동이다. 여기서 이야기는 다시 석탄과 증기 기관, 그리고 산업 혁명이 세력을 강화하면서 어떤 일이 벌어졌는가로 돌아간다.

경보음

유럽 사람들이 화석 연료 동력을 활용한 초기에 산업 혁명이 일어났다. 그로부터 백여 년 동안, 유럽 사람들은 프랜시스 베이컨이 말한 대로 자연을 통제해서 자신이 원하는 것을 얻어 내는 것처럼 보였다. 하지만 그 이후로도 조상들이 누구나 알고 있던 교훈, 즉 〈우리와 자연과의 모든 관계는 호혜의 관계〉라는 사실은 늘 우리의 마음속에 깃들어 있었다. 세상 모든 것은 연결되어 있고, 한 가지 일은 반드시 다른 일을 불러일으킨다는 것을 우리는 알고 있다. 화석 연료를 활용하던 순간에도 우리는 자연과의 호혜의 관계에서 벗어날 수 없었다. 그저 그 관계를 미뤄 두었을 뿐이다.

우리는 수백 년 동안 화석 연료를 땅에서 캐냈다. 이제 탄소 연소의 영향이 누적되면서 예전보다 더 포악한 자연의 힘이 우리에게 몰아치고 있다. 가뭄이 더 길고 심해지고, 산불이 더 맹렬해지고, 폭풍이 더 강력해지고, 건강을 해칠 위험이 더욱 커지고 있다. 에콰도르 생태학자 에스페란자 마르티네스는 이렇게 썼다. 〈지난 세기 동안 분명히 드러나지 않았는가. 자본주의를 지탱해 온 에너지원인 화석 연료는 생명을 파괴한다. 그것이 추출되는 땅과 그것이 내버린 폐기물을 흡수하는 바다와 대기까지 파괴한다.〉

그러나 화석 연료의 폐해를 알리는 조짐이 드러난 것은 이미 오래전부터였다. 석탄이 탄생시킨 첫 희생자는 석탄을 땅에서 캐내는 일을 도왔던 광산 노동자들이었다. 폐가 시커멓게 변하는 진폐증으로 많은 광산 노동자가 죽었다. 석탄 먼지를 들이마셔서 폐 조직이 손상되는 끔찍한 병이다. 또 다른 희생자는 노동 관련 법률이 시행되기 이전에 새로운 공장과 작업장의 위험한 노동 환경 속에서 장시간 노동으로 혹사당하던 노동자들이었다. 그중에는 아동 노동자도 많았다. 물론 가장 큰 피해자는 숱한 공장에서 원료로 쓰일 면, 고무, 쌀, 사탕수수를 수확하던 노예 노동자들이었다. 산업화의 진전이 안긴 상처는 환경에도 새겨졌다. 사람들은 아름다운 자연 경관 대신에 탄광 폐기물 더미와 검댕이 가득한 공기, 오염된 물을 보며 사는 데 익숙해졌다.

이 모든 게 우리가 이 세상에 독을 풀어넣고 있음을 알리는 일종의 조기 경보였다. 20세기에는 이 경보가 더 자주 울렸다. 그럼에도 대다수 사람들은 우리가 어떤 위험한 일을 벌이고 있는지 큰 관심을 기울이지 않았다. 많은 사람이 관심을 보이기 시작한 것은 기후 변화의 위협에 대한 과학적 사실이 알려지면서부터였다. 다음 장에서는 20세기 후반 자연을 자동판매기로 보는 관점에 도전했던, 더 나아가 사람과 지구 모두의 건강을 개선할 수 있는 변화를 이루기 위해 함께 노력했던 과학자와 작가, 다양한 연령대의 사람들 이야기를 나눠 보자.

죽음을 부르는 완두콩 수프

안개는 아주 오래전부터 런던 날씨에서 빼놓을 수 없는 특징이다. 영국의 수도 런던은 템스강이 흐르는 계곡에 자리 잡고 있다. 템스강 위에 수증기가 고이면 도시 전역으로 퍼져 나가면서 밝은 잿빛 안개가 거리를 가득 메운다.

그런데 19세기 런던의 안개는 특별했다. 안개가 아주 자주 발생했고, 더 짙고 탁했다. 간혹 톡 쏘는 자극이 있어서 사람들이 눈과 목에 화끈거림을 느낄 정도였다. 사실 이것은 안개가 아니라 주로 석탄을 태울 때 나오는 연기, 그을음이 안개와 섞인 스모그였다. 색깔까지 황갈색이라 〈완두콩 수프〉라는 별명까지 붙었다.

크리스틴 코턴은 2015년에 『런던의 안개 London Fog』라는 자서전에서 런던에서 안개와 스모그가 절정이던 때가 1890년대라고 쓰고 있다. 1890년대에 런던이 짙은 스모그에 덮이는 날은 일 년에 평균 63일이었다. 그러나 최악의 스모그 사태는 한참 뒤에 왔다. 1952년에 발생한 그레이트 스모그 사태였다.

12월 5일은 여느 때 같은 안개와 함께 시작되었다. 그러다 순식간에 안개가 황갈색으로 변했다. 주택의 굴뚝과 공장의 높은 굴뚝, 그리고 자동차와 버스 배기관에서 나온 오염 물질이 섞인 것이었다. 다음 날 완두콩 수프의 상태는 더 나빠졌다. 템스강 계곡 상공에 대기가 정체되어 바람이 전혀 불지 않았다. 우묵한 그릇에 담긴 수프처럼 폭 48킬로미터의 런던 분지 안에 스모그를 품은 차가운 공기

1952년 최악의 스모그 사태 때는 정오 무렵에도 런던의 대표적인 명소 넬슨 기념탑이 거의 보이지 않았다.

가 갇혀 있었다.

그레이트 스모그는 산업 혁명의 유산이었다. 모든 스모그가 다 그렇다. 산업 혁명이 일어나면서 가정의 벽난로와 난로뿐 아니라 산업체와 발전소에서 석탄 사용량이 꾸준히 늘어났다. 19세기, 20세기 런던 대기 오염의 주범이었던 석탄에는 황이 많이 들어 있었고, 석탄을 태울 때 나온 황이 공기로 들어가 누런 색깔과 톡 쏘는 자극을 주는 스모그가 된 것이다. 이 황 때문에 썩은 달걀 냄새 같은 악취가 심했다. 스모그는 사람들의 얼굴은 물론이고 모든 것에 끈적한 검은 막을 씌웠다.

그레이트 스모그는 런던 역사상 최악의 스모그 사태로 번졌다.

시야가 가려 자동차들이 멈춰 서고 열차와 항공편이 취소되었다. 날던 새가 건물에 부딪혀 죽기도 했다. 영화관은 관객석에 앉아도 화면이 보이지 않아 문을 닫아야 했다. 못된 짓을 하는 사람들에게는 절호의 기회였다. 강도질, 도둑질을 하고서도 짙은 스모그 뒤로 유유히 사라질 수 있었다.

닷새 만에 날씨가 바뀌어 바람이 불면서 런던을 뒤덮었던 스모그가 걷혔다. 하지만 그레이트 스모그 사태의 후유증은 오래도록 남았다. 기관지염과 폐렴 같은 폐 질환에 걸리거나 그 병으로 사망한 사람이 수천 명이 넘었다. 최근에 연구자들은 그레이트 스모그 사태로 인한 사망자가 8천 명을 훌쩍 뛰어넘는다고 판단했다. 영유아, 노인, 흡연자가 가장 큰 타격을 입었다.

그레이트 스모그가 발생하고 4년 후에, 영국 정부는 도시에서 석탄 사용을 제한하는 〈청정 공기법〉을 만들었다. 석탄의 위세가 서서히 꺾이고 완두콩 수프의 발생 빈도도 줄었다. 치명적인 스모그와 스모그로 인한 사망자가 완전히 사라진 것은 아니지만, 1952년 그레이트 스모그만큼 심각한 사태는 다시는 발생하지 않았다. 심각한 스모그 재해 때문에 희생자 수천 명이 생기는 사태를 겪은 뒤 영국 정부가 사태의 재발을 막기 위해 개입한 결과였다. 사람들의 목숨과 건강을 위협하는 중대한 사건이 중대한 변화를 낳을 수 있음을 입증하는 사례다. 1950년대 런던에서도 이런 변화를 이루었으니, 지금 우리는 어디서라도 변화를 이루어 낼 수 있다.

5장
충돌의 순간이 다가오다

현대 세계를 이룬 토대는 화석 연료다. 우리는 석탄과 석유, 그리고 채취주의가 세운 체계 안에서 살고 있다. 설사 중공업 시설이 많지 않은 나라에 산다 해도 우리가 숨쉬는 공기와 우리를 둘러싼 날씨는 세계 산업 경제의 영향을 받는다. 우리가 쓰는 전화기, 자동차, 각종 상품은 화석 연료를 동력으로 삼은 경제의 생산품이다.

화석 연료와 채취주의 체계 안에서도 많은 사람이 그 체계가 만들어 낸 수익을 더 공평하게 나눌 것을 요구하며 열심히 싸워 왔다. 이들은 가난한 사람들과 노동자들에게 유리한 몇 가지 성과를 따냈다. 하지만 이런 싸움은 대부분 채취주의라는 기본 관점 자체를 공격하지는 않았다. 1980년대 무렵 화석 연료에 지나치게 의존하고 있다는 우려가 커져 가면서 채취주의에 맞서 싸우는 사람들이 생겨나기 시작했다.

운명적인 충돌의 순간이 다가오고 있었다. 한쪽에는 기후 변화와 관련한 새로운 경고를 듣고 이미 가지고 있던 화석 연료 반대론에 기후 변화에 관한 우려까지 품게 된 사람들이 있었다. 그리고 반대편에는 그 경고를 무시하고, 아예 그 경고를 덮어 버리려고 더 큰 소리로 외치거나 데이터를 왜곡해 가며 진실을 가리려는 사람들이 있었다. 그런데 무르익어 가던 가치관과 아이디어의 전면 대결의 분위기는 당시의 역사적 상황에 밀려 싸늘하게 식어 버렸다.

운동의 출현

흔히 〈환경주의〉라고 불리는 운동은 지구와 지구의 자원이 인간 활동 때문에 파괴되는 것을 막으려는 많은 집단들로 꾸려진 네트워크다. 환경주의가 지향하는 목표는 새로운 게 아니지만, 이 운동은 20세기에 대중의 관심을 끌어모으면서 성숙 단계로 접어들었다. 이 새로운 운동은 자연을 자원과 부를 공급하는 무한한 원천으로 보는 채취주의의 관점에 도전했을까? 결코 그렇지 않았다.

초기 환경주의, 특히 북미 대륙의 초기 환경주의는 평범한 노동 계층 사람들과는 거의 관련이 없었고 가난한 사람들과는 더욱더 관련이 없었다. 이 운동은 19세기 말, 20세기 초의 자연 보호주의에서 시작되었다.

자연 보호주의는 주로 낚시, 사냥, 야영, 도보 여행을 즐기던 부유한 특권층 남성이 주도하는 활동이었다. 이들은 급속한 산업화 때문에 자신이 아끼는 야생 공간이 사라질 위기에 놓였다는 것을 확인했다. 그러나 이들은 북미 대륙의 자연 경관을 파괴하는 산업화의 급속한 확산이 바람직한 것인지, 그 확산을 억제해야 하는지에 대해 의문을 품지 않았다. 다만 자신이 즐길 몇몇 멋진 장소를 온전히 보호하기를 바랐을 뿐, 다른 장소들이 산업과 개발에 의해 손상되는 문제에 대해서는 아무 관심이 없었다.

소란스러운 대중 시위는 초기 자연 보호주의자들이 목표를 달성하기 위해 쓰는 방법이 아니었다. 이들은 그런 시위가 상류층이 하는 운동으로는 적절치 않다고 여겼다. 다만 자신과 같은 계층 사람들을 조용히 설득할 뿐이었다. 자신이 아끼는 장소라서 반드시 보호하고 싶으니 어떤 곳을 국립 공원이나 주립 공원, 개인 소유의 자연 공원, 또는 사냥 금지 구역으로 지정하자고 한 것이다. 그런데 이들의 설득이 통해서 자연 보호 지역으로 지정이 된 곳에서는 종종 어이없는 일이 벌어졌다. 조상 대대로 그곳에서 살아온 원주민들이 더 이상 낚시나 사냥을 할 수 없는 처지로 내몰리곤 했다. 사실 이 원주민들은 이 대륙에 북아메리카라는 이름이 붙기 전부터 이곳의 환경을 보호해 온 사람들인데 말이다.

미국의 초기 생태주의 사상가 가운데는 특정 장소의 자연 환경만을 보호하는 것을 넘어서야 한다고 주장하는 이들이 있었다. 이들 중 몇몇은 모든 생명이 서로 연결되어 있다고 보는 동양적 사고와 모든 생명체가 우리의 친척이라고 여기는 북아메리카 원주민들의 신념의 영향을 받은 사람들이었다. 19세기 중반, 미국 뉴잉글랜드의 자연에 묻혀 살았던 헨리 데이비드 소로는 이렇게 썼다. 〈내가 발을 딛고 있는 대지는 죽어 있는 무력한 흙덩어리가 아니다. 대지는 영혼을 지닌 유기체다…….〉 대지를 무력한 기계라고 여기고 인간은 정신 작용을 통해 대지의 수수께끼를 풀 수 있다고 한 프랜시스 베이컨의 관점과 완전히 반대되는 관점이었다.

약 백 년 뒤에, 또 다른 미국인이 소로와 비슷한 주장을 펼치면서 환경주의의 두 번째 물결을 일으켰다. 알도 레오폴드는 저서 『샌드 카운티 연감 A Sand County Almanac』에서 〈공동체의 경계를 흙과 물, 식물, 동물까지 넓혀야 한다〉는 자연관을 주장했다. 이 자연관에 따르면 인간의 역할은 〈대지 공동체의 정복자에서 대지 공동체의 평범한 구성원으로〉 이동하게 된다.

레오폴드가 쓴 글은 생태 철학에 큰 영향을 미치긴 했지만, 소로의 초기 사상과 마찬가지로 산업화의 급속한 확산을 늦추지 못했다. 이 역시 많은 사람의 지지로 지탱되는 대중적인 운동과는 거리가 멀었다. 인간을 자연계를 정복하고 통제하는 정복군으로 보는 세계관이 여전히 기세를 떨치고 있었다.

1962년에 이 세계관에 도전하는 중요한 사건이 일어났다. 과학자이자 작가인 레이철 카슨이 『침묵의 봄 Silent Spring』을 출간한 것이다. 카슨은 DDT 같은 화학 물질이 살충제로 광범위하게 쓰이면서, 새들을 비롯해 여러 가지 생물이 피해를 입는 현실을

방글라데시의 수도 다카에서 모기를 없애기 위해 DDT를 뿌리고 있는 모습. 미국에서는 1972년에 이 독성 살충제의 사용이 금지되었다. DDT가 야생 동물에게 미치는 악영향을 다룬 레이철 카슨의 『침묵의 봄』이 출간되고 10년 만의 일이었다.

파헤쳤다.

카슨은 이 책에서 비행기를 이용해 대량의 살충제를 뿌려 대는 화학 산업이 동물과 인간의 생명을 위협하고 있다며 분노를 쏟아 냈다. 이 책의 주 공격 대상은 살충제였지만, 카슨은 어느 화학 물질 하나만 문제를 안고 있는 게 아님을 알고 있었다. 문제는 〈인간이 자연을 지배한다〉라는 사고방식이었다. 카슨의 책을 계기로 새로운 환경주의가 태동했다. 인간은 상처 입기 쉬운 지구 생태계의 일원이며, 인간의 개입은 반드시 긴밀히 연결된 생명의 연결망인 지구 생태계의 파괴를 낳는다고 보는 환경주의였다.

대중적 영향력을 미친 『침묵의 봄』을 계기로, 많은 사람이 인간이 자연계를 대하는 태도에 대해서, 또한 인간이 아무리 소모해도 자연에는 늘 충분한 자원이 남아 있다고 보는 채취주의 자연관에 대해서 의문을 제기하기 시작했다. 북미 대륙에서는 새로운 환경 단체들이 생겨났다. 이들은 과거에 신사들이 하던 자연 보호 운동과는 전혀 다른 활동을 벌였다. 많은 사람 앞에서, 그리고 법정에서 환경을 지키기 위한 싸움을 벌였다.

환경법의 황금시대

『침묵의 봄』출간 후 몇 년 사이에 탄생한 새로운 조직들 가운데 하나가 환경 보호 기금EDF이다. 1967년에 과학자들과 법률가들이 환경 보호 기금을 세웠다. 이들은 레이첼 카슨의 경고를 주의 깊게 듣고 행동에 나섰다. 환경 보호 기금은 소송을 제기했고, 이 소송은 미국 정부의 DDT 살충제 사용 금지 조치를 이끌어 냈다. DDT 사용이 금지되자 많은 종류의 새들이 다시 자연으로 돌아왔다. 미국을 상징하는 대머리독수리도 돌아왔다.

어떤 심각한 문제가 만인에게 영향을 미친다는 뚜렷한 증거가 제시되자, 미국의 정치인들은 정파와 무관하게 〈어떻게 해야 이 환경 오염을 막을까?〉를 궁리했다. 환경주의와 관련한 승리의 물결은 계속해서 이어졌다.

미국에서 연방 법률로 제정된 최초의 환경법은 1948년 연방 수질 오염 관리법이었다. 그 후 1963년 청정 공기법, 1964년 야생지 보호법, 1965년 수질 보호법, 1967년 대기질 보호법, 1968년 자연 경관 수계법이 제정되었다. 이 법률들은 국가 차원에서의 환경 정책과 관련한 규제를 시행할 권리와 책임이 정부에게 있다는 원칙을 확립한 획기적인 계기였다. 그러나 지금은 이런 법률적 승리를 이루기란 거의 불가능해 보인다. 지금은 기업들과 정치인들이 그 어떤 정부 규제와 정부 개입에도 반대하고 나서고 있으니 말이다.

또 환경 관련 법률은 환경 운동이 다양한 목표를 지향한다는 사실을 반영하고 있다. 예를 들어, 대기 오염, 수질 오염을 막기 위해 폐기물과 배출 가스의 종류와 양을 제한하는 법률은 인간의 건강을 보호하는 것이 주된 목표다. 반면에 자연 경관과 수계와 관련한 법률은 자연을 보호하는 것이 주된 목표다. 미국에서는 1970년대에 총 스물세 개의 연방 환경 법률이 제정되었다.

1980년에 슈퍼펀드법Superfund Act이 제정되었다. 이 법은 기업들에게 소액의 기부금을 의무적으로 부과하여 만들어진 재원으로 흙과 물, 공기, 생물에 유해한 영향을 끼치는 다양한 화학 물질로 심하게 오염된 산업 지역을 정화하는 데 쓸 수 있게 했다. 슈퍼펀드법은 기후 정의의 핵심 원칙인 〈오염자 부담〉 원칙을 적용한 법률이었다.

이런 승리의 물결은 국경을 넘어 이미 환경 운동이 치열하게 전개되던 캐나다에까지 흘러들었다. 그리고 대서양을 가로질러

1972년에 유럽 공동체에서는 환경 보호를 최우선 순위에 두겠다고 선언했고, 그 후 수십 년 동안 환경 관련 법률에서 선도적인 역할을 맡았다. 1970년대에는 또한 국제 환경법 분야에서 희귀 조류 등 멸종 위기에 처한 야생 생물과 멸종 위기종에서 얻은 물품의 국제 거래를 금지하는 국제 협약 등 획기적인 법률들이 탄생했다.

미국과 유럽에서 환경 법률이 시행된 지 10년, 20년이 지나도록 세계 각지의 가난한 나라들에서는 환경 법률이 시행되지 않았다. 하지만 그사이에도 공동체 차원에서 자연을 보호하기 위한 직접적인 활동이 꾸준히 이어졌다. 아프리카와 인도의 여성들은 숲이 파괴되는 것을 막기 위해서 창의적인 캠페인을 벌였다. 브라질, 콜롬비아, 멕시코 사람들은 원자력 발전소와 댐 등 산업화를 위한 개발 사업에 반대하는 대규모 시위를 조직했다. 그 후 이 나라들에서는 미국과 유럽보다 훨씬 더 강력한 환경 법률이 만들어졌다.

황금기를 맞은 환경 법률의 기본 원칙은 간단했다. 첫째, 문제를 일으키는 물질이나 활동을 아예 금지하거나 까다롭게 제한한다. 둘째, 가능하면 오염 정화에 필요한 비용을 오염을 일으킨 사람에게 부담시킨다. 많은 사람이 이런 조치를 지지해 준 덕분에 환경 운동은 여러 가지 중요한 승리를 거두었다. 그런데 그렇게 얻은 승리 때문에 환경 운동에는 중요한 변화가 일어났다.

많은 환경 단체들의 활동 방식이 바뀌었다. 오염을 일으킨 기업을 상대로 소송을 걸 수 있게 한 법률이 통과되자, 많은 활동가들이 활동의 초점을 항의 시위를 조직하고 대중을 교육하는 일에서 법률적인 활동으로 옮겼다. 한때 일부 사람들로부터 군중들의 소란이라고 업신여김을 받던 환경 운동이 정치인들을 상대하는 로비 활동가와 변호사의 손으로 넘어갔다. 이들은 여러 정치인을 만나고 유엔 정상 회담 참석차 이곳에서 저곳으로 비행기를 타고 이동하면서 기업과 타협을 하는 일에 시간을 쏟아부었다. 많은 환경 활동가들이 정치 지도자들과 기업의 수장들과 접촉하고 협상하는 내부자라는 자신의 위상에 자부심을 품었다.

1980년대에 이런 내부자 문화에 변화가 일어났다. 환경 보호 기금을 비롯한 일부 단체들이 기업들을 대하는 태도가 달라졌다. 이들이 주장하는 〈새로운 환경주의〉란 유해한 활동을 금지하기 위해서 일하는 게 아니라 오염을 일으키는 기업들과 협력 관계를 맺는 것이었다. 환경 활동가들은 기업이 환경 관련 사업을 자발적인 선택에 따라 변화시키도록 기업을 설득해 낼 수 있을 거라고 생각했다. 다시 말하면, 오염을 일으키는 기업들에게 사업을 좀 더 친환경적으로 펼침으로써 비용을 줄이고 동시에 새로운 상품을 개발할 수 있다는 확신을 심어 주자는 것이었다.

이런 접근법은 로널드 레이건 대통령 정부(1981~1989)의 친기업적 사고에서 영향을 받은 것이었다. 이 접근법은 민간 기업이 이윤을 내려는 동기와 시장의 논리에 따라 선택하는 해결책이 정부가 규제하는 방식보다 나은 결과를 낳는다고 보았다.

이렇게 해서 주류 환경 운동은 대형 환경 단체의 운동이 되었다. 이들은 1960년대와 1970년대의 환경주의자들과는 전혀 다른 새로운 원칙을 가지고 활동했다. 이들이 지향하는 새로운 원칙은 다음과 같았다.

- 유해한 영향을 끼치거나 환경을 파괴하는 일을 불법화하려고 하지 말 것.
- 기업 지도자들과 이들이 지지하는 정치인들을 적으로 만들지 말 것.
- 작은 전투를 벌일 것. 오염을 일으키는 기업들을 설득해서 나쁜 일을 할 때는 반드시 좋은 일 몇 가지를 섞어 하거나, 나쁜 일 대신에 약간 덜 나쁜 일을 하는 쪽으로 방침을 바꾸게 할 것. 이것이야말로 양쪽에게 유익한 길이라고 주장할 것.

하지만 모든 환경 단체들이 기업에 우호적인 쪽으로 돌아선 것은 아니었다. 극히 적은 수의 환경 단체들과 일반 시민들이 꾸린 단체들은 환경을 파괴하는 행위에 반대하는 직접적인 행동에 집중하는 활동을 이어 나갔다. 이들은 계속해서 시위를 조직하고 소송을 벌였고, 소비자들에게 환경을 오염시키는 기업들이 만든 상품에 대한 불매 운동에 참여하라고 권했다.

다행히, 당시 일반 시민들은 한 세대 전의 시민들보다 환경주의에 익숙했다. 미국은 1970년부터 지구의 날을 기념하기 시작했고, 그 뒤를 이어 많은 나라가 매년 4월 22일을 지구의 날로 정하고 〈환경을 생각하는 날〉 행사를 벌였다. 학생들은 해마다 지구의 날이면 공원에서 쓰레기를 줍거나 습지 보호의 필요성을 배우는 행사에 참여했다. 사람들의 대화에서, 교실에서, 뉴스 기사에서 〈환경〉과 〈생태〉라는 단어가 점점 더 자주 등장했다. 〈고래를 구하자〉, 〈판다를 구하자〉, 〈열대 우림을 구하자〉는 캠페인이 줄을 이었다.

환경 문제에 대한 일반 시민들의 인식이 꽤 높아져 있던 1980년대 후반에, 〈지구 온난화〉와 〈기후 변화〉라는 단어가 사람들의 대화와 뉴스 기사에 등장했다. 그러나 그때까지만 해도 사람들은 심각한 기후 위기를 실감할 수 없었다. 그 당시 기업에 우호적인 방향으로 활동을 바꾸어 가던 환경 단체들은 이 문제를 감당할 능력이 전혀 없었다.

21세기의 젊은 환경 운동가들

알도 레오폴드와 레이철 카슨은 책을 통해서 환경 운동가들의 열정을 키웠다. 요즘 젊은 활동가들 중에도 책을 쓴 사람이 있지만, 이들은 대개 시위행진과 단체 모임, 소셜 미디어, 인터넷을 통해서도 자신의 주장을 펼치면서 사람들의 마음을 움직이고 있다.

미국 캘리포니아주 샌 클레멘테에 사는 잭슨 힝클은 열일곱 살 무렵에 플라스틱 쓰레기에 반대하는 활동을 시작했다. 힝클은 서핑을 좋아했던 터라, 플라스틱 쓰레기의 해양 오염 문제가 심각하다는 것을 알고 있었다. 힝클은 바다와 바다의 오염 문제에 대해 공부를 하면서 병물 판매 회사들이 세계 전역에 있는 사람들의 식수원을 고갈시키고 있음을 깨달았다. 또 일부 플라스틱 병은 환경을 오염시킬 뿐 아니라 건강에 해로울 수 있다는 것도 알게 되었다.

다코타 액세스 송유관이 노스다코타의 스탠딩 락 수 부족이 사는 마을의 물을 오염시킬 위험이 있다는 것을 알게 되자, 힝클은 자신이 사는 도시에서 이 송유관에 반대하는 시위행진을 주도했다. (스탠딩 락과 송유관 반대 운동에 대해서는 다음 장에서 자세히 다룬다.) 또 같은 뜻을 가진 사람들을 모아 동아리를 만들고 플라스틱 쓰레기 반대 활동과 플라스틱 용기 대신에 여러 번 사용할 수 있는 지속 가능한 스테인리스 용기 사용을 권장하는 활동을 펼쳤다.

미국 네바다주 리노에 사는 셀레스트 티나제로 역시 환경 동아리에 가입했다. 오빠의 권유를 받아 고등학교 동아리 에코 전사에서

활동하게 된 것이다. 두 사람은 환경 단체 그린네바다GREENevada
가 후원한 경진 대회에서 1등을 했다. 그 후 상금으로 받은 1만 2천
달러를 가지고 물과 화장지를 많이 쓰는 구식 세면대와 변기 등 학
교 화장실을 개량해서 환경적으로 지속 가능한 학교를 만들기 위해
노력했다. 두 사람은 이듬해 같은 대회에서 2등을 했다. 이번에는
받은 상금을 여러 번 사용할 수 있는 물병 사용을 권장하는 활동에
썼다. 그 후 티나제로는 비영리 단체 활동가가 되어 지속 가능한 삶
과 쓰레기 줄이기를 주제로 한 교육 활동을 펴나갔다.

　미국 플로리다주 마이애미에 사는 델라니 앤 레이놀즈는 초등학
교 3학년 학급 활동 때 자연에 관한 책을 쓴 뒤로 환경을 위한 활동
을 시작했다. 중학교 때는 학교 내 태양광 발전기 설치를 위해 활동
했다. 가족과 함께 바다 여행을 한 뒤로는 바다에 대한 관심이 높아
져서 해양 생물에 대한 공부를 시작했다.

　지구 온난화와 해수면 상승 등 온난화가 바다에 미치는 영향에 대
해 알게 된 후, 레이놀즈는 정치인들과 기업인들, 기후 과학자들을
만나 정보를 얻고 해결책에 대한 이야기를 나누었다. 열일곱 살 때
는 어린이를 위한 환경 동화책을 여러 권 썼다. 또 온라인에서 볼 수
있는 테드엑스유스TEDxYouth 강연을 했고, 〈싱크 오어 스윔 프로젝
트Sink or Swim Project〉라는 단체를 만들었다. 이 단체는 마이애미주
가 바다 밑으로 가라앉지 않도록 기후 변화를 막자는 취지에서 청
소년을 교육하고 정치 활동을 촉구하고 있다.

　레이놀즈는 젊은이들을 향해 이렇게 말한다. 「여러분이 도와주어

야 합니다. 함께 참여하고, 목소리를 높여 주어야 합니다. 이제는 우리 세대가 이 문제를 해결해야 할 때입니다. 화석 연료를 없애고 낡은 습관을 버려야 할 때입니다. 정치보다 중요한 일을 해야 할 때, 새로운 기술을 발명해야 할 때입니다. 지구를 망칠 건지 살릴 건지, 우리 세대가 결정해야 할 때입니다.」

이들 청소년 기후 활동가들을 비롯해서 많은 청소년들이 시위행진과 책과 웹 사이트 등 다양한 방법으로 목소리를 내고 있다. 이 청소년들의 사례는 학교 프로젝트나 취미 활동으로 시작한 일이 어른들 못지않게 큰 영향을 미치는 열정적인 활동으로, 심지어는 직업으로 이어질 수 있다는 것을 보여 준다.

인간의 본성 탓이 아니다

시사 주간지 『타임』 편집자들은 1988년 〈올해의 인물〉을 선정할 때 이례적인 선택을 했다. 그들은 잡지 표지에 지구가 노끈으로 칭칭 묶여 있고 그 뒤로 불길한 느낌을 주는 노을이 펼쳐진 사진을 올리고 〈올해의 행성: 위기에 처한 지구〉라는 문구를 넣었다.

『타임』은 올해의 행성 선정 이유를 이렇게 밝혔다. 〈올해 사람들의 상상력을 사로잡고 뉴스 일면 기사로 오른 것은 그 어떤 인물도 사건도 활동도 아니라, 인류의 보금자리인 지구의 바위와 흙과 물과 공기가 고통에 허덕이는 모습이었다.〉

그로부터 30년 뒤인 2018년, 너대니얼 리치라는 기자는 『뉴욕 타임스』에 쓴 기후 위기에 관한 기사에서 1988년 그 순간을 되돌아보았다. 1988년 당시에는 전 세계가 인간의 오염 행위 때문에 지구가 지나치게 뜨거워지는 위험한 상황이 펼쳐지고 있다는 것을 충분히 이해하는 것처럼 보였다. 또 각국 정부들은 온실가스 배출을 줄이고 기후 변화가 최악의 상황으로 치닫는 것을 막으려고 과학에 근거를 둔 강력한 세계적인 합의를 향해 나아가고 있었다. 1980년대에 전 세계는 기후 변화에 관한 기초적인 과학을 이해하고 수용했다.

1988년은 중요한 분수령이었다. 그해는 미국 항공 우주국의 고다드 우주 연구소 소장 제임스 핸슨의 의회 출석 연설이 있었던 해였다. 핸슨은 인간 활동과 관련된 온난화가 실제로 진행되고 있음을 〈99퍼센트 확신한다〉라고 증언했다. 핸슨의 말은 전세계에 보도되었고, 전 세계 모든 이들이 인간 때문에 지구가 뜨거워지고 있다는 것을 알게 되었다.

당시에는 오늘날과는 다르게 정당들 사이에 정치적 입장에 따른 완전한 의견 대립이 자리 잡기 전이었다. 전 세계 정치인들이 협력하여 『타임』지의 말대로 〈위기에 처한 지구〉를 구할 수 있는 여건을 마련해 놓은 것처럼 보였다. 실제로 1988년에 과학자와 정책 입안자 수백 명이 캐나다 토론토에 모였다. 그들은 역사적인 〈변화하는 대기에 관한 세계 회의〉에서 온실가스 감축 목표에 관해 처음으로 논의했다. 그해 말에, 기후 위기에 관한 과학적 정보를 제공하는 선도적인 기구인 유엔 기후 변화에 관한 정부 간 협의체 IPCC가 첫 모임을 가졌다.

1988년부터 나온 기후 뉴스를 검토해 보니, 실제로 중요한 변화가 곧 현실화될 것 같은 분위기가 조성되어 있었다. 나 역시 그해가 중요한 분수령이었다고 생각한다. 어이없게도 변화의 가능성이 가뭇없이 사라져 버린 때였기 때문이다. 미국은 국제적인 기후 협상 무대에서 협의를 이끌어 내려고 힘을 보태 왔지만, 정작 그 협상에 서명해야 할 때가 되자 등을 돌렸다. 세계의 다른 나라들은 국제 기후 협정에 합의했다. 그러나 그 협정은 참가국들이 필요한 기준을 달성하지 않을 경우에 대비해서 실효성 있는 처벌 규정을 전혀 마련해 놓지 않았다. 결국 그 어떤 나라도 협정이 요구한 약속을 지키지 않았다. 충분히 예상할 수 있는 결과였다.

과연 무엇이 1980년대 말 그토록 많은 사람이 기후 변화에 대해 품었던 절박감과 결단에 찬물을 끼얹었을까? 2018년에 너대니얼 리치는 『뉴욕 타임스』 기사에서 이렇게 썼다. 〈우리는 모든 사실을 알고 있었고, 우리를 가로막는 것은 아무것도 없었다. 우리 자신을 제외하고는.〉 〈미래 세대가 불이익을 입는 상황을 미연에 방지하기 위해 자신이 현재 누리는 편익을 희생한다는 것은 인간의 능력 밖의 일이다.〉

너대니얼 리치의 말은, 지금 당장 편안한 삶을 누리는 사람들은 미래의 모든 사람에게 해를 끼친다 하더라도 선뜻 자신의 삶의 방식을 바꾸려 하지 않는다는 뜻이다. 리치는 〈장기적인 결과에는 신경 쓰지 않는 것〉이 인간 본성이라고 말했다.

정부들이 기후 변화를 막기 위해 대대적이고 의미 있는 조치를 취하지 않는 이유를, 리치는 〈인간의 본성〉 때문이라고 설명한다. 기후 변화의 해로운 영향은 미래에 발생하는 데다 우리의 삶의 방식을 계속 유지해야 할 필요성만큼 다급한 게 아니라는 생각 때문에, 우리 스스로 기후 변화에 대처할 가장 좋은 기회를 놓아 버린 것이라는 뜻이다. 인류가 존속하느냐 마느냐 하는 위태로운 상황에서도 우리는 모든 사람이 총력을 기울여야 하는 중요하고 복잡한 문제를 결코 해결할 수 없다는 뜻이다.

그러나 그것은 〈인간의 본성〉 탓이 아니다. 1988년 당시에 모든 사람이 〈이런, 우리가 할 수 있는 일이 아무것도 없네〉라고 말하며 발뺌을 한 것은 아니다. 개발도상국의 정치 지도자들과 원주민들은 법적 구속력이 있는 조치가 필요하다고 목소리를 높였다.

모든 면에서 1988년은 기후 변화를 막는 실제적인 진전이 있었던 해였다. 그런데 무엇이 잘못되었을까? 인간의 본성 때문이 아니라면 대체 무엇 때문일까?

하필이면 그때 또 다른 역사적인 사건이 겹쳐졌기 때문이다.

정부들이 화석 연료 사용 억제를 진지하게 검토하던 바로 그 시기에, 또 다른 세계적인 변화의 파도가 경제와 사회를 재편해 가고 있었다. 이 변화의 힘은 앞서 3장에서 뉴올리언스 사람들의 허리케인 대비 능력을 약화시키는 원인이라고 소개했던 원칙들에 뿌리를 둔 것이었다. 이 원칙들을 채택하는 정부와 사회는 일반적으로 기업이 할 수 있는 일을 제한하거나 통제하는 방침에 적극 반대한다. 그리고 상품과 서비스를 사고파는 〈자유로운 시장〉에 맡겨 두면 거의 모든 문제가 해결된다고 본다. 이런 관점은 전 세계 모든 사람이 대중교통과 자전거를 이용하는 방식 대신에 패스트푸드, 패스트 패션, 전자 제품, 개인 소유의 자동차 등 빠른 소비를 기반으로 하는 삶의 방식을 택해야 한다고 본다. 이윤을 만들어 내고 경제를 성장시키는 데 기여한다는 점에서 이런 삶의 방식이 바람직하다는 것이다. 하지만 우리는 이런 삶의 방식이 지나친 낭비를 낳는다는 것을 알고 있다.

결국 이런 관점이 세계의 모든 주요 국가들의 경제를 바꾸어 놓았다. 이 관점은 특정한 산업이 규제되지 않은 탓에 지구가 뜨거워지고 있다고 말하는 기후 과학을 공격했다. 또 공익을 위해 이런 산업과 기업을 규제하는 정부의 정책이 필요하다는 입장을 공격했고, 모두가 낭비를 덜 하는 삶의 방식을 찾아야 한다는 견해를 공격했다.

기후 문제에 대응하려면, 정부들은 온실가스를 배출하는 산업을 엄격히 규제하여 온실가스 배출 속도를 줄여야 한다. 정부들은 모든 사람이 생활에 쓰는 에너지를 얻는 방식과 도시에서 사는 방식, 이동할 때 쓰는 방식을 바꿀 수 있도록 대대적인 전환 사업에 투자해야 한다. 그러나 이런 정책은 이미 강력해진 자유 시장 중심의 경제 논리와 정면충돌을 피할 수 없다. 게다가 여러 무역 협정이 지역 기반의 친환경 산업 지원 정책이나 석유를 운송하는 송유관 등 온실가스 배출 사업의 시행 금지 정책 같은 합리적인 기후 대응 활동을 국제법 위반의 불법적인 일로 규정하고 있었다. 자유 시장의 기반인 민간 사업을 방해하기 때문이라는 것이다. 많은 나라들이 이런 무역 협정에 가입한 상황이었다.

이렇게 결정적인 시기를 잡아챈 역사적 흐름 때문에 우리 지구는 치명적인 대가를 치러야 했다. 제임스 핸슨이 기후 변화에 대한 명확한 증거를 세상에 제시한 바로 그때, 정부들은 강력한 힘을 거머쥔 기업들의 압력에 밀려 온난화를 막기 위한 필수적인 대응 정책의 시행을 외면했다.

그 무렵, 과학자들과 기후 활동가들은 기후 변화와의 전쟁에서 경제적 이윤 추구 세력만이 아니라 다른 세력하고도 싸움을 벌여야 했다. 바로 기후 변화란 문제는 애당초 존재하지 않는다고 주장하는 기후 변화 부인론이었다. 이들은 모든 과학적 증거가 제시되어 있음에도 불구하고, 기후 변화가 현실이라는 것을 받아들이지 않는다.

부정하고 거짓말하는 사람들

기후 변화에 대한 언론 보도가 사람들의 관심을 모으자, 기업 편에 서서 자유 시장에 대한 규제를 없애는 활동에 앞장서 온 정책 연구소들은 기후 변화에 대한 언론 보도가 자신들의 주장과 사업을 위협한다고 보았다. 이들의 입장에서는, 화석 연료 사용을 〈이제껏 해온 대로business as usual〉 계속해 나가면 문명의 존립을 위태롭게 하는 기후 급변점을 맞게 된다는 걸 인정할 경우 자신들의 활동이 끝장나는 셈이다. 또 자유 시장에 대한 규제를 없애라는 주장도 힘을 잃게 될 터였다.

기후 변화가 사실이라면, 세계 경제는 화석 연료 의존에서 벗어나야 한다. 온실가스를 배출하는 활동들이 대부분 금지되고, 이를 위반하는 기업은 엄청난 벌금을 물어야 한다. 산업, 주택, 교통 분야의 전환을 위해 정부 재원이 투입되는 대대적인 새로운 정책이 전 세계적으로 실시되어야 한다. 정부 재원을 화석 연료 회사에 대한 지원 정책(세금 감면 등) 대신에 풍력 발전소와 전기 열차 등 친환경 에너지 사업에 투입해야 한다. 애초에 정부 관리 아래 운영되다가 민간 산업에 넘겨졌거나 임대되었던 부동산과 서비스, 즉 전기와 수도 회사, 철도, 인쇄소 등을 다시 정부가 직접 관리해야 한다. 이 모든 상황이 시장 경제에 큰 위협이 된다. 그러나 시장 경제에 가장 큰 위협이 되는 것은 끝없는 소비가 모두에게 혜택을 줄 뿐 아니라 영원히 지속될 수 있다는 생각이 잘못된 게 아닌가 하는 의문이다.

따라서 기후 변화라는 개념은 누군가에게는 공포스러운 단어다. 이들은 기후 변화를 〈미국을 사회주의로 바꾸려는〉 음모라고 불렀다. (결코 그렇지 않다.) 또 어떤 사람들은 기후 변화에 대해 경고하는 사람들이 마음속으로 원하는 것은 나라를 없애고 세계 정부를 세우는 거라고 주장하기도 했다. (결코 그렇지 않다.)

기업 편에 선 많은 정책 연구소들이 모두 다 이런 극단적인 관점을 받아들인 것은 아니었다. 그러나 이들은 이런 관점의 핵심에 있는 입장, 즉 기후 변화가 사실이 아니라는 입장을 적극 옹호하고 나서거나, 지구 온난화가 사실이라고 하더라도 인간의 활동과는 아무 관계가 없는 자연적인 과정일 뿐이라고 주장했다. 이들은 책과 언론 보도, 교사용 무료 〈수업 지도안〉을 홍수처럼 쏟아 내며 이 주장을 홍보했다.

어떤 출판물은 기후 변화가 속임수라고 주장했고, 또 어떤 출판물은 기후 변화의 과학에서 사소한 흠집 하나라도 찾아내려고 기를 썼다. 지구 온난화에 대한 증거에 오류가 있다고도 주장했다. 때로는 어떤 과학자가 기후 모델에 새로운 데이터를 적용해서 기존에 내놓았던 예측과는 약간 달라진 예측을 내놓으면, 그 기후 예측의 전체가 잘못인 것처럼 포장하면서 그 과학자를 공격했다. 심지어는 극심한 추위가 발생한 사실을 가리키면서 〈지구 온난화는 속임수다〉라고 말하기도 했다. 지구 온난화가 예전보다 더 심한 추위를 몰고 올 수 있다는 사실을 모른 체하고 말이다.

그러나 과학자들 가운데는 이러한 주장을 지지하는 사람이 거의 없다. 2019년 현재, 전 세계 기후 과학자의 97퍼센트 이상이 기후 변화가 현실이며 인간이 기후 변화를 일으키거나 혹은 훨씬 더 악화시키고 있다는 데 동의한다.

기업에 우호적인 어떤 출판물은 기후 변화에 대한 우려에 공감하는 척하면서 기후 변화를 더 순조롭고 우호적으로 해결하는 접근 방식을 전파했다. 이런 접근 방식은 청소년들을 직접 겨냥한 학습용 동영상이나 자료에 흔히 등장한다. 과학계와 산업계가 협력하여 환경 문제를 평화롭게 해결해 가는 미래의 모습, 어쩐지 익숙하지 않은가? 그게 사실이라면 좋겠지만, 대개 그런 미래의 모습은 표면적인 변화만을 그리고 있을 뿐이다.

아무런 성과를 낼 수 없는 이런 해결 방식을 흔히 〈그린워싱〉* 이라고 부른다. 이를테면, 어떤 전력 회사는 수많은 가정에 에너지 절약 요령을 소개하는 안내물을 배포하는 일에 7백만 달러를

---

* greenwashing. 실제로는 환경에 유해한 활동을 하면서 마치 친환경적인 것처럼 포장하는 행위.

1990년 지구의 날에 한 에너지 회사가 로스앤젤레스의 한 석유 저장용 대형 용기에 지구의 날을 홍보하는 그림을 그려 넣었다. 이것이 바로 전형적인 그린워싱이다.

쓴다. 실제로는 생산하는 전기의 95퍼센트를 화석 연료를 태워서 얻으면서도 말이다. 그 회사가 홍보하는 에너지 절약 요령이 아무런 쓸모가 없다고는 할 수 없지만, 그것만으로는 기후 변화라는 엄중한 문제를 결코 해결할 수 없다는 점에서 이 회사는 분명히 그린워싱을 하고 있다.

또한 청소년들을 대상으로 한 환경 보호 교육들은 종종 산업과 경제가 기후 변화를 일으킨다는 내용은 쏙 빼놓고 〈재활용을 하고, 자동차 대신 자전거를 이용합시다〉 등 개인이 할 수 있는 일에만 초점을 맞춘다. 물론 이런 행동은 중요하다. 우리 모두가 자신이 해야 할 몫을 해야 한다. 하지만 더 큰 변화와 연결되지 않는 한, 이런 행동은 기업들의 행동에 아무런 타격을 주지 않는다. 따라서 우리는 어떤 정보를 접할 때 반드시 그 정보가 어디서 나온 것인지 확인해야 한다. 〈이 정보를 제공한 곳은 과연 믿을 만한가?〉 〈이 정보를 제공한 곳은 과거에도 늘 진실만을 말해 왔나?〉 무엇보다 중요한 것은 〈이 정보를 제공한 곳은 우리에게 말하는 이 정보를 통해서 무언가 이익을 얻는 것은 아닐까?〉라는 의심이다.

누가 알았고 언제 알았을까?

공개적인 자리에서나 많은 사람을 설득하기 위해 만든 정보물에서는 어떤 말을 할지 모르지만, 에너지 회사에서 일하는 임원들과 과학자들은 진실을 알고 있었다. 화석 연료와 온실가스 배출과 기후 변화가 연관되어 있다는 진실 말이다. 그런데 에너지 회사들은 자신들이 아는 진실을 감춰 두고 거짓 정보를 퍼뜨렸다. 2015년에 언론 분야에서 유명한 상을 탄 『인사이드 클라이밋 뉴스』는 에너지 산업이 무엇을, 언제부터 알고 있었는지를 파헤친 기사를 발표했다.

『인사이드 클라이밋 뉴스』는 주식회사 엑슨이 수십 년 전에 이미 화석 연료와 기후 변화의 연관성을 알고 있었다고 알렸다. (석유와 가스를 생산하는 세계 최대의 회사인 주식회사 엑슨의 현재 명칭은 엑슨모빌이다.) 1977년에, 이 회사에서 일하는 한 과학자가 회사의 경영진에게 〈인류가 지구 기후에 영향을 미치는 방식 가운데 가장 가능성이 높은 것은 화석 연료 연소 시에 발생하는 이산화탄소 배출이라는 게 과학계 일반의 합의다〉라고 보고했다. 한마디로, 엑슨이 생산하는 제품이 지구 온도를 끌어올리고 있다는 내용이었다.

1년 뒤에, 이 과학자는 엑슨의 과학자들과 경영진에게 더 자세한 보고서를 올렸다. 이 보고서는 〈에너지 계획과 에너지 사용의 변화를 이루어야 하는 시점이 곧 다가온다〉라고 경고했다.

주식회사 엑슨은 처음에는 기후 변화를 부인하지 않았다. 오히려 이 문제를 더 잘 이해하기 위해서 진지한 연구를 시작했다. 이 회사 소속 과학자들은 이산화탄소 배출이 대기와 지구에 미치는 영향을 연구했다. 온실가스 증가 때문에 바다가 따뜻해지고 있는지 확인하기 위해서 유조선 한 척에 과학 장비를 부착하기까지 했다.

또 엑슨의 과학자들은 기후 변화 예측에 필요한 새로운 소프트웨어 프로그램을 개발하는 데도 힘을 보탰다. 1980년대 초에는 이 회사가 직접 진행했거나 자금을 댔던 연구 중 일부가 과학 저널에 발표되기까지 했다.

하지만 두 가지 사건을 계기로 엑슨은 태도를 갑자기 바꾸었다. 첫째, 1980년대 중반 전 세계 석유 가격이 하락하면서 엑슨의 수익이 줄기 시작했다. 엑슨은 일부 기후 과학자를 비롯해서 많은 직원을 해고했다. 둘째, 1988년에 미국 항공 우주국 소속 과학자 제임스 핸슨이 미국 의회 공청회에서 화석 연료와 기후 변화의 위험성에 대해 경고했고, 콜로라도주의 상원 의원 팀 워스가 〈의회 차원에서 온난화 추세를 늦추거나 멈춰 세우는 방법에 대한 고민을 시작해야 한다〉고 말했다. 이 말에 에너지 업계는 충격에 빠졌다. 이 말은 정부가 기업들이 자발적으로 대응하는 방식보다 에너지 업계에 훨씬 큰 타격을 미칠 수 있는 새로운 규제 조치를 시행할 수 있다는 뜻이었다.

엑슨을 비롯한 에너지 대기업들은 기후 변화 과학이 확실한 진실이 아니라고 주장하기 시작했다. 이들은 〈더 많은 정보〉를 얻기 전에 급격한 조치를 시행하는 것은 어리석은 일이라고 주장했다. 1997년 엑슨의 최고 경영자는 〈우리는 이 문제를 좀 더 제대로 이해해야 한다. 다행히 우리에게는 시간이 있다. 정책을 지금 시행하느냐 아니면 20년 뒤에 시행하느냐가 다음 세기 중반의 온도에 큰 영향을 미칠 가능성은 매우 낮다〉라고 말했다.

그러나 에너지 회사들은 이 말이 거짓임을 알고 있었다. 주식회사 모빌의 과학 연구진은 1995년에 보고서를 냈고 이 보고서를 다른 에너지 회사들에 보냈다. 이 보고서에는 〈온실 효과의 과학적 근거와 인간이 배출하는 이산화탄소 등 온실가스 배출량이 기후에 미치는 잠재적 영향은 분명히 밝혀져 있고 부인할 수 없다〉라는 내용이 담겨 있었다.

그런데도 에너지 회사들은 기후 변화를 대놓고 부인하지는 않았지만, 기후 과학을 향한 의심의 안개를 퍼뜨리기 위해서 대대적인 작전을 개시했다. 작전의 목표는 정부가 온실가스 배출을 엄격히 제한하거나 석유, 천연가스, 석탄의 채취와 관련한 새로운 규제 조치가 시행되지 못하도록 막는 것이었다. 또 이 회사들은 자사의 이미지를 친환경으로 포장하는 일에 공을 들였다. 1989년부터 2019년까지 세계 5대 석유 회사들은 환경을 보호하기 위한 자신들의 노력을 자랑하는 광고에 무려 36억 달러를 썼다. 엑슨은 텍사스에서 생산된 태양광 전력과 풍력 전력을 사서 쓰고 있다고 말했다. 하지만 그 전력을 더 많은 석유를 뽑아내는 데 쓰고 있다는 사실에 대해서는 입을 다물었다. 환경을 보호하기 위해 노력하고 있다고 그린워싱을 하면서도, 이 석유 회사들은 여전히 사람들과 지구보다 회사 수익이 중요하다고 보았다.

이처럼 엄청난 힘을 가진 화석 연료 산업의 고삐를 틀어쥘 방법이 과연 있을까? 1990년대에 엄청난 힘을 가진 담배 산업에 일어났던 일에서 우리는 한 가지 가능성을 찾을 수 있다. 당시에는 담배가 인간의 건강에 대단히 해롭다는 명백한 과학적 증거가 이미 나와 있었다. 담배 산업 역시 이미 오래전부터 폐암 등 담배의 해악에 대해서 잘 알고 있었다. 그런데도 담배 회사들은 그 지식을 공개하지 않고 감추어 두었다. 사람들이 계속 흡연을 하거나 흡연을 시작해야 회사가 계속 수익을 낼 수 있기 때문이었다.

결국 미국 의회가 담배 산업에 대한 조사에 착수했다. 의회 조사 결과 담배 판매에 대한 엄격한 규제 조치가 탄생했다. 또 담배 회사를 상대로 한 손해 배상 소송이 이어지면서 담배 회사들은 거액의 배상금을 내놓아야 했다.

거대 담배 산업에 일어났던 일이 거대 에너지 산업에도 일어나게 될까? 탐사 보도 기자들이 석유와 가스 산업이 기후 변화에 대해 알고서도 숨겼음을 입증하는 문서들을 공개하자, 미국 의회는 2019년 10월부터 이 산업에 대한 조사에 착수했다. 조사 위원회는 석유 산업이 기후 변화에 대한 진실을 감추려고 노력했던 사실을 조사하기 위해서 청문회를 열었다. 위원회 소속 하원 의원 알렉산드리아 오카시오코르테스가 1980년대에 엑슨에서 일했던 한 기후 과학자에게 물었다. 1982년에 엑슨 내에서 작성된 메모에 대한 질문이었다. 그 메모에는 2019년까지 지구 기온이 섭씨 1도가량 상승할 거라는 예측이 적혀 있었다. 이 예측은 그대로 들어맞았다. 그 과학자는 〈우리가 훌륭한 예측을 한 거지요〉라고 말했다. 자신들이 한 예측이 들어맞았다는 것을 알고서 한 말이었다.

의회 조사는 여전히 진행 중이지만, 엑슨이 알고 있었다는 것만은 확실하다. 게다가 엑슨만 알고 있던 것이 아니었다. 주식회사 셸은 네덜란드에 본사를 둔 국제적인 거대 에너지 회사다. 2020년에 셸의 회장은 한 기자에게 〈그렇다. 우리는 알고 있었다. 모두가 알고 있었다. 그런데 어째서인지 우리 모두는 그것을 무시했다〉라고 말했다.

기후 활동가들이 〈#엑슨은 알고 있었다 #ExxonKnew〉는 깃발 아래 행진을 벌이자, 뉴욕주는 엑슨을 고소했다. 투자자들에게

2015년 〈엑슨은 알고 있었다〉 행진에 나선 젊은이들 역시 알고 있었다. 엑슨이 화석 연료와 기후 변화에 대한 진실을 숨겼다는 사실을 말이다.

기후 변화의 비용과 위험에 관해 거짓된 또는 오해할 여지가 있는 정보를 제공했다는 취지의 소송이었다. 2019년 말, 이 소송은 엑슨의 승리로 끝났다. 하지만 에너지 산업의 법정 싸움은 시작 단계일 뿐이다.

엑슨, BP, 셰브론을 비롯한 여러 회사들이 수십 건의 소송에 휘말려 있다. 사람들을 속인 것에 대해 책임을 묻는 소송도 있고, 기후 변화 때문에 피해를 입은 도시와 주가 이 회사들에 책임을 묻는 소송도 있다. 또 높아지는 파도 때문에 위험에 처한 해안 지역 공동체에 방파제 설치 등 기후 변화 대응에 필요한 비용의 일부를 지급할 것을 요구하는 소송도 있다.

석유 산업에 대한 법적인 소송은 미국 밖에서도 제기되고 있다. 2015년 네덜란드에서는 시민 1만 7천 명이 셸을 상대로 소송을 제기했다.

셸이 정보를 은폐한 탓에 빚어진 피해가 얼마나 되고, 셸이 그 피해에 대해 얼마를 배상해야 하는지를 둘러싼 논쟁은 앞으로도 여러 해 동안 전 세계 법정에서 이어질 것이다.

새로운 희망

분수령이었던 1988년 시점으로 돌아가 보자. 미국 의회 의원들이 인간이 빚어낸 기후 변화에 대한 진술을 들었던 그해에, 세계 각국이 협력해서 온실가스 배출을 낮추기 위한 실질적인 조치를 취했다고 상상해 보자.

만일 그랬다면 기후 위기는 지금만큼 심각하지 않을 것이고 재앙을 방지하는 일에 훨씬 큰 성과를 올리고 있을 것이다. 시점을 훨씬 더 앞당겨 보자. 엑슨의 과학자가 처음으로 화석 연료와 온실가스 문제를 회사에 보고했던 1977년에, 그런 조치가 취해졌다고 상상해 보자.

기업에 우호적인 견해들이 강력한 영향력을 발휘한 탓에, 우리는 배출량을 줄이는 데 쓸 수 있었던 수십 년을 헛되이 흘려버렸다. 그 수십 년을 제대로 썼다면 지금쯤 우리는 기후 변화가 미래에 끼치는 타격을 훨씬 더 줄일 수 있었을 것이다.

하지만 과거를 되돌릴 수는 없다. 우리는 어쩌라고! 여러분이 화를 낼 만한 일이다.

그래도 우리에게는 희망이 있다. 아직도 기후 변화에 대응하기 위해서 우리가 할 수 있는 일이 아주 많다는 사실이 우리에게는 희망이다.

1988년에 지구에게 닥친 문제는 〈인간의 본성〉이 아니었다. 무슨 수를 써도 바꿀 수 없는 인간의 본성이 문제가 아니었다는 말이다. 문제는 사람들과 지구보다 시장과 수익을 소중히 여기는 기업과 정부 정책이었다. 그리고 이것은 우리가 충분히 의문을 제기할 수 있고 도전할 수 있고 변화시킬 수 있는 문제다.

많은 나라에서 젊고 왕성한 운동이 활기차게 전진하고 있다. 젊은이들은 오늘의 오염 산업과 정치권을 향해 〈안 돼〉라고 말하는 것 이상의 일을 하고 있다. 이들은 그린워싱이나 거짓 선전이나 기후 변화 부인론에 넘어가지 않는다. 오히려 이들은 더 나은 미래를 계획하고 그 미래를 실현하기 위해 싸우고 있다. 앞 세대의 활동가들은 환경과 기후 문제로 빚어지는 현상에 초점을 맞추었지만, 젊은 세대는 삶과 기후의 미래를 이익보다 중요하게 여기는 체계를 세우는 것을 목표로 삼고 있다.

등교 거부 시위를 비롯한 청소년 운동이 전하는 메시지는 수많은 젊은이들이 이런 종류의 근본적인 변화에 뛰어들 준비가 되어 있다는 것이다. 이들은 새로운 가치를 지향하고 정의 실현과 세계의 탄소 예산을 기초로 결정을 내리는 새로운 정치와 새로운 경제를 요구한다.

그레타 툰베리는 이렇게 말한다. 「하지만 그것으로는 충분하지 않습니다. 우리에게는 완전히 새로운 사고방식이 필요합니다. ……경쟁을 멈추어야 합니다. 서로 협력하고 남아 있는 자원을 함께 나눠 쓰는 일을 시작해야 합니다.」

오늘날의 상황은 1988년의 상황과 다르다. 기후 위기가 수십년 더 진행되었다는 점 때문만은 아니다. 그때와는 달리 지금은 근본적인 변화를 요구하는 젊은 세대의 강력한 의지가 서 있다. 젊은이들의 기후 운동과 젊은이들이 이끌고 있는 인종 차별과 인종 폭력, 성차별과 성폭력 반대 운동은 우리 모두를 더 나은 미래로 이끌어 가는 강력한 힘이다.

거대 석유 회사에 맞서는 활동가들

주요 에너지 회사들을 겨냥한 소송이 여러 법정에서 진행되고 있지만, 많은 활동가들은 마냥 그 결과를 기다리고 앉아 있지 않는다. 이들은 거대 석유 회사들이 기후 위기에 미친 영향을 대중적으로 알리기 위해서 직접 행동에 나서고 있다.

2019년 9월, 그린피스 활동가들은 텍사스주 휴스턴의 한 해협을 가로지르는 다리에 기다란 띠 모양의 천들과 안전 보호구를 착용한 자신들의 몸까지 매달았다. 그린피스는 이들이 내건 빨강, 주황, 노랑 배너들이 〈석유 시대의 해가 지고 있음〉을 나타낸다고 말했다.

이 해협은 유조선들의 중요한 운송 경로다. 미국에서 정제된 석유의 약 12퍼센트가 이 해협을 지나간다. 활동가들의 봉쇄 활동이 시작되자 일부 해협에서 통행이 차단되면서 18시간 동안 선박 통행이 멈췄다. 이들은 화석 연료 없는 세상을 원한다는 성명을 발표했다.

그런데 텍사스주에는 이미 송유관이나 가스와 석유 산업과 관련된 중요 시설 근처에서의 시위를 금지하는 법이 제정되어 있었다. 이 법에 따라 활동가 십여 명이 체포되었다. 다른 여러 주 역시 시위를 막기 위해서 비슷한 법을 만들었다. 의회 의원들은 종종 이런 법을 제정하는 취지가 연료 누출 등의 위험으로부터 시위자의 안전을 지키는 데 있다는 주장을 펼친다. 활동가들은 일부 정부들이 개인의 권리와 지구의 건강보다 기업의 이익을 더 중요하게 여기기 때문에 이런 법을 제정한 것이라고 반박한다.

그러나 젊은 활동가들은 이런 위협에 굴하지 않는다. 미국에서 하버드와 예일 두 대학 간 축구 경기가 열렸을 때, 관람석에 앉았던 학생과 졸업생 수백 명이 학교 재원 중 일부가 화석 연료 산업에 투자된 것에 항의하는 시위를 벌였다. 이들은 축구 경기장으로 몰려들어가 〈헤이헤이, 호호! 화석 연료는 이제 그만!〉을 외치며 한 시간 동안 경기 진행을 막았다.

그로부터 몇 달 뒤, 하버드 로스쿨 학생들은 엑슨을 대리하는 법률 회사가 개최한 한 행사에서 시위를 벌였다. 이들은 〈#엑슨을 버려라#DropExxon〉라는 문구가 적힌 현수막을 들고 젊은 변호사들을 향해 지구를 더럽히는 오염 기업의 돈을 받아 온 회사를 떠나라고 외쳤다. 이들은 인터넷으로 생중계를 하면서 자신들의 주장을 널리 알렸다.

2020년 1월 초 스코틀랜드에서는 환경과 기후를 위해 활동하는 조직 〈멸종 저항〉이 〈화석 연료 산업과 기후 위기를 초래한 그들의 책임을 겨냥하는 행동〉을 곳곳에서 벌였다. 주로 젊은이들로 구성된 시위대가 애버딘에 있는 셸 본부 입구를 가로막았다. 경찰은 이 행동이 평화 시위라고 인정했다. 또 다른 시위대는 셸이 바다로 가져가 사용하려고 던디 항구에 세워 두었던 석유 시추 장비 위로 올라갔다. 시위가 끝난 뒤 이 장비를 점거한 혐의로 일곱 명이 기소되었다.

멸종 저항 운동가들은 셸이 장비를 옮겨 가는 것을 막지는 못했지만, 언론 기사를 통해 스코틀랜드 주변에서의 석유 시추를 막는 것이 중요하다는 입장을 널리 알릴 수 있었다.

대규모 시위나 특이하고 인상적인 행동이 사람들 주의를 더 끌긴 하지만, 어떤 주장을 널리 알리는 방법은 이런 행동 말고도 많이 있다. 많은 청소년 활동가들이 의원이나 예비 정치인에게 편지 쓰기, 등교 거부 시위행진에 참여하기, 기후 관련 정보를 공부해서 또래들과 가족에게 알리기 등 여러 가지 대담한 행동을 펼치고 있다. 이런 행동은 기후 변화에 대한 사람들의 이해를 넓히고 사람들의 마음을 움직여 행동에 나서게 한다. 2019년의 한 연구에 따르면, 기후 변화의 심각성에 무관심한 사람들의 마음에 변화를 불러일으킬 확률이 높은 사람은 이들의 자녀라고 한다. 눈이 확 뜨일 정도로 인상적인 행동을 해야만 의미 있는 성과를 내는 것은 아니다.

6장

우리 집과 지구를 지키자

분홍색 머리에 진지한 표정을 한 과학자가 샌프란시스코에서 강연을 했다. 샌디에이고 캘리포니아 대학의 연구원 브래드 워너였다. 때는 2012년 12월, 2만 4천 명의 과학자들이 참석하는 회의가 열렸다. 여러 강연으로 빽빽한 일정이 짜여 있었지만, 워너의 강연은 특이한 주제 때문에 큰 관심을 끌었다. 그 강연의 주제는 지구의 운명이었다.

워너는 회의장 앞에 서서 지구의 운명을 예측하기 위해서 자신이 사용하는 첨단 컴퓨터 모델에 대해 설명했다. 복잡계 이론을 처음 듣는 사람들이라면 이해하기 어려운 세부적인 설명이 한참 동안 이어졌다. (복잡계 이론은 서로 상호 작용하는 다양한 구성 요소로 이루어진 복잡한 체계에 대해 연구하는 학문 분야다. 복잡계의 대표적인 예는 날씨다. 날씨는 온도, 대기의 흐름, 바닷물의 흐름, 지리적 요인 등 여러 가지 구성 요소들의 상호 작용이 빚어내는 것이다.)

하지만 워너 강연의 핵심 요지는 분명했다. 화석 연료 에너지, 자유 시장 경제, 그리고 소비주의를 기반으로 한 세계화 경제가 지구 자원의 소모를 촉진해 왔다는 것, 즉 세계화 경제가 지구 자원 및 생태계와 인간의 소비 사이의 균형추를 흔드는 결과를 촉진해 왔다는 것이다.

그러나 워너가 제시한 복잡계 모델에는 희망을 주는 요소가 포함되어 있었다. 워너는 그것을 〈저항〉이라고 불렀다. 여기서 저항이란 주류를 이루는 경제 문화와 부합하지 않는 행동을 펼치는 사람들이나 집단들의 운동을 뜻한다고 했다. 여기에는 환경을 보호하려는 원주민과 노동자의 항의 시위와 봉쇄, 대중적인 투쟁이 포함된다. 워너는 통제를 벗어나 질주하는 경제 기계의 작동 속도를 줄일 가장 유력한 방법은 저항 운동이며, 저항 운동은 톱니바퀴에 낀 모래처럼 〈마찰〉을 일으켜 경제 기계의 작동을 방해한다고 말했다.

워너는 과거에 일어났던 사회 운동이 주류 문화의 방향을 바꾸어 냈다고 강조했다. 1800년대 노예제 폐지 운동은 노예제 폐지를, 1950~60년대 시민권 운동은 아프리카계 미국인에 대한 평등한 대우를 보장하는 법률 제정을 이끌어냈다. 이 운동들은 많은 사람이 변화를 지지하고 요구한다는 증거를 국가 지도자들 앞에 제시하여 변화의 기반이 되는 새로운 법률을 탄생시켰다. 〈만일 지구의 미래와 지구와 연결된 우리의 미래를 생각한다면, 우리는 저항을 이런 역학의 일환으로 고려해야 한다〉라고 워너는 말했다.

바꿔 말하면, 지금 기후 변화의 진행 경로를 바꿀 수 있는 것은 사회 운동뿐이라는 이야기다.

기후 위기가 갈수록 심각해짐에 따라, 이런 운동들 역시 속도를 높이고 있다. 젊은이들은 단순히 참여하는 데 그치지 않고 앞장서서 운동을 이끌고 있다.

이 장에서는 기후 변화와 불평등에 맞서는 저항 활동 사례들을 자세히 다룬다. 이런 저항 활동에는 자신들의 삶의 터전을 보호하고 더 나아가 지구를 보호하길 원하는 청소년들의 참여가 빠지지 않는다. 이들은 한 알의 모래가 되어 경제 기계의 톱니바퀴 사이로 몸을 던지며, 지금의 위기를 불러일으킨 주역인 경제적 관점과 화석 연료 기반 산업에 맞서 저항을 펼친다. 이 활동가들은 용감하게 일어나 거침없는 주장을 펼치며 저항 운동의 힘을 입증하고, 우리를 더 안전한 미래의 기후로 이끌어 갈 다양한 진로를 제시하고 있다.

헤일츠크 원주민 : 저항할 권리

벨라 벨라(와글리슬라라고도 불린다)는 헤일츠크 원주민 국립 보호 구역이다. 캐나다 브리티시컬럼비아 해안에 있는 많은 원주민 보호 구역 중 하나인 벨라 벨라는 깊은 피오르(협만)와 바다까지 이어진 무성한 상록수림이 장관을 이루는 외딴 섬이다. 2012년 4월 어느 날, 이곳에 사는 주민 1,905명 가운데 약

캐나다의 외딴 섬 벨라 벨라의 원주민들은 바다를 터전으로 살아간다. 인근 바다가
오염될 위험에 놓이자 원주민 공동체가 투쟁에 나섰다.

3분의 1이 벨라 벨라의 거리로 모여들었다. 노던 게이트웨이 송
유관 건설 사업에 대한 주민들의 의견을 듣기 위해 세 명으로 구
성된 조사단이 항공편으로 벨라 벨라에 도착하는 날이었다.

　노던 게이트웨이 송유관 건설 사업은 송유관과 원유 저장 시
설을 건설하는 캐나다 회사 엔브리지가 진행하고 있었다. 이 송
유관은 브리티시컬럼비아주와 이웃한 앨버타주의 에드먼튼에
서 시작해서 브리티시컬럼비아주의 해안까지 캐나다 서북부를
관통해 1,176킬로미터의 길이로 건설될 예정이었다. 이 송유관
건설이 문제가 되는 것은 앨버타주의 타르 샌드에서 뽑아낸 원
유가 이 송유관을 통해 브리티시컬럼비아 해안으로 보내진 뒤

저장 시설에 보관되었다가 유조선에 실려 전 세계로 운송될 예정이라는 점 때문이다. 이 송유관은 매일 52만 5,000배럴의 원유를 운반하게 될 터였다.

벨라 벨라 공항에 도착한 조사단은 이 계획을 허가할 것인가 말 것인가를 캐나다 정부에 알리는 임무를 맡고 있었다. 조사단은 몇 달째 송유관과 유조선이 지나는 경로를 따라 이동하면서 주민 공청회를 열어 왔고, 벨라 벨라는 그 경로의 종착지였다.

벨라 벨라는 예정된 노던 게이트웨이가 바다와 만나게 될 지점에서 남쪽으로 200킬로미터 떨어져 있다. 문제는 벨라 벨라 앞에 펼쳐진 태평양 해역으로 유조선들이 나가게 될 텐데 그 해역은 수많은 섬과 암초 때문에 바닷물 흐름이 수시로 바뀌는 곳이라는 점이다. 게다가 이곳을 지나다니게 될 유조선들은 엄청난 크기였다. 1989년에 알래스카 해역에서 침몰하여 광범한 지역의 환경에 장기적인 피해를 끼친 원유 유출 사고를 냈던 엑슨 발데스 유조선보다 1.75배 많은 원유를 실을 수 있다고 했다.

벨라 벨라의 헤일츠크 원주민들은 자신들의 삶의 터전인 해역에서 원유 유출 사고가 일어날 수 있다는 점 때문에 크게 걱정해 온 터였다. 그래서 이곳을 찾아온 조사단에게 자신들이 걱정하는 바를 알릴 계획이었다.

헤일츠크 추장들은 자수가 놓인 전통 복장과 머리 두건, 삼나무 껍질을 엮어 짠 모자 차림으로 공항에 늘어서서 조사단을 환영하는 춤을 추었다. 추장들 뒤에 선 사람들은 북을 치고 노래를

2012년 브리티시컬럼비아주 빅토리아에서 있었던 원주민 시위의 모습. 원주민들은 캐나다의 노던 게이트웨이 송유관 건설 반대 운동의 핵심 주역이었다.

불렀다. 철조망 너머에는 카누용 노와 송유관 반대 표지판을 치켜든 많은 원주민들이 늘어서 있었다.

추장들 뒤에는 스물다섯의 제스 휴스티라는 여성이 서 있었다. 벨라 벨라 사람들이 조사단을 맞을 수 있도록 도와 온 젊은이였다. 휴스티는 공항에 원주민들이 모여 선 모습을 〈우리 공동체가 계획해서 이루어 낸 원대한 노력〉의 결과라고 묘사했다. 그런데 이런 노력의 주역을 맡아 온 것이 바로 청소년들이었다. 이들은 학교를 이 계획을 추진하는 근거지로 삼았다. 청소년들은 과거에 있었던 송유관과 유조선 유출 사고에 대해 조사했고, 송유관에 반대한다는 내용의 표지판을 만들었다. 자신들의 앞

바다에 원유가 유출되면 인근 생태계뿐 아니라 자신들의 삶이 어떤 피해를 입을지 생각하며 글쓰기 활동도 진행했다. 오랜 전통을 가진 헤일츠크 원주민의 문화뿐만 아니라 그들의 현대 생활 역시 생태계와, 특히 청어와 붉은 연어와 긴밀히 연결되어 있었다. 교사들은 청소년들이 이처럼 적극적인 참여를 보이는 것은 처음이라고 말했다.

휴스티는 이렇게 말했다. 「우리 선조를 부양해 왔고 지금 우리를 부양하고 있으며 앞으로도 우리 후손을 부양할 이 땅과 물을 지키기 위해서 우리 공동체는 품위 있고 성실하게 행동할 만반의 준비가 되어 있었어요.」

이처럼 주민들이 열심히 준비해 온 행사였기 때문에, 다음에 일어난 일은 이 공동체에 더더욱 큰 충격을 안겼다. 조사단은 주민들이 그날 저녁에 준비해 두었던 축하연 초청을 거절했다. 그리고 이곳 사람들이 몇 달 동안 준비해 온 송유관 공청회를 취소해 버렸다.

대체 왜 그런 걸까?

조사 단원들은 도심으로 향하는 자동차를 타고 공항에서 출발한 지 5분 만에 신변의 위협을 느꼈다고 말했다. 사연은 이러했다. 조사단이 지나는 길에 아이들을 비롯해서 수백 명이 모여 있었고, 그들은 〈기름은 곧 죽음이다〉, 〈송유관 반대는 우리의 도덕적 권리다〉, 〈푸른 바다를 지키자〉, 〈기름을 마시고 살 수는 없다〉라는 표지판을 들고 있었다. 한 주민이 창밖을 내다보지 않는 조사단의 관심을 끌려고 손바닥으로 승합차 옆면을 쳤다. 누군가는 자동차 옆면을 두드리던 그 소리를 조사단이 총격 소리로 착각했을 거라고 말했다. 그러나 현장에 있었던 경찰은 시위대가 폭력을 쓰지 않았고, 누군가의 안전을 위협하는 일은 일어난 적이 없었다고 말했다.

많은 헤일츠크 주민들은 송유관 반대의 뜻을 알리려던 자신들의 진심이 엉뚱한 오해를 산 것에 큰 충격을 받았다. 승합차에서 밖을 내다보던 조사 단원들의 눈에는 자신들이 송유관과 관련된 모든 사람에게 증오심을 표출하고 싶어 하는 〈격분한 폭도〉로만 비쳤다니! 오히려 이들이 마음에 품었던 것은 사랑이었다. 자신들의 삶의 터전에 대한 사랑, 그물망처럼 생명과 생명을 잇는 자연에 대한 사랑, 숨이 막힐 듯 아름다운 세계에 대한 사랑이었다.

우여곡절 끝에 공청회가 열리긴 했다. 그러나 예정된 시간에서 하루하고도 한나절을 잃어버린 뒤여서, 많은 사람이 직접 자신의 생각을 밝힐 기회를 놓치고 말았다.

그러나 제스 휴스티는 헤일츠크 부족 회의의 최연소 위원 자격으로 꼬박 하루가 걸리는 거리에 있는 다른 마을로 가서 조사단 앞에서 연설할 기회를 얻었다. 그리고 자신의 생각을 똑똑히 전했다.

나는 내 자식에게 희망과 변화의 가능성이 살아 숨쉬는 세상, 선조들의 가르침이 여전히 가치 있게 여겨지는 세상을 물려주고 싶습니다. 나는 내 아이들이 모든 면에서 완벽한 헤일츠크로 성장할 수 있기를 바라며, 세대가 수백 번 바뀌는 동안 우리 부족을 건강하게 유지시켜 준 공동체의 정체성을 이해하고 관습을 이어받기를 바랍니다.

우리 영역에 속하는 땅과 물, 그리고 생태계를 보호하기 위한 공동체의 관행을 완벽하게 유지하지 못한다면, 내 소원은 물거품이 될 겁니다. 나를 비롯한 우리 공동체 젊은이들에게는, 충분한 보상이 주어진다 해도 우리 공동체의 정체성을 포기하고 헤일츠크로 살아갈 권리를 단념할 생각은 털끝만큼도 없습니다.

브리티시컬럼비아주 여러 곳에서 열린 공청회에서 1천 명이 넘는 사람들이 조사단 앞에서 송유관에 대한 입장을 밝혔는데, 송유관 건설에 찬성한 사람은 단 두 명이었다. 한 여론 조사에 따르면, 브리티시컬럼비아 주민 열 명 중 여덟 명이 인근 해안으로 더 많은 유조선이 드나드는 걸 원하지 않는 것으로 나타났다.

과연 조사단은 캐나다 연방 정부에게 어떤 의견을 냈을까? 송유관이 건설되어야 한다는 의견을 냈다. 많은 캐나다 사람들은 이것이 환경이나 국민의 뜻은 전혀 고려하지 않은, 돈과 권력이 얽혀 내려진 결정임을 분명히 꿰뚫어 보았다.

캐나다 연방 정부는 2014년에 이 송유관 건설을 승인하는 한편, 노던 게이트웨이 건설 계획을 냈던 엔브리지에 209가지 조건을 충족해야 한다는 단서를 달았다. 그중에는 순록 서식지를 보호할 방안을 내라는 조건과 헤일츠크를 비롯해서 송유관의 영향을 받게 될 여러 원주민 공동체와 협의하라는 조건이 포함되어 있었다.

그런데 엔브리지를 가로막는 가장 큰 장해물은 송유관 반대 시위를 멈추지 않는 많은 원주민들이었다. 다양한 원주민 공동체들이 연대하여 송유관 반대 시위를 벌였다. 이들은 여전히 원유가 유출되면 연안 바다뿐 아니라 땅과 야생 생물과 프레이저강이 피해를 입을 거라고 걱정했다. 아무 근거도 없는 걱정이 아니었다. 캐나다 에너지 규제청은 석유 또는 액화 천연가스를 운반하는 국내의 송유관을 감시, 감독하는 정부 기구다. 이 기관의 자료에 따르면, 캐나다에서는 2008년부터 2019년 사이에 가스 누출 혹은 원유 유출 및 화재 사건이 매년 54~175건 발생했다.

환경 단체와 원주민과 시민 들은 항의 활동을 법정으로 가져가서 송유관 건설을 막기 위해 소송을 냈다. 이 소송은 브리티시컬럼비아주 법원과 캐나다 연방 항소 법원까지 갔다. 2016년 연방 항소 법원은 송유관을 승인한 정부의 결정을 뒤집었다. 이 법원은 엔브리지가 송유관 건설과 관련하여 원주민들과 적절한 협의를 거치지 않은 점을 지적했다.

결국 엔브리지는 송유관 건설 계획을 철회했다. 2019년에 회사는 노던 게이트웨이 사업을 재개할 계획이 없으며, 대신에 소규모 송유관 사업에 집중하겠다고 밝혔다.

모든 송유관은 위험하다. 이것은 엔브리지도 아는 사실이다. 2010년 엔브리지가 소유한 송유관 중 하나에서 대규모 유출이 발생해 미시간주 칼라마주강의 64킬로미터 구간이 타르 샌드에서 추출한 중유로 오염되었다. 기름 제거 작업에 여러 해가 걸렸고 10억 달러가 넘는 비용이 들어갔다. 엔브리지는 이 사고로 벌금을 포함하여 1억 7700만 달러의 배상금을 냈다.

헤일츠크 원주민들은 최소한 새로운 송유관의 위협에서 벗어났다. 이들은 송유관에 반대할 권리를 외친 끝에 싸움에서 이겼다.

스탠딩 락: 물 수호자들

스탠딩 락 이야기 역시 송유관과 대중적인 반대 운동과 관련한 이야기다. 미국 노스다코타주 스탠딩 락 수의 저항은 차츰 힘을 모으면서 환경 활동가와 예비역 군인, 유명 인사를 포함해 세계 전역의 사람들을 집결해 나갔다. 저항의 출발점은 원주민들이었다. 그 중심에는 땅과 물을 지키려는 스탠딩 락 수 부족의 필사적인 노력이 있었다.

에너지 트랜스퍼라는 회사가 미국 노스다코타주의 유전과 일리노이주의 석유 저장 시설을 잇는 다코타 액세스 송유관DAPL을 지을 계획이었다. 미주리강, 미시시피강, 일리노이강을 비롯한 수백 개의 호수와 물길 아래를 관통하여 장장 1,886킬로미터

물을 지키기 위해 저항에 나선 노스다코타의 스탠딩 락 수의 싸움은 캐나다 토론토
에서의 원주민 시위를 비롯해 세계 전역에서 지지 시위를 이끌어 냈다.

길이의 송유관을 묻는 사업이었다. 지름 76센티미터로 설계된
이 송유관은 하루 최대 57만 배럴의 석유를 운반할 수 있는 규
모였다.

　송유관은 여러 가지 위험을 안고 있다. 부식되거나 손상된 송
유관에서 기름이나 액화 천연가스가 새어 나와 흙이나 물이 오
염되면 인간과 야생 생물에게 위험하거나 유해한 영향을 끼친
다. 이런 오염은 여러 해가 지나도 계속 영향을 끼칠 수 있다. 또
이 물질들은 인화성이 있기 때문에 유출이나 결함이 있는 곳에
서 화재가 날 수 있다. 미국 교통부 산하 기관으로 미국 내 송유
관을 감시·감독하는 〈송유관과 유해 물질 안전 관리국〉의 자료

에 따르면, 2000년부터 2019년까지 송유관 사고가 1만 2,312건 발생했고, 사망자 308명, 부상자 1,222명, 피해액 95억 달러가 발생했다.

이런 위험이 있는데도, 에너지 트랜스퍼는 송유관이 안전하다고 주장했다. 이 송유관이 건설되면 송유관이 지나는 노스다코타, 사우스다코타, 아이오와, 일리노이주에서 수천 개의 단기 계약직 일자리와 최대 50개의 정규직 일자리가 만들어질 거라고 주장했다.

이 송유관은 원래 노스다코타주 비즈마크 근처를 지날 예정이었는데, 미 육군 공병단의 반대에 부딪혔다. 송유관 유출 사고가 발생하면 이 도시가 사용하는 물이 오염될 수 있다는 게 반대하는 이유였다. 그렇게 해서 변경된 새 경로가 노스다코타주와 사우스다코타주 사이에 있는 스탠딩 락 수 부족 보호 구역의 최북단 모서리를 지나는 것이었다.

이렇게 해서 송유관의 위험은 백인 비율이 높은 도시 비즈마크 대신에 스탠딩 락 수 부족의 유일한 식수원인 오아허 호수로 옮겨졌다. 이러다가는 스탠딩 락 수 부족의 문화가 깃든 신성한 터전에까지 위험이 닥칠 터였다. 환경 피해를 약자에게 떠넘기는 노골적인 환경 관련 불평등이었다.

다코타 액세스 송유관 건설 예정 부지를 따라 많은 사람이 항의 시위를 벌였다. 그중에서도 세계의 관심을 사로잡은 것은 스탠딩 락에서 전개된 장기간의 결사적인 저항이었다. 변호사와 환경 운동가로 꾸려진 여러 팀들 역시 송유관 건설을 봉쇄 또는 지연시키기 위해서 법률적 근거를 찾고 있던 때였다. 2016년 4월, 스탠딩 락의 젊은이들이 ⟨#NoDAPL⟩이란 기치를 내걸고 항의 활동을 시작했다. 이들은 이 송유관의 건설을 막는 일에 연대해 달라고 세계 각지의 사람들을 향해 호소했다.

스탠딩 락 수 부족의 공식 역사가인 라돈나 브레이브 불 알라드는 자신의 땅에 송유관 반대 운동을 위한 최초의 캠프를 세우고 신성한 돌 캠프라고 이름 붙였다. 이 운동이 내건 구호는 ⟨물은 생명이다⟩란 뜻의 라코타어, ⟨음니 위초니Mni wiconi⟩였다. 시위 참여자들은 자신들을 물 수호자라고 표현했다.

많은 사람이 신성한 돌 캠프와 여러 부속 캠프에 모여 시위를 진행하는 한편 함께 일하고 가르치고 배웠다. 원주민 청소년들에게 이 캠프는 자기 부족의 문화에 더 가까워지는 길, 이 땅에 기대어 살아가는 길, 전통과 의식에 따라 살아가는 길이었다. 또 원주민이 아닌 사람들에게는 자신이 가지지 않은 기술과 지식을 배울 수 있는 기회였다.

라돈나 브레이브 불 알라드는 손자 손녀들이 원주민이 아닌 사람들에게 장작 패는 법을 가르치는 것을 지켜보았다. 그는 캠프 참가자 수백 명에게 샐비어를 이용해 천연 살균을 하는 법, 노스다코타의 맹렬한 폭풍 속에서 몸을 따뜻하고 건조하게 유지하는 법 등 기본적인 생존 기법을 가르쳤다. 모든 사람이 ⟨방수포를 최소 여섯 장씩⟩ 챙겨야 한다는 것도 가르쳤다.

내가 스탠딩 락에 도착했을 때, 라돈나 브레이브 불 알라드는 송유관 건설을 막는 것도 중요하지만 이 캠프에서 더 중요한 일이 일어나고 있음을 깨닫게 되었다고 내게 말했다. 사람들은 이 땅에서 공동체를 이루며 사는 법을 배우고 있었다. 수천 명이 먹을 음식을 요리하고 나누는 실용적인 기술도 감동적이었지만, 이 캠프는 수백 년 동안 자행되어 온 공격을 견디고 살아남은 원주민과 토착 문화의 전통과 의식을 접할 수 있는 기회였다. 캠프에 참가하는 것 자체가 공동의 목적을 위해서 함께 연대하고 새로운 방법으로 가르치고 배우는 것을 의미했다. 비폭력에 관한 토론회부터 신성한 불을 둘러싸고 북을 치는 활동까지, 부족의 많은 지식이 소셜 미디어를 통해 전 세계에 공유되었다.

송유관 회사가 고용한 사설 경비대가 맹견을 풀어 물 수호자들을 공격하는 일까지 벌어졌는데도, 송유관에 대한 저항은 수그러들지 않았다. 2016년 가을, 군인과 폭동 진압 경찰이 송유관 건설 예정지 바로 위에 세워진 캠프를 철거하는 작전을 펼쳤다. 시위 진압 작전은 거기서 끝나지 않았다. 한 달 뒤, 영하의 날씨에 경찰이 물 수호자들을 향해 물대포를 쏘았다. 최근 미국 역사상 가장 폭력적인 주 정부의 시위 진압이었다.

노스다코타 주지사는 더욱 기세를 몰아 12월 초에 캠프를 완전히 비우라는 퇴거 명령을 내렸다. 스탠딩 락 운동이 폭력으로 짓밟힐 위기에 있었다.

나를 비롯해서 많은 사람이 물 수호자들과 연대하기 위해 노

영하의 날씨에 경찰의 물대포 공격을 받아 흠뻑 젖었는데도 대열을 유지하는 스탠딩 락 시위대의 모습.

스다코타로 갔다. 약 2천 명의 예비역 군인들이 꾸린 조직도 저항 운동에 힘을 보탰다. 이들은 군인 복무 당시에 헌법을 위해 봉사하고 헌법을 수호하겠다는 선서를 했노라고 말했다. 그런데 평화 시위를 하는 원주민 물 수호자들이 참혹하게 공격당하고 고무 총탄과 최루 가스, 물대포의 세찬 물줄기에 맞는 장면을 보았기에 이제는 과거에 자신들을 전쟁터에 보냈던 정부에 맞서기로 결심했노라고 말했다.

내가 도착한 즈음엔 캠프 참여 인원이 1만 명으로 불어나 있었다. 참가자들은 텐트와 전통적인 원뿔형 천막, 몽고식 천막에서 지냈다. 본부 캠프에서는 한시도 쉬지 않고 질서 정연한 활동이 꾸준히 이어졌다. 자원봉사 요리사들은 식사를 준비했고 이 곳저곳에서 정치 토론회가 열렸다. 북을 치는 연주자들은 신성한 불 주변에 둘러 모여 불이 꺼지지 않도록 살피며 쉬지 않고 북을 쳤다. 갖은 위협이 가해졌지만, 시위대는 흩어지지 않았다.

12월 5일, 여러 달에 걸친 저항 끝에 반가운 소식이 물 수호자들에게 전해졌다. 오바마 대통령이 에너지 트랜스퍼 회사의 미주리강 오아허 호수 아래 구간 송유관 건설을 허가하지 않겠다고 공표했다는 소식이었다. 이 구간은 아직 건설되지 않은 몇 개 안 되는 구간 중 하나였다.

그 소식이 전해졌을 때 본부 캠프에서 겪은 경험을 나는 결코 잊지 못할 것이다. 그때 나는 송유관 반대 운동 초기부터 활동했던 스탠딩 락 출신의 열세 살 소녀 토카타 아이언 아이즈와 곁에 서 있었다. 나는 휴대 전화 동영상 촬영 버튼을 누르고 토카타에게 이 뜻밖의 뉴스를 들은 소감을 물었다. 토카타는 〈내 미래를 되찾은 것 같아요〉라고 대답하곤 바로 울음을 터뜨렸다. 나도 울음이 터져 나왔다.

오랜 싸움이 승리의 결실을 맺은 듯했다. 하지만 과연 진짜 이긴 싸움일까?

오바마 대통령의 재임 기간이 불과 몇 주밖에 남지 않은 때였고, 공화당의 도널드 트럼프가 차기 대통령으로 선출된 뒤였다. 트럼프 차기 대통령은 석유와 가스 산업에 우호적인 것으로 알려진 데다 에너지 트랜스퍼의 최고 경영자로부터 거액의 선거

기부금을 받은 적이 있었다. 일부 시위 참가자들은 어렵게 얻은 승리를 도둑맞을지도 모른다며 계속 캠프를 지켰다.

이들의 우려는 현실이 되었다.

2017년 1월, 트럼프는 오바마의 결정을 뒤집었고 다코타 액세스 송유관 건설은 계속 진행되었다. 2월 말, 군인과 경찰이 남아 있던 시위 참가자들을 몰아냈다. 결국 송유관은 완공되었고 6월부터 가동되었다. 2018년 초에 나온 한 보고서에 따르면 2017년 한 해 동안 다코타 액세스 송유관에서는 최소 다섯 차례의 유출 사고가 일어났다.

이 송유관은 완공되었지만, 스탠딩 락 수 원주민들은 법정 싸움을 계속했다. 2020년 6월 미국 연방 법원의 한 판사는 미 육군 공병단이 송유관을 허가하면서 국가 환경 정책법을 위반하고 이 사업의 잠재적 위험을 제대로 보고하지 않았다고 판단했다. 이 판사는 환경 영향 평가가 완전히 끝날 때까지 송유관을 폐쇄하라고 판결했다. 스탠딩 락 수 공동체와 〈#NoDAPL〉 캠페인에 참여한 모든 사람들이 치열하게 싸워 얻은 승리였다.

그 즈음에 여론이 들끓으면서 사람들은 다코타 액세스 사업에 자금을 빌려준 여러 은행에서 약 8천만 달러를 빼냈다. 화석 연료 사업과 결별하도록 은행과 대출 기관을 압박하는 항의 활동이 항상 화석 연료 사업을 중단시키는 성과를 올리는 것은 아니다. 그러나 대출 기관들은 이런 항의 활동을 의식해서 화석 연료 사업에 자금을 대는 일을 꺼리게 된다. 한편, 스탠딩 락 수 공동체는 식수원을 위협해 온 화석 연료 대신에 깨끗한 태양 에너지를 이용해서 공동체가 쓸 전력을 생산하는 사업을 진행하고 있다.

몇 달 동안 스탠딩 락의 물 수호자들은 〈안 돼〉와 〈그래〉를 동시에 외치는 저항의 본보기를 만들어 냈다. 이들은 눈앞에 닥친 위협에는 〈안 돼〉라고 외치고, 우리가 원하고 필요로 하는 세계를 세우는 일에는 〈그래〉를 외쳤다.

라돈나 브레이브 불 알라드는 이렇게 말했다. 「우리는 땅과 물을 지키기 위해서 지금 이곳에 있다. 우리가 아직까지 살아 있는 것은 바로 이런 일을 하기 위해서다. 〈어떻게 지구를 해치지 않고 지구와 더불어 살아갈 것인가〉라는 가장 긴급한 이 문제를 풀어 갈 수 있도록 인류를 돕기 위해서다.」

줄리아나 소송 : 법정으로 간 아이들

기후 변화에 제대로 대응하지 않았다는 이유로 청소년들이 미국 정부를 상대로 소송을 할 수 있을까? 2015년 스물한 명의 청소년들이 기후와 관련한 〈줄리아나 대 미국〉 소송을 처음 시작하면서 이런 질문을 던졌다.

미국 열 개 주 출신의 청소년들이 미국 오리건주 지방 법원에 미국 정부의 책임을 묻는 고소장을 냈다. 오리건주는 소송을 제기한 원고 청소년 중 열한 명의 거주지가 있는 관할이다. 이 소송은 원고 중 하나인 켈시 줄리아나의 이름을 따서 줄리아나 소송이라고 불린다. 환경 보호와 기후 정의, 청소년의 미래에 영향을 미치는 문제들에 청소년들의 의견이 반영되어야 한다고 생각하는 변호사들이 이들에게 법률적인 도움을 주었다.

청소년 원고들은 고소장에서 미국 정부가 수십 년 전에 이미 화석 연료로 인한 이산화탄소 배출이 〈파국적인 기후 변화〉를 일으킨다는 것을 알고 있었으면서도 정부 기관이 관리하는 공공 소유 토지에서까지 더 많은 화석 연료가 채취되도록 격려하고 돕는 등, 계속해서 기후 변화를 악화시키는 행동을 했다고 주장했다.

이들은 정부의 이런 조치가 미국 헌법이 보장하는 권리, 즉 〈생명권과 자유권, 재산권을 침해받지 않을 기본적인 권리〉를 짓밟고 있으며, 공공 소유 토지를 성실히 관리해야 할 정부의 의무를 위반했다고 주장했다.

청소년 원고들은 기후 변화로 인해 각자 겪고 있는 피해와 손실을 고소장에 일일이 나열했다. 인간이 유발한 기후 변화에 대한 증거와 정부가 이런 증거를 이미 알고 있었다는 증거도 제시했다. 원고들 중에는 제임스 핸슨의 손녀도 있었다. 제임스 핸슨은 5장에서 이야기한 유명한 기후 과학자다. 제임스 핸슨은 이 소송에서 증인으로 원고들을 도왔다.

원고들이 원한 것은 무엇이었을까? 이들은 법원에 크게 세 가지 사항을 청구했다. 첫째, 정부에게 헌법 위반을 중지하라고 명령할 것. 둘째, 오리건주 연안에 예정된 조던 코브 화석 연료 개발 계획은 헌법 위반이므로 중단하라는 결정을 내릴 것. 셋째, 정부에게 화석 연료 배출 감축 계획을 준비하라고 명령할 것.

이 소송은 2015년 8월에 제기되었다. 그 후 길고 복잡한 여러 가지 법률적 조치와 반격 조치가 계속 이어졌다. 그사이에 오바마 행정부와 트럼프 행정부, 두 행정부가 법원으로부터 이 소송에 대한 기각 결정을 받아 내려는 시도를 이어 갔다.

그러나 이들의 시도는 성공하지 못했다. 재판이 몇 차례 연기된 후, 마침내 2018년 10월에 재판 날짜가 잡혔다. 트럼프 행정부는 연방 대법원에 소송을 기각시키거나 재판을 다시 연기해 달라고 신청했지만, 연방 대법원은 재판을 그대로 진행하라는 결정을 내렸다. (재판은 연방 대법원이 아니라 원래 예정했던 대로 연방 하급 법원에서 열리게 되었다.) 원고 중 한 명인 뉴욕 출신의 빅 배럿은 이렇게 말했다. 「헌법에 보장된 동료 원고들과 나의 권리가 위협받고 있습니다. 연방 대법원이 재판에서 우리의 권리에 대한 사항을 재판에서 평가해야 한다는 의견을 내주어 대단히 기쁩니다. 기후 변화가 우리에게 끼치는 피해가 점점 심해져 가니까 이 소송은 하루하루 시간이 흐를수록 더 시급해지고 있습니다.」

정부는 방해 시도를 멈추지 않았다. 다시 한번 재판이 연기되었다. 트럼프 행정부의 법률가들이 이번에는 하급 법원인 제9 연방 순회 항소 법원에 재판 중단 또는 연기 요청을 냈다. 이 법원은 재판을 〈유예〉한다는 결정을 내렸다. 재판이 유예된 상태에서, 제9 연방 순회 항소 법원의 세 판사는 재판 진행 여부에 대한 양쪽의 주장을 듣는 자리를 만들었다.

법적인 공방은 2019년 한 해의 시간을 모두 삼켜 버렸다. 그러나 청소년 기후 단체인 제로 아워Zero Hour는 때를 놓치지 않았다. 이들은 줄리아나 소송에 참가한 청소년들을 지지하기 위해 〈법원의 친구〉라는 문서에 이름을 올리는 캠페인을 조직해 미국 전역의 청소년 수천 명의 호응을 받았다. 여러 단체와 활동가들이 이 캠페인에 힘을 보탰다. 〈법원의 친구〉 문서 열다섯 개가 법원에 도착했다.

2020년 1월 제9 연방 순회 항소 법원의 삼인 재판부가 소송의 진행 여부에 대한 판결을 내렸다. 재판부는 기후 변화가 현실이라는 청소년 원고들의 입장에 동의했다. 그러나 세 판사 중 두 명은 원고들이 기후 변화로 인해 입은 피해와 손실에 대해서 청구한 개선책을 내놓는 것은 연방 법원의 권한을 넘어서는 일이라고 판결했다. 이들은 의견서에서 〈재판부는 원고들이 청구한 건은 정치권 또는 전체 유권자들의 판단에 맡겨야 한다는 조심스러운 결론을 내렸다〉라고 밝혔다.

바꿔 말하면, 이 두 판사의 말은 청소년 원고들이 이 문제를 의회나 대통령 또는 유권자들에게 넘겨야 한다는 것이었다.

다른 판사 한 명은 의견이 달랐다. 이 판사는 반대 의견을 냈다. 〈소행성이 지구를 향해 돌진해 오는데 정부가 유일한 방어 시설의 작동을 멈추겠다고 결정을 내린 것이나 마찬가지 상황이다. 정부는 이 소송을 짓밟음으로써 이 나라를 파괴할 수 있는 절대 권력, 도전을 허용하지 않는 권력을 가졌다는 주장을 노골적으로 펼치고 있다.〉 그러나 이 의견은 소수 견해였고, 소송은 기각되었다.

그때 켈시 줄리아나는 스물세 살이었다. 줄리아나 소송의 원고들은 4년 넘게 이 소송에 매달려 왔다. 줄리아나는 〈판사들이 미국의 연방 법원에게는 헌법에 보장된 권리를 짓밟혀 온 청소년들을 보호할 능력이 없다는 평결을 내리다니 몹시 실망스럽습니다〉라고 말했다. 그 오랜 시간을 들이고 기각 결정이 내려졌는데도, 청소년들과 이들을 돕는 변호사들은 포기하지 않았다.

「줄리아나 소송은 끝나지 않았습니다.」 한 수석 변호사는 이렇게 말했다. 「청소년 원고들은 제9 연방 순회 항소 법원 전원 재판부에 이 결정과 이 결정이 우리 헌법과 민주주의에 얼마나 치명적인 영향을 미치는지 검토할 것을 요청할 계획입니다.」

줄리아나 소송의 젊은이들은 법원을 통해서 정의를 추구하기까지는 오랜 시간이 걸리고 많은 곡절을 겪을 수 있음을 잘 알고 있다. 하지만 이 청소년들과 이들을 돕는 변호사들은 끝까지 버틸 계획이다.

많은 법률 전문가들이 앞으로 기후 소송이 더 늘어날 가능성이 있다고 본다. 특히 대통령과 의회가 기후 변화에 아무 대응을 하지 않는 태도를 견지한다면 더욱더 늘어날 가능성이 높다고 생각한다. 어느 예일 대학의 환경사 교수는 〈법원은 결국에는 자신이 해야 할 필수적인 역할을 받아들이는 쪽으로 변해 갈 것이다〉라고 말했다. 그러면서 한 법원이 소송 심리를 거부했다고 해서 다른 법원들도 반드시 똑같은 결정을 내릴 거라고 단정할 수는 없다고 덧붙였다.

세계의 법정에 선 기후 정의

줄리아나 소송 원고들이 그랬던 것처럼, 2019년 5월에 토레스 해협 제도의 몇몇 주민들 역시 새로운 역사를 썼다. 이들은 유엔에 기후 정의와 관련한 최초의 소송을 제기했다. 이들은 기후 변화 때문에 자신들이 사는 땅이 망가지고 있으며, 이곳은 호주 영토에 속하는데 호주 정부가 자신들과 이 땅을 보호하기 위해서 충분한 노력을 기울이지 않고 있다고 주장한다.

토레스 해협 제도 주민들은 원주민이다. 다시 말해서, 그 지역에서 가장 오래전에 살았던 사람들의 후손들이라는 이야기다. 이제는 토레스 해협 제도 주민 대부분이 호주 본토에 살지만, 4천 명이 넘는 사람들이 여전히 선조들이 살던 섬에서 살고 있다.

이 섬들은 호주의 북쪽 끝과 또 다른 큰 섬인 파푸아뉴기니 섬 사이에 있는 좁고 긴 바다 토레스 해협에 있다. 이 해협에는 250개가 넘는 섬이 흩어져 있는데, 사람들이 거주하는 섬은 약 14개뿐이다.

이 가운데 어떤 섬은 물속에 잠긴 거대한 바위산의 윗부분으로 이루어져 있고, 또 어떤 섬은 산호모래가 쌓인 낮은 지대로 이루어져 있는데, 몇몇 산호모래섬에는 사람들이 살고 있다. 많은 산호모래섬의 지면 높이가 해수면에서 1미터에도 미치지 못한다. 2장에서 다루었듯이, 낮은 지대로 이루어진 섬들은 이미 기후 변화의 영향을 겪고 있다. 열대성 폭풍의 공격이 점점 심해지고, 점점 높아지는 바닷물이 해안가 저지대로 서서히 밀려 들어와 땅을 완전히 덮거나 흙을 쓸어 가기도 하고, 식수원에 짠물이 섞여 들어 먹을 수 없는 물이 되기도 한다. 그러나 기후 변화로 인한 피해는 땅과 물에 국한되지 않는다.

「침식이 진행되어 땅이 깎여 나갈 때면 우리 몸의 일부, 우리 마음의 일부도 함께 깎여 나가는 것 같습니다. 섬의 침식은 이렇게 우리에게 영향을 미칩니다. 영향을 받는 것은 섬만이 아닙니다. 우리 사람들도 영향을 받습니다.」 유엔에 고소장을 내는 활동을 함께 추진한 섬 주민 카베이 타무는 이렇게 말한다. 타무의 가족은 6대째 워라버섬에서 살아왔다. 「이 섬에는 우리의 신성한 터전이 있고 이 섬의 영혼은 우리 영혼과 연결되어 있습니다. 이 땅과 분리되는 것, 이 땅의 영혼과 분리되는 것은 우리에게 치명적인 영향을 미칩니다.」

타무는 미래가 암울하다고 말한다. 「나의 손자 세대나 증손자 세대가 우리가 통제할 수 없는 힘에 떠밀려 이곳을 떠나야 한다는 상상만으로도 가슴이 찢어집니다. 해수면이 높아지고 밀물이 불어나고 해안선이 깎여 나가고 마을이 물에 잠기고 있습니다. 우리는 날마다 기후 변화 때문에 우리 섬이 망가지는 모습을 똑똑히 목격하고 있습니다.」 토레스 해협 제도 주민들은 삶의 터전인 이곳을 떠날 수밖에 없는 상황이 되면 자신들의 역사와 문화, 언어까지 사라질 거라고 걱정한다.

토레스 해협 제도 주민들은 클라이언트어스ClientEarth라는 비영리 단체의 법률적 지원을 받고 있다. 클라이언트어스는 환경과 관련한 법률적 대응에 집중하는 단체이다. 이들은 유엔 인권 위원회에 낸 고소장에서 호주 정부가 온실가스 배출을 줄이고 이곳 섬들을 보호하는 데 필요한 적절한 조치를 외면함으로써 섬 주민들이 삶과 문화를 유지할 권리와 곤경으로부터 자유로울 권리를 침해하고 있다고 밝혔다. 클라이언트어스는 〈호주는 토레스 해협 주민들의 인권을 보호할 법적인 의무를 외면하고 있다〉라고 말했다.

이 고소장은 유엔 인권 위원회가 호주 정부에게 온실가스 배출을 대폭 감축하고 석탄 사용을 단계적으로 폐지하라고 권고할 것을 요청했다. 호주는 에너지의 약 79퍼센트를 석탄, 석유, 천연가스 등 화석 연료로부터 얻고 있다. 호주는 석탄의 주요 생산국이자 수출국으로 꼽히는데, 석탄은 다른 연료보다 훨씬 많은 이산화탄소를 대기로 내뿜어 기후 변화를 일으키는 주요 원인으로 알려져 있다.

유엔 인권 위원회가 토레스 해협 제도 주민들이 낸 고소장에 대한 답변을 내놓기까지는 상당한 시일이 걸릴 것이다. 그레타 툰베리를 비롯한 청소년 활동가들이 온실가스를 대량으로 배출하는 다섯 나라 정부의 인권 침해 조치를 막아 달라며 낸 소송에서도 그랬듯이, 유엔 인권 위원회가 토레스 해협 주민들의 요구를 지지하는 결정을 내린다고 해도 유엔은 호주에게 어떤 의무를 부과할 권한이 전혀 없다. 유엔 회원국은 유엔 인권 위원회가 결정하거나 권고한 내용을 〈고려〉해야 할 의무만 있을 뿐이다.

그러나 토레스 해협 제도 주민들의 기후 소송과 그 후에 그레타 툰베리를 비롯한 청소년들이 제기한 기후 소송은 기후 변화와 기후 정의를 세계 무대에 올렸다. 이런 기후 소송은 기후 운동 활동가들과 이에 공감하는 정치인들이 의미 있는 조치의 시행을 요구할 때 쓸 수 있는 도구다.

어떤 법률적 결정이 나오느냐를 떠나서, 이런 기후 소송은 시대가 변하고 있음을 알리는 상징이다. 기후 소송은 청소년들을 포함한 많은 사람이 화석 연료에 중독된 세계 때문에 자신의 삶의 터전이 허물어지고 자신의 미래가 무너지는 걸 방관하지 않을 것임을 전 세계에 알리는 기회다. 많은 사람이 떨쳐 일어나 에너지 회사와 정부, 법원, 그리고 세계 각지의 나라들을 향해 외치고 있다. 앞으로 더 많은 사람이 이들의 뒤를 따를 것이다. 참여하는 사람들이 늘어날수록 변화를 요구하는 목소리는 점점 커질 것이고, 더 이상 무시할 수 없는 거대한 저항으로 자라날 것이다.

미래를 위한 장거리 달리기

앨리스 브라운 오터는 열네 살 때 할리우드 오스카 시상식에서 언론의 조명을 받았다. 2년여 전인 2016년 8월에 브라운 오터는 노스다코타에서 워싱턴 D.C.까지 2,445킬로미터를 달렸다.

브라운 오터는 삼십여 명의 젊은 원주민들과 함께 14만 명이 서명한 청원서를 들고 미국의 수도까지 달렸다. 청원서의 내용은 스탠딩 락 수 보호 구역 근처를 지나는 송유관에서 유출이 일어나면 보호 구역 주민들의 유일한 식수원을 오염시킬 수 있다며 건설 현장을 감시하는 미 육군 공병단에게 다코타 액세스 송유관의 건설을 중지시켜 달라는 내용이었다.

이때의 장거리 달리기는 브라운 오터의 환경 지킴이 활동의 출발점이 아니었다. 또한 끝도 아니었다. 「사람이라면 누구나 자신이 살고 있는 지구를 지키는 일에 나서야죠. 우리가 이곳에 있는 것 자체가 지구가 준 선물이잖아요. 저는 지구의 보살핌에 보답하고 있을 뿐이에요.」 브라운 오터는 청소년들이 중요한 정책 의사 결정에 더 많은 발언권을 가질 수 있어야 한다고 생각한다. 「다음 시대에 어른이 되는 건 바로 우리니까요.」

트럼프 대통령이 다코타 액세스 송유관의 완공을 승인하고 1년이 지난 2018년 초, 열 명의 활동가가 할리우드에서 열린 오스카 시상식에 초청을 받아 참석했다. 브라운 오터도 그중 한 명이었다. 이들은 흑인 민권 운동을 이끌었던 대법관 서드굿 마셜을 다룬 영화

「마셜Marshall」에서 「스탠드 업 포 섬씽Stand Up for Something」을 부른 미국의 래퍼 커먼과 가수 앤드라 데이와 함께 무대에 올랐다.

　브라운 오터는 이렇게 말했다. 「처음에는 너무 긴장이 되었어요. 하지만 무대에 함께 오른 많은 사람이 나와는 다른 대의를 위해서 싸우고 있지만 원하는 것은 똑같다는 생각이 들었어요. 우리는 모두 세상에 새로운 변화를 일으키길 원하는 사람들이었죠. 대단히 가슴 뿌듯한 경험이었어요.」 브라운 오터의 경험에서 보듯이, 우리는 한 걸음 한 걸음, 계속해서 멈추지 않고 발을 내딛는 것만으로도 변화를 일궈 낼 수 있다. 불의에 저항하며 걷기 시작한 길이 우리를 놀라운 세상으로 이끌어 갈 것이다.

3부

우리의 미래를
어떻게 일굴 것인가

7장
미래를 바꾸자

앞으로 여러분은 기후 변화의 영향을 안고 살아가야 한다. 나도, 내 아들도 마찬가지다. 어느 누구도 예외일 수 없다.

시간을 거슬러 가서 이런 현실을 만들어 낸 과거를 바꿀 방법은 없다. 그러나 미래를 바꿀 수는 있다. 미래를 바꾸는 일은 타임머신이 없어도 할 수 있다.

그렇다고 해도 기후 위기에서 완전히 벗어날 수는 없다. 지구의 온도 상승은 이미 사람과 식물, 동물의 삶을 변화시키고 있고, 이런 변화는 앞으로도 이어질 것이다. 설사 내일 당장 전 세계가 대기로 온실가스를 뿜는 일을 그만둔다 해도, 지구 온도는 계속해서 조금씩 상승할 것이고 기후 변화는 한동안 계속될 것이다.

우리 모두의 머리에 떠오르는 질문은 간단하다. 기후는 얼마나 많이, 또 얼마나 빨리 바뀔까? 우리와 미래에 태어날 세대들은 얼마나 많은 위기를 겪으며 살아가야 할까?

이 질문의 답은 우리가 지금 무엇을 하느냐에 달려 있다. 토레스 해협 제도의 청소년들과 그레타 툰베리, 줄리아나 소송의 원고들을 비롯한 젊은 활동가들이 걸어간 길을 우리 역시 따라간다면, 대기로 들어가는 온실가스의 양을 크게 낮출 수 있을 것이다. 애당초 내일이란 것은 없다고 여기는 사람들처럼 화석 연료를 태우고 숲을 베어 내는 일을 계속할 경우 맞게 될 미래의 기후보다 훨씬 밝은 미래의 기후가 우리를 맞을 것이다. 그러기 위해서는 모든 것을 바꾸어야 한다. 그런데 대체 어떻게 해야 할까?

많은 사람이 극단적인 것부터 실용적인 것까지 갖은 종류의 기후 변화 해법을 제시해 왔다. 일부 해법들은 이미 사용되고 있지만, 한 가지 해법만으로는 충분한 효과를 거둘 수 없다. 물론 아직 시도되지 않은 해법도 있다. 그중에는 큰 위험을 안고 있는 해법도 있고 아예 실행이 불가능한 해법도 있다. 그러나 또 어떤 해법은 더 밝은 미래를 여는 잠재력을 이미 입증하고 있다.

하나의 해법이 그 어떤 상황에서도 최선의 해법일 수는 없다. 이 장과 다음 장에서 살펴보겠지만, 세계적인 기후 변화라는 크고 복잡한 문제를 해결하기 위해서 우리는 다양한 방법과 도구를 동시에 섞어서 사용할 수 있다. 그러나 모든 해법의 출발점은 사람들과 그들이 소중히 여기는 가치여야 한다.

탄소가 문제라면

이산화탄소가 온실가스 중에서도 기후 변화를 일으키는 가장 큰 원인이라면, 이산화탄소를 직접 공략하면 되지 않을까?

이것이 바로 탄소 포획·저장법CCS으로 알려진 방법이다. 탄소 포획·저장법의 기본 전략은 대기 중에 들어 있는 탄소를 빨아들이거나 애초에 탄소가 대기로 들어가는 것을 막은 다음, 그렇게 모은 탄소를 어떤 해도 끼치지 않고 새어 나올 위험도 없는 장소에 안전하게 저장하자는 것이다.

탄소 포획·저장법에는 다양한 종류가 있다. 아직 구상 중인 것도 있고 시범 가동 중인 것도 있고 세계 각지에서 수익 사업에 사용 중인 것도 있다.

탄소 포획·저장법은 두 가지 주요 공정으로 이루어진다. 첫 번째는 탄소를 포획하는 공정이다. 탄소 포획 방법 역시 두 가지로 나뉘는데, 그중 하나가 배출원 포획법이다. 즉 화석 연료를 태우는 발전소 등 이산화탄소를 배출하는 원천으로부터 직접 이산화탄소를 뽑아내서 이산화탄소가 대기로 들어가는 것을 원천 봉쇄하는 방법이다. 또 다른 방법은 대기 중 직접 포획법이다. 즉 일반 대기에서 직접 이산화탄소를 뽑아내는 방법이다. 여기에는 송풍기를 이용해 공기를 필터나 화학용 장치 쪽으로 이동시켜 이산화탄소를 여과하는 공정이 포함된다. 배출원 포획법과 대기 중 직접 포획법 모두 특정 장소에 수집하고 저장할 수 있도록 이산화탄소를 농축된 기체로 만든다.

탄소 포획·저장법의 두 번째 공정은 수집된 탄소를 처리하는 공정이다. 그중 한 가지 방법은 이 기체를 새어 나올 수 없는 지하 공간에 묻는 것이다. 일부 지역에서는 석탄 광산이나 유전,

미국 석탄 광산에 설치된 탄소 포획 시설.

가스전에서 석유와 천연가스를 채취하고 난 뒤 비어 있는 공간
을 이산화탄소 저장소로 쓴다.

또 하나 가능한 방법은 지하 암석층에 이산화탄소를 저장하
는 것이다. 탄소 저장용 암석층은 두 가지 요건을 충족해야 한
다. 첫째, 이산화탄소가 스며들 수 있는 작은 구멍과 균열이 많
이 분포된 암석층이어야 한다. 둘째, 앞에 말한 암석층 위에 더
단단한 암석층이 덮여 있어야 한다. 빈틈이 많은 암석층에 이산
화탄소를 주입하고 나면 단단한 암석층이 그 위를 덮어 이산화
탄소가 빠져나오지 못하게 가둬 두어야 한다.

이 방법은 북해의 슬레이프니르 가스전에서 사용되고 있다.
1974년부터 한 노르웨이 회사가 이곳에서 천연가스와 석유를

채취해 왔다. 1996년부터 이 회사는 자사의 가스전에서 발생하는 이산화탄소를 포획하여 해저면 아래 1천여 미터 지점의 암석층에 주입하기 시작했다. 이곳 해저에는 누출과 장애 발생 가능성을 점검하기 위해 수십 대의 감시 관측 장비가 설치되어 있다. 많은 기구들이 슬레이프니르 가스전의 상황을 주시하며 연구를 계속하고 있다. 영국 지질 조사국은 〈아직까지는 이산화탄소가 저장소에 안전하게 갇혀 있다〉고 밝혔다. 슬레이프니르는 탄소 포획·저장법의 성공적인 사례이자, 앞으로도 여러 해 동안 이산화탄소 저장을 추가로 시행할 수 있는 곳으로 꼽히고 있다.

또 이산화탄소를 고착시키는 암석을 이용하는 방법도 있다. 이산화탄소가 이 암석에 닿으면 화학 반응이 일어나면서, 이산화탄소가 암석에 붙어 굳는다. 2013년 워싱턴주와 아이슬란드에서 이 방법이 시범적으로 사용되었다. 연구진이 액체에 녹인 이산화탄소를 지하에 있는 화산석의 일종인 현무암에 주입했는데, 주입된 탄소가 2년이 채 안 되어 단단한 암석이 되었다.

이제 마음을 놓아도 되지 않을까? 그런데 탄소 저장법은 문제가 있다. 이산화탄소를 포획하는 장소와 그것을 지하에 안전하게 주입할 수 있는 장소가 가깝지 않으면, 포획한 이산화탄소를 멀리까지 운반해야 한다. 비용이 많이 들고 위험이 따를 뿐 아니라 이산화탄소 운반 과정에서 많은 에너지가 들어가게 된다.

여러 정부에 가장 정확한 기후 과학을 제공하기 위해서 꾸려진 기구인 유엔 기후 변화에 관한 정부 간 협의체는 탄소 포획과 저장 방법을 통해 이산화탄소를 상당한 수준으로 낮추어야 한다고 말했다. 그러나 탄소 포획·저장법은 몇 가지 이유 때문에 기후 변화의 완전한 해법이 될 수 없다. 2019년 기준으로, 세계 전역에서 포획되고 저장되는 이산화탄소의 양은 한 해 약 3천만 톤이었고, 지구상에 있는 탄소 포획·저장 설비의 3분의 2 이상이 북미에 있었다. 그런데 탄소 포획과 저장 방법을 써서 대기에서 뽑아낸 탄소의 양은 파리 협정이 정한 탄소 감축 목표 달성에 필요한 탄소 감축량에 비하면 아주 적은 양에 지나지 않는다.

또 탄소 포획과 저장 기술은 비용이 많이 들고 수익이 나지 않는다. 그래서 기업들이 뛰어들려고 하지 않는다. 기업은 수익이 나야 일을 한다. 포획한 이산화탄소를 사용해 제품을 만들어 파는 방법이 있긴 하지만, 에너지 회사들이 탄소 포획·저장법을 하는 목적은 정부로부터 세금 혜택을 받거나 오염 행위에 대한 벌금을 줄이는 데 있을 뿐이다. 탄소 포획·저장법을 이용해서 기후 변화에 큰 영향을 미치는 성과를 얻으려면, 기업에게만 맡겨서는 안 된다. 정부가 탄소 포획·저장법에 더 큰 투자를 해야 한다. 세계 전역에서 시행하는 탄소 포획·저장 활동이 대폭 늘어나야 한다.

비용 말고도 안전 또한 문제다. 일부 과학자들은 장기간 탄소 저장이 빚어낼 수 있는 여러 문제를 걱정한다. 우리가 탄소 저장을 사용하고 연구해 온 시간은 불과 수십 년이다. 언젠가 땅에 묻힌 이산화탄소가 새어 나와 물이나 공기에 섞이면서 다시 문제를 일으킬 수도 있지 않을까? 지하에 이산화탄소를 주입한다면 지각 운동과 미진과 지진이 자주 일어날 수 있는 환경이 만들어지고, 혹 지진 때문에 묻혀 있던 이산화탄소가 새어 나오지는 않을까? 실제로 화석 연료 산업이 높은 압력으로 액체를 쏘아 넣어 지하 암석층에 갇힌 석유와 가스를 뽑아내는 채취 활동(프래킹)을 하는 여러 지역에서 지각 운동이 늘어났다는 사실이 이미 보고되고 있다.

그러나 무엇보다 큰 문제는 탄소 포획법이 근본적인 한계를 가지고 있다는 점이다. 탄소 포획·저장법은 애초에 문제를 빚어낸 화석 연료 산업의 일부에 불과하다. 탄소 포획·저장 설비를 더 많이 짓고 이산화탄소를 여기저기 옮겨 놓으려면 땅을 더 많이 헤집어야 하고 에너지를 더 많이 써야 한다. 그런데 그 에너지는 어디에서 나올까? 화석 연료에서 나온다. 애초에 포획해서 저장하려는 이산화탄소를 뿜어낸 게 바로 화석 연료인데 거기서 나오는 에너지를 써서 이산화탄소를 포획하고 저장한다고?

탄소 포획·저장법에 희망을 품으면, 우리는 별 망설임 없이 계속해서 화석 연료를 사용할지도 모른다. 〈그래, 이산화탄소를 내뿜는 건 나쁜 거야. 하지만 우리에게는 공기를 깨끗하게 만드는 기술이 있는데 이산화탄소를 내뿜는 게 무슨 문제가 되겠어.〉 이런 핑계를 대기 쉽다. 또 이런 생각은 태양광과 풍력 등 재생 가능한 에너지원에 투자하려는 의욕을 꺾을 수 있다. 탄소 포획·저장법은 우리가 에너지를 지나치게 많이 쓰고 있으니 이를 줄이자는 논의에 찬물을 끼얹는다. 다시 말해서, 탄소 포획·저장법은 우리가 직면한 문제의 근본 원인, 즉 화석 연료에 대한 의존과 지구의 자원은 아무 제한 없이 써서 없애도 괜찮다는 사고방식에는 전혀 손을 대지 않는다. 애초에 오늘의 위기를 빚어낸 행동을 멈추려고 하지는 않고 그 행동에서 비롯한 최악의 부산물을 땅에 묻어 버리는 방식은 결코 근본적인 해결책이 될 수 없다. 우리는 반드시 우리의 행동을 바꾸어야 한다. 미래에 누군가에게 이런 똑같은 위기가 닥치는 일이 없도록 말이다.

지구를 주무르는 지구 공학

나는 캐나다 브리티시컬럼비아주 선샤인코스트에서 살았던 적이 있다. 그곳은 내 아들이 태어난 곳이기도 하다. 아들이 태어난 지 3주째인 어느 날, 새벽 다섯 시에 남편과 나는 아들 곁에 있다가 창문 너머로 놀라운 것을 보았다. 바다에 우뚝 솟은 검은 등지느러미 두 개가 보였다. 범고래였다! 잠시 후 등지느러미 두 개가 더 보였다.

이 지역에서 범고래를, 그것도 해안에서 몇 미터 떨어진 곳에서 직접 본 것은 처음이었다. 게다가 네 마리나 보게 되다니 기적처럼 느껴졌다. 어쩌면 범고래의 희귀한 방문을 놓치지 말라고 아기가 일부러 우리를 깨운 것만 같았다.

얼마 후, 나는 어떤 기이한 바다 실험이 우리가 목격했던 이 특이한 광경과 관련이 있을 수도 있다는 것을 알게 되었다.

브리티시컬럼비아의 전혀 다른 쪽에서, 미국인 사업가 러스 조지는 대여한 어선에 철 가루 120톤을 싣고 가 그곳 바다에 몽땅 쏟아부었다. 바닷물에 철이 녹으면 조류가 그것을 먹고 빠른 속도로 번식하면서 대기 중의 이산화탄소를 흡수할 거라는 데 착안한 행동이었다. 조지는 직접 행동을 통해 탄소를 흡수해서 기후 변화를 저지하는 방법을 널리 과시할 생각이었다.

조지는 자신의 해양 실험이 매사추세츠주 절반 넓이의 지역에 조류 대량 번식을 일으켜 그 지역 전역으로부터 수많은 수생 생물을 끌어들였고, 그중에는 〈수십 마리의〉 고래도 포함된다고 주장했다. 범고래는 고래 중에서도 다른 물고기를 잡아먹고 사는 종류다. 그렇다면 그 범고래들이 조지가 번식시킨 대량의 조류를 먹고 배가 두둑해진 다양한 물고기가 있는 곳으로 진수성찬을 먹으러 온 걸까? 그럴 가능성은 거의 없지만, 나는 그런 생각이 자꾸 밀려드는 것을 지울 수 없었다.

지구의 자연 시스템에 의도적으로 개입하는 것을 지구 공학이라고 부른다. 〈공학적인 기술을 써서 지구 환경을 변화시킨다〉는 의미의 지구 공학이란 이름에서는, 지구를 우리가 원하는 결과를 얻기 위해서 주물럭거려도 되는 기계로 여긴다는 암시가 읽힌다.

지구 공학을 시도하고 싶어 하는 사람들은 우리가 대기로 온실가스를 뿜어낸 것 자체가 이미 지구의 시스템에 개입한 거라면서, 그 실수를 바로잡기 위해서 우리의 개입 능력을 이용하는 것이 좋지 않겠느냐고 말한다.

지구 공학은 지구 온난화의 영향력을 완화하기 위해서 대규모 조치를 시행하자고 주장한다. 지구 공학자들은 바다에 철 가루를 투입하는 계획뿐 아니라 지구에 도달하는 태양 광선의 양을 줄일 여러 가지 방안을 내놓고 있다. 지구에 도달하기 전에 태양 광선을 반사하는 우주 거울을 설치하는 등의 일부 방안들은 공상 과학 소설 수준인 데다 실현 가능성이 거의 없다. 하지만 상당한 관심을 끌고 있는 것은 화산 폭발을 모방하는 방안이다.

화산 폭발이 일어나면 대개 화산재와 화산 가스가 뿜어 나와 대기 하층부로 올라간다. 화산 가스에는 이산화황이라는 물질이 들어 있고, 이산화황이 공기 중의 수증기와 만나면 황산이 만들어진다. 황산은 에어로졸 형태, 즉 작은 물방울들이 실안개처럼 모인 형태를 이루었다가 지구로 떨어져 내린다. 하지만 이따금 화산이 분출하면서 대기 중의 더 높은 곳으로 많은 양의 이산화황을 뿜어내기도 한다. 이렇게 만들어진 황산 에어로졸은 기류에 떠밀려 몇 주 동안 지구 곳곳으로 확산된다.

이 물방울이 마치 작은 거울처럼 태양 광선의 일부를 반사하면 지구 표면에 닿는 태양 광선이 줄어 지구 온도가 떨어진다. 만일 이런 화산 분출이 열대 지방에서 일어나면 에어로졸이 1~2년 동안 대기 상층부에 머물 수 있기 때문에, 황산 에어로졸이 일으키는 지구 냉각 효과가 훨씬 더 오래 지속될 수 있다.

1991년에 필리핀의 피나투보 화산이 분화하면서 대기 상층부

지구 공학

지구 공학 계획의 여러 가지 방법(왼쪽부터 오른쪽으로). 햇빛이 지구에 도달하지 못하도록 지구 궤도에 거울을 설치하는 방법, 대기에 화학 물질을 쏘아 넣어 인공 구름을 만드는 방법, 대기에 포함된 온실가스를 뽑아내는 용도로 거대한 여과 장치를 세우는 방법. 그런데 이러한 계획이 지닌 장점과 단점을 저울질해 결정을 내리는 것은 과연 누구인가?

로 에어로졸을 쏘아 올렸다. 폭발이 있고 1년 뒤에 지구 온도가 섭씨 0.5도나 떨어졌다. 일부 과학자들은 자연적인 화산 분출이 내는 효과를 과학 기술을 이용해서 만들어 낸다면 지구 온도를 떨어뜨리고 지구 온난화를 막을 수 있을 거라고 판단했다.

무언가 문제가 생기지는 않을까? 물론 지구 공학은 엄청난 위험을 안고 있다.

푸른 하늘을 다시는 볼 수 없게 될 수도 있다. 햇빛을 막기 위해 어떤 방법을 골라서 얼마나 쓰느냐에 따라 다르긴 하겠지만, 연무가 사라지지 않고 항상 지구를 뒤덮고 있을 수도 있다. 밤에는 천문학자들이 별과 행성을 똑똑히 관측하는 게 어려워질 수 있고, 낮에는 햇빛이 약해져서 태양광 발전으로 깨끗한 에너지를 생산하는 게 더 어려워질 수 있다. 깨끗하고 재생 가능한 태양 에너지는 온실가스 배출을 줄일 수 있는 확실한 경로인데, 하늘을 덮은 연무 때문에 깨끗한 에너지 생산이 어려워진다는 것은 그야말로 심각한 문제다.

대규모 화산 폭발의 효과를 모방할 경우 날씨와 강우 패턴까지 바꾸어 불공정한 결과를 빚어낼 가능성도 있다. 이런 형태의 지구 공학이 얼마나 사용되는가에 따라 다르긴 하겠지만, 연구자들은 아시아와 아프리카의 계절성 강우를 약화시켜 세계 각지의 일부 가난한 나라들에 가뭄을 일으킬 수 있다고 예측한다. 다시 말해서, 지구 공학이 수십억 명의 식량과 생활용수 공급에 위험을 안길 수 있다는 이야기다. 우리가 기후 변화를 겪으면서 확실하게 배웠듯이, 일단 우리가 지구의 대기에 변화를 일으키면 전혀 예상치 않은 여러 가지 일들이 일어날 수 있다.

바다에 인공적으로 영양분을 투입하는 것은 어떨까? 러스 조지가 브리티시컬럼비아에서 벌인 일처럼 말이다. 이 방법을 쓰면 바다에 조류가 번성하여 푸른빛으로 변할 수 있다. 또 그보다 훨씬 나쁜 영향을 미칠 수도 있다. 비료와 동물 배설물이 바다로 흘러들면서 종종 〈데드 존〉이 발생한다. 데드 존이란 물속 산소 농도가 낮아서 생명체가 살 수 없는 해역을 말한다.

비료와 동물 배설물은 조류의 번성을 촉진한다. 러스 조지가 브리티시컬럼비아 연안에 만들어 낸 것처럼 말이다. 조류는 이산화탄소를 흡수하고 산소를 방출한다. 언뜻 듣기엔 좋은 이야기 같다. 하지만 이렇게 조류가 번성한 해역으로 헤아릴 수 없을 만큼 많은 해양 미생물과 물고기가 먹이를 찾아 몰려들기 때문에 문제가 생긴다. 이 생물들 역시 물속으로 배설물을 내보낸다. 배설물은 부패하고, 조류도 죽어 간다. 부패가 대규모로 일어나면서 조류가 방출한 것보다 훨씬 많은 산소가 소모된다. 이 해역의 물은 산소가 부족해져서 수많은 해양 생물을 더 이상 부양할 수 없게 된다. 바다에 양분을 투입하는 행동은 환경에 도움을 주기보다 오히려 더 큰 해악을 끼친다.

또 지구 해킹이라고도 부르는 지구 공학은 공정성 문제를 빚어낸다. 정부와 대학, 민간 금융권과 기업 차원에서 다양한 지구 공학 프로젝트의 연구 혹은 규제에 대한 이야기가 진행되고 있다. 대규모로 진행될 경우, 일부 프로젝트들은 전 세계에 영향을 미칠 수 있다.

바다에 엄청난 양의 영양분을 쏟아 넣을지, 하늘에 에어로졸을 쏘아 올릴지 결정하는 것은 과연 누군가? 그 일로 영향을 받을 수 있는 모든 사람이 참여하여 동등하게 결정권을 행사하는 방식으로 될까? 서너 개 국가 또는 어느 한 국가가, 또는 지구 공학에 빠진 어느 독불장군이 무턱대고 밀어붙이면 어떻게 될까?

이런 위험과 단점이 있는데도, 많은 연구자들이 다양한 지구 공학 계획을 시범 실행할 계획을 세우고 있다. 그러나 지구의 기본적인 생명 부양 시스템을 주물럭거리는 일을 시작하기 전에 먼저 우리 자신의 행동을 바꾸는 편이, 화석 연료 사용을 줄이는 편이 더 낫지 않을까?

우리는 화석 연료를 줄이고 온실가스 배출량을 줄이는 게 효과적인 조치라는 것을 알고 있다 그런데 누군가는 이 방안을 충격적인 이야기라고 여길지도 모른다. 이 일을 제대로 하려면 모든 것을 바꿔야 하니 말이다. 그러나 충분히 생각하고 계획하여 기후 변화에 대응하지 않을 경우 우리에게 닥칠 변화를 생각해 보자. 이 변화가 훨씬 더 충격적이지 않은가? 우리 삶의 방식에 큰 변화를 일구는 일은 모든 사람을 위해 이 세상을 더 공정하게 만들고, 지구의 땅과 바다, 하늘에 있는 모든 생물을 위해 이 세상을 더 건강하게 만들 기회라는 사실도 역시 잊지 말아야 한다.

이런 변화를 이루어 가는 것은 가치 있는 일이다. 이제는 이미 이런 변화를 이루어 가고 있는 사람들 이야기를 해보자. 이들은 눈앞에 닥친 재해를 디딤돌로 삼아 기후 변화를 막는 삶을 일구어 가면서, 누구나 사용할 수 있고 청소년 세대가 의지할 수 있는 도구들을 시험하고 있다.

제2의 지구?

일론 머스크는 전기 자동차를 만드는 테슬라 회사와 우주로 로켓을 쏘아 올리는 스페이스엑스 회사를 설립한 억만장자이다. 2018년 머스크는 어느 과학 실험에서 이 두 가지를 함께 사용해서 대중의 이목을 끄는 구경거리를 만들어 냈다.

스페이스엑스는 로켓 시험 발사를 위해 우주로 쏘아 보낼 무언가가 필요했다. 머스크가 로켓에 실어 보낼 물건으로 선택한 것은 자신의 테슬라 스포츠카였다. 물론 우주에 보내는 자동차 운전석에 앉은 것은 머스크 본인이 아니었다. 우주복을 입은 마네킹 〈스타맨〉을 운전석에 앉혔다. 스페이스엑스의 시험 발사는 성공했고 머스크의 빨간색 스포츠카는 궤도를 그리며 태양 주위를 돌고 있다.

머스크가 우주 여행에 투자한 이유 중 하나는 화성에 이주 도시를 개발하려는 계획이 있어서다. 머스크의 화성 이주 계획은 인류의 존속을 보장하기 위해서 이웃 행성을 이주 도시로 개발해야 한다는 생각에서 출발했다.

머스크의 생각은 이렇다. 지구가 언젠가는 인간이 살 수 없는 곳이 될지 모른다. 기후 위기가 극심해질 수도 있고, 소행성이 돌진해 와서 인류를 파멸로 몰아넣을 수도 있다. 참혹한 세계 대전 때문에 지구가 폐허로 바뀔 수도 있다. 이럴 때 화성은 우리의 대안이 될 것이다. 이곳에 이주 도시를 건설해 두면 인류의 완전한 멸종을 피할 수 있을 것이다. ……그게 아니라 해도 화성에 간다는 사실 자체가 얼마나 매력적인 일인가!

머스크는 자신의 기업이 개발할 예정인 우주선에 사람들을 싣고 화성에 가서 이주용 도시를 꾸릴 작정이다. 하지만 태양계 행성을 연구하는 과학자들의 견해에 따르면, 화성에 사람을 보내 과학적 임무를 맡기는 것은 실현 가능한 일이지만, 화성에서 사람이 영구 거주한다는 것은 대단히 어려운 일이다. 설사 화성 이주자들이 공기와 물, 식량을 구할 방법을 찾는다고 해도 또 다른 위험이 상존한다. 화성의 대기층은 너무 얇아서 많은 양의 방사선을 차단하지 못한다. 우주 공간과 화성에서 태양 방사선에 장기간 노출될 때 인간의 몸이 얼마나 잘 견뎌 낼 수 있을지 알 수 없는 일이다.

그러나 기후 변화 해법을 찾겠다고 별을 쳐다보는 사람은 일론 머스크만이 아니다. 2020년 1월 켄터키주 상원 의원 랜드 폴은 훨씬 더 황당한 제안을 내놓았다. 「자연 위성이나 행성 중에서 적합한 곳을 찾아내 대기를 만드는 일을 시작해야 한다.」

다른 세계를 인간이 살 수 있는 곳으로 만드는 활동을 〈테라포밍 terraforming〉이라고 한다. 테라terra는 〈땅〉을 뜻하는 라틴어다. 지구 아닌 다른 세계를 지구와 비슷한 환경으로 바꾸는 것은 많은 공상 과학 소설이 다루는 주제다. 하지만 실현 가능성이 아주 희박하여 불가능에 가까운 일이다.

앞에서 랜드 폴이 한 말은 농담이었을지도 모른다. 그러나 유감스럽게도 폴은 인간이 기후 변화를 일으키고 있다는 사실을 부인하는 정치인이다. 인간 활동이 지구 기후에 변화를 일으킬 수는 없다고 확신하는 사람이 어째서 다른 세계의 기후만큼은 인간의 힘으로 변화시킬 수 있다고 생각하는 걸까?

설사 화성이나 어떤 〈적합한〉 자연 위성이나 행성에 이주 도시를 건설하는 게 가능하다 해도, 그곳에 전 인류가 옮겨 가서 살 수는 없다. 애초에 우주 공간 저편으로 전 세계 모든 사람을 이동시키는 것 자체가 상상할 수 없을 만큼 많은 비용이 드는 어려운 일일 것이다. 설사 모든 사람이 그곳에 도착한다 해도 그 많은 사람이 생존에 필요한 공기와 물, 음식을 어떻게 구할 수 있는가도 문제다. 설사 특별히 선택된 소수가 다른 세계의 이주 도시에 살아남는다 해도 이들을 기다리는 것은 기껏해야 고달픈 삶일지도 모른다.

다른 세계를 선택하지 않고 지구에 남은 사람들은 현실에 단단히 발을 딛고 실제로 실현 가능한 해결책을 찾아 나서야 한다. 우리가 아는 한에서 우리의 생명을 지켜 줄 수 있는 유일한 행성을 지키는 데 필요한 일을 계속 해나가야 한다.

아주 오래된 자연의 발명품

탄소 포획과 저장 방법의 하나인데, 값비싼 첨단 장비 없이도 쉽게 할 수 있고 대기 중 이산화탄소 제거 말고도 여러 가지 유익한 효과를 내는 방법이 있다. 무엇일까?

정답은 아주 오래된 자연의 발명품인 나무다.

2019년에 과학 간행물 『사이언스』에 발표된 어느 연구 보고서는 기후 변화를 억제하는 데 효과적인 방법으로 세계적인 규모의 〈숲 복원〉을 꼽았다. 보고서에 따르면, 이미 도시와 농지, 숲이 존재하는 곳 말고 9억 헥타르의 땅(미국 전체 면적보다 약간 작은 수준)에 나무를 심으면 지구상의 숲 면적을 25퍼센트 더 늘릴 수 있다고 한다. 이렇게 지상에 추가된 숲이 성장하면 대기 중 탄소의 4분의 1을 흡수해 저장할 수 있다.

하지만 뜻밖의 복병이 있다. 우리가 당장 행동에 나서지 않을 경우, 기후 변화 때문에 지구 표면의 여러 지역이 너무 뜨겁거나 너무 건조하거나 물에 잠겨 숲이 자랄 수 없는 땅이 된다는 점이다.

어떤 과학자들은 이 보고서의 일부 주장에 대해 의문을 제기하기도 하지만, 전반적으로 보면 건전한 주장이다. 나무는 온실가스에 대한 강력한 무기다.

2019년에 나는 그레타 툰베리, 작가 필립 풀먼을 포함해 여러 활동가, 예술가, 과학자 들과 함께, 나무를 비롯한 식물들이 기후를 보호하는 데 기여한다는 내용의 온라인 서한에 서명했다.

이 서한은 이 책의 뒷부분에 〈기후 재해에 대한 자연적인 해결책〉이라는 제목으로 소개되어 있다. 이 서한에서 우리는 세계 각국의 정부들에게 지역 사회와 협력하여 〈기후 위기를 방지하고 동시에 생태계를 보호하는 데 대단히 놀라운 기여를 하는데도 불구하고 소홀히 여겨져 온 방법〉을 채택할 것을 촉구했다.

생태계는 지구의 자연이 대기에 지나치게 많이 모인 탄소를 뽑아내는 데 쓰는 도구다. 식물은 이산화탄소를 흡수하고 산소를 방출하는 역할을 한다. 숲 이외에도 습지와 초원, 늪, 천연의 해저면 역시 탄소를 흡수하고 저장한다. 이런 공간들은 지구에서 함께 거주하지만 우리의 활동 때문에 멸종 위기에 처한 많은 생명체들이 살아가는 서식지이기도 하다. 따라서 우리는 우리 산업과 삶의 방식을 탄소를 덜 쓰는 방향으로 전환하기 위해 노력하면서 동시에 이런 중요한 생태계를 보호하고 복원하고 성장시키는 것을 목표로 삼아야 한다.

이것이야말로 우리가 지금 당장 할 수 있는 일이다. 전 세계가 힘을 합쳐 대대적인 나무 심기 활동을 벌인다면 가장 좋겠지만, 우리에게는 그 전에도 할 수 있는 일이 있다. 우리 손이 닿는 아주 좁은 땅에까지 직접 나무를 심는 것이다. 나무는 새와 곤충의 서식지이고 식량의 원천이며(물론 특정 종류의 나무만이 식량의 원천이다), 오랜 시간 뒤에 성숙을 이룬다는 점에서 미래에 대한 희망의 상징으로 통한다. 단 한 그루라도 나무를 심고 돌보는 행동은 〈나 역시 그런 미래가 올 거라고 믿는다〉라는 선언이다.

어둠을 밝히는 등대

2017년 9월, 강력한 허리케인이 카리브해의 푸에르토리코를 강타했다. 강풍과 폭우를 동반한 허리케인 마리아가 미국 영토에 속하는 이 섬을 쑥대밭으로 만들었다. 허리케인이 잦아든 뒤, 사람들은 피해 상황을 점검하기 위해 집 주변을 살폈다.

산지에 자리 잡은 작은 도시 아드훈타스의 주민들은 전기와 물 공급이 끊긴 것을 확인했다. 푸에르토리코 전체가 같은 상황이었다. 게다가 아드훈타스는 섬의 다른 지역들로부터 완전히 고립된 상황이었다. 모든 도로가 산사태로 쏟아져 내린 흙더미와 뿌리가 뽑힌 나무들과 부러진 가지들로 뒤덮여 오도 가도 못했다.

그런데 아드훈타스에서 딱 한 군데 밝은 빛을 뿜어내는 곳이 있었다. 중앙 광장 바로 옆 분홍색 외벽이 돋보이는 커다란 집은 창문마다 환한 빛이 넘실거렸다. 마치 칠흑 같은 어둠을 밝히는 등대 같았다.

내가 직접 찾아가 보니, 허리케인 마리아가 지나간 뒤 푸에르토리코의 상황은 여러 가지 면에서 허리케인 카트리나가 지나간 뒤 뉴올리언스의 상황과 비슷했다. 그런데 아주 색다른 느낌을 주는 딱 한 곳이 있었다. 환한 빛을 내뿜는 분홍색 집이 있는 아드훈타스였다. 그곳에서는 이 분홍색 집을 중심으로 새롭고 희망찬 일이 전개되고 있었다.

이 집은 한 환경 단체의 사무실이자 마을 회관으로 쓰이는 카

허리케인 마리아가 푸에르토리코를 쑥대밭으로 만든 직후, 카사 푸에블로의 분홍색 건물은 지붕에 설치된 태양 전지판 덕분에 어둠을 밝히는 등대 역할을 했다.

사 푸에블로였다. 20년 전에 과학자와 엔지니어로 이루어진 한 가족이 세운 이곳에는 태양 에너지를 전기로 바꿔 주는 지붕형 태양광 전지판이 설치되어 있었다. 20년 전에 그곳에 태양광 전지판이라니! 당시에는 굉장히 별나고 생뚱맞아 보였을 것이다. 그러나 카사 푸에블로는 그 긴 세월 동안 태양광 전지판을 꾸준히 개량해 가며 섬의 풍부한 자원인 햇빛을 이용해 에너지를 얻었다.

섬 전역에 세워졌던 전신주들은 허리케인 마리아가 몰고 온 바람과 뿌리 뽑힌 채 밀려드는 나무들에 만신창이가 되었지만,

이 집의 태양광 전지판만큼은 손상 없이 살아남았다. 허리케인 이후 칠흑 같은 어둠 속에서 지속적인 전력 공급이 가능했던 곳은 인근 수 킬로미터 안에서 카사 푸에블로 한 곳뿐이었다.

아드훈타스 산지의 주민들은 따뜻하게 반기는 그 빛을 찾아왔다. 공식적인 재해 구호 기구의 지원이 오기까지 몇 주가 걸릴지 알 수 없는 상황이었기 때문에, 주민들이 자체적으로 구호 활동을 조직했다. 이 분홍색 집이 공동체의 핵심 거점이 되었다. 사람들은 음식과 물, 임시 대피소를 만드는 데 쓸 방수포, 그리고 도로에 쓰러진 나무들을 치우는 데 쓸 전기톱을 모았다. 카사 푸에블로가 공급하는 귀중한 태양광 전력은 휴대 전화를 충전하는 데 긴요하게 쓰였다.

카사 푸에블로는 인명을 구조하는 야전 병원 역할까지 했다. 바람이 잘 통하는 방들은 인공호흡기를 써야 해서 전기가 반드시 필요한 노인들의 병실로 쓰였다. 이곳에 설치된 무선 방송국은 태양광 전지판 덕분에 거뜬히 방송을 계속할 수 있었다. 강풍으로 전력선과 전파 기지국이 망가져서, 이 방송 시설은 공동체가 의지할 수 있는 유일한 정보원이었다.

내가 푸에르토리코에 도착한 것은 이런 노력이 시작되고 몇 달이 지났을 때였다. 나는 미국 영토의 일부인 이 섬이 재해에 어떻게 대응하고 있는지 직접 보고 싶었다. 먼저 나는 산업 중심지인 남쪽 해안을 방문했다. 그곳 사람들은 마리아가 몰고 온 가장 참혹한 피해에 시달리고 있었다. 저지대 주택지가 물에 잠겨 있었고, 엎친 데 덮친 격으로 인근 발전소와 공장에서 흘러나온 유독한 화학 물질까지 골칫거리가 되고 있었다. 이 지역에는 대규모 발전소가 두 개나 있었지만, 여전히 많은 사람이 전기 공급을 받지 못하고 있었다.

그날 늦게, 자동차를 타고 산으로 이어지는 도로를 달려 카사 푸에블로에 도착했을 때에야, 우리 일행은 침울한 분위기에서 벗어날 수 있었다. 활짝 열린 문이 우리를 반겼고, 주민 공동체가 소유하고 관리하는 커피 농장에서 생산한 커피까지 대접받았다. 건물 밖에서는 빗방울이 그 소중한 태양광 전지판에 떨어지며 톡톡 소리를 냈다. 마치 다른 세계로 통하는 문을 넘어선 듯한 기분이었다. 그곳은 모든 게 순조롭게 돌아가고 희망이 넘치는, 전혀 다른 푸에르토리코였다.

태양광 전지판은 전혀 생뚱맞아 보이지 않았다. 오히려 허리케인 마리아처럼 더 극단적인 기상 충격이 닥치게 될 미래에 생존을 보장하는 최고의 희망처럼 보였다. 실제로도 이 섬을 만신창이로 만든 허리케인 마리아는 기후 변화 때문에 더 강력한 힘을 얻은 폭풍이었다.

누구를 위한 낙원일까?

허리케인 마리아를 더 강력하게 만든 것은 지구 온난화로 인한 온도 상승이었지만, 그 맹렬한 폭풍이 닥치기 이미 오래전부터 푸에르토리코는 여러 가지 문제를 안고 있었다.

푸에르토리코는 미국의 정식 주가 아니라 미국의 식민지이다. 따라서 푸에르토리코 사람들은 다른 미국인들과 똑같은 권리를 누릴 수 없다. 이곳 사람들은 연방 선거 때 투표할 권리가 없다. 그리고 연방 정부는 이 섬을 본토를 위한 돈벌이 수단으로 취급한다.

식민지인 푸에르토리코 사람들은 자신들의 경제를 직접 설계할 수 없었다. 세계에서 손꼽힐 만큼 비옥한 토양을 가졌음에도 불구하고 이 섬은 식량의 85퍼센트를 섬 밖에서 사들인다. 허리케인 마리아 참사가 있기 전까지 필요한 에너지의 98퍼센트를 섬 밖에서 들여온 화석 연료에서 얻었다. 사실 이곳은 태양과 바람, 파도 등 천연자원이 풍부해서 값싸고 깨끗한 재생 가능한 전력을 충분히 공급할 수 있는 곳이다. 그러나 푸에르토리코 경제는 섬 바깥 사람들에게 이익이 될 수 있도록 설계되었고, 그 탓에 섬 밖의 다양한 채권자들에게 막대한 빚을 지고 있었다.

이 섬이 안고 있던 문제들이 새로운 국면으로 접어든 것은 2016년, 미국 법률에 따라 새로운 경제적 고통을 떠안기는 정책이 탄생했을 때였다. 이 법률은 이 정책이 시행되면 푸에르토리코의 부채 문제가 더 쉽게 해결될 수 있고 기간 시설과 개발 사업의 진척이 더 빨라질 거라고 주장했다. 그러나 이 정책은 오히려 교육, 의료, 전기, 수도, 통신 네트워크 등 사회 통합에 필요한 중요한 요소들을 약화시켰다. 이유는 단 하나, 비용을 줄여 채권자에게 줄 돈을 마련하기 위해서였다.

이 법률은 어째서 푸에르토리코 사람들의 이익을 챙기지 않은 걸까? 이 법률은 주민에 의해 선출되지 않은 위원회에 푸에르토리코 경제를 감독하는 자리를 맡겼다. 이 위원회는 푸에르토리코의 부채를 상환할 자금을 마련하기 위해서 공공 서비스에 대한 예산을 줄이는 긴축 정책을 승인했다. 이 정책 때문에 푸에르토리코의 취약한 상황은 더욱 악화되었다. 바로 그런 상황에서 허리케인 마리아가 닥쳐왔다.

허리케인 마리아는 아무리 기반이 튼튼한 사회라도 휘청거리게 할 만큼 강력했다. 그런데 푸에르토리코는 단순히 휘청거리는 데서 그치지 않고 완전히 주저앉았다.

허리케인 마리아 참사로 약 3천 명이 목숨을 잃었다. 그런데 정작 강풍과 홍수 때문에 목숨을 잃은 사람은 많지 않다. 대부분의 사망자는 허리케인이 지나간 후에 발생했다. 몇 달 동안 전력망이 복구되지 않은 탓에 많은 사람이 필수적인 의료 장비를 이용할 수 없었다. 깨끗한 물을 구하지 못해 하는 수 없이 오염된 물을 마셔야 했던 사람도 있었다. 의료 시설에는 병을 치료할 약이 동이 났다. 이런 비극은 푸에르토리코섬의 정부와 워싱턴의 연방 정부가 비상사태에 필요한 필수 서비스를 공급하는 견고한 시스템을 세워 푸에르토리코 사람들을 보호할 임무를 방기한 탓에 발생한 결과였다.

허리케인 카트리나 때 뉴올리언스는 비상사태 대비와 재해 대응과 관련해서 푸에르토리코와 똑같은 약점을 안고 있었다.

그리고 지금, 푸에르토리코에서 허리케인이 지나가고 한참 뒤까지 비슷한 상황이 펼쳐졌다.

허리케인 마리아는 푸에르토리코의 기간 시설을 무너뜨렸을 뿐 아니라 식량과 연료의 공급망을 끊어 놓았다. 또한 12년 전 허리케인 카트리나 때 뉴올리언스에서 벌어진 것과 똑같은 일이 푸에르토리코에서도 벌어졌다. 연방의 긴급 구호 활동은 완전히 엉망진창이었다. 3천만 인분의 구호용 식사를 공급하는 사업 계약을 따낸 조지아주의 어느 회사는 파산 기록이 있을 뿐 아니라 직원이 딱 한 사람인 곳이었다. 몬태나주의 어느 회사는 직원이 두 명뿐인데도 (미국 내무부 장관과의 연분 덕분인지) 3억 달러짜리 전력망 재건 사업 계약을 따냈다. 이 계약들은 나중에 취소되긴 했다. 하지만 이런저런 문제 때문에 긴급한 재해 구호와 피해 복구에 꼭 필요한 구호 식량과 전력망 복구용 재료가 쓰이지 않은 채로 몇 달 동안 창고에 방치되어 있었다.

결국 허리케인이 지나가고 한참 뒤까지도, 푸에르토리코의 서민들은 손전등에 의지해 우울증과 곤궁함과 싸우며 살고 있었다. 재해 상황을 기업들에 계약 사업을 나누어 줄 기회로 사용한 정부의 결정이 빚어낸 결과였다.

뉴올리언스의 허리케인 카트리나 재앙도 마찬가지였지만, 허리케인 마리아가 빚어낸 재앙은 단순한 자연재해가 아니었다. 이 사회는 정부의 의도적인 결정 때문에 이미 허약해진 상태에서 기후 변화 때문에 강력해진 폭풍에 강타당해 무너지고 말았다. 이 재해는 사람들의 행복과 공동체의 안녕보다는 부채 상환이 더 중요하다 보고 내린 결정이 불러온 인재였다.

허리케인 마리아가 휩쓸고 간 푸에르토리코에 대한 구호 활동을 이처럼 뒤늦게 게다가 무성의하게 진행한 것을 보면, 권력을 가진 사람들이 같은 미국인이기는 하지만 노예와 원주민의 후손이면서 대부분 가난한 사람들의 목숨을 얼마나 하찮게 여기는가가 여실히 드러난다. 이에 비해서, 같은 해에 플로리다주와 텍사스주가 비슷한 파괴력을 지닌 허리케인에 공격당했을 때는 훨씬 더 신속하고, 훨씬 더 많은 구호 지원이 시행되었다.

허리케인 마리아의 이야기는 부실한 관리가 위기를 낳고, 위기가 다시 재해 자본주의를 부르는 낯익은 순환의 또 하나의 사례에 지나지 않은 것처럼 보였다. 그러나 이 이야기 속에는 희망도 있다. 마리아 이후에 푸에르토리코는 단순히 재해에 삼켜진 현장이 아니라 서로 다른 관점이 경쟁하는 전쟁터가 되었다. 이 전쟁터의 한편에는 뉴올리언스 사람들을 대하던 것과 똑같은 방식으로 푸에르토리코 사람들을 대하는 재해 자본주의가 있었고, 반대편에는 어려운 상황에서도 새로운 시도를 하고 있는 푸에르토리코 사람들이 있었다.

폭풍 이후에 어둠 속에서 빛을 밝혔던 카사 푸에블로는 푸에르토리코 사람들을, 그리고 전 세계 모든 사람을 더 안전한 미래로 이끌어 갈 방법을 제시하고 있다.

카사 푸에블로에서 얻은 교훈

카사 푸에블로를 둘러보면서 나는 태양광 전력을 이용하는 무선 방송 시설과 허리케인 이후에 태양광 전력을 이용해 마련했다는 영화관을 보았다. 그곳에는 나비 정원과 인기 있는 카사 푸에블로산 커피와 각종 현지 공예품을 판매하는 가게도 있었다. 카사 푸에블로 벽에는 야외 교육 장소로 쓰이는 숲속 학교 사진들이 걸려 있었다. 워싱턴 D.C.에서 열린 가스 수송관 반대 시위 사진도 있었는데, 그 시위로 카사 푸에블로 인근 산지를 지나는 가스 수송관 건설 계획이 중단되었다고 했다.

나는 카사 푸에블로 이사회 의장이자 생물학자인 아르투로 마솔 데야를 만나 이야기를 나누었다. 그는 허리케인을 겪으면서 어떤 해법이 가능할지에 대한 생각이 바뀌었다고 말했다. 여러 해 전부터 그는 푸에르토리코가 태양광 전지판과 풍력 터빈 등 재생 가능 에너지원에서 얻는 전력의 비중을 늘려야 한다고 주장해 왔다. 또 수입해 온 화석 연료에 전적으로 의존해서 소수의 중앙 집중식 발전소를 운영하다가는 강력한 폭풍 한 번으로도 전체 전력망이 무너질 수 있다는 경고까지 해왔다.

그런데 그 경고가 현실이 되었다.

허리케인을 겪은 뒤로는 모든 사람이 마솔 데야가 경고해 왔던 문제들을 이해하게 되었다. 낡은 전력 체계의 붕괴는 그가 주장해 온 재생 가능 에너지 옹호론을 뒷받침하는 강력한 근거가 되었다. 그런데 태양광 전지판과 풍력 터빈 역시 강풍에 손상될 수 있다. 따라서 태양광 발전소와 풍력 발전소를 대규모 집중식으로 만들 경우에는 발전소에서 생산한 전기를 먼 곳으로 보내는 송전망이 파괴될 위험이 있다. 사람들은 카사 푸에블로의 태양광 발전처럼 지역 사회 내에서 생산하고 그곳에서 소비하는 소규모 전력 생산 방식이 유용하다는 것을 차츰 이해하게 되었다.

카사 푸에블로는 태양광 발전의 이런 장점을 널리 알리기 위해서 허리케인 직후에 태양광 전등 1만 4천 개를 주민들에게 나누어 주었다. 작은 상자 모양의 이 전등은 낮 동안에 햇빛 받는 곳에 놓아두면 태양 에너지를 흡수해 저장했다가 어두운 곳에서 빛을 낸다.

카사 푸에블로는 허리케인이 지나가고도 여러 달 동안 전기를 충분히 쓰지 못하는 가정에 태양광 전력을 이용하는 냉장고를 나누어 주었다. 지금 카사 푸에블로는 푸에르토리코가 사용하는 에너지의 절반을 태양에서 얻는 에너지 전환 정책을 촉구하는 캠페인을 벌이고 있다.

내가 만났던 푸에르토리코 사람들 가운데 몇몇은 허리케인 마리아를 〈우리 선생님〉이라고 불렀다. 허리케인을 겪으면서 사람들은 어떤 것이 쓸모가 없는지 배웠다. 어떤 것이 쓸모가 있는지도 배웠다. 태양광 전지판뿐 아니라, 전통 방식을 사용하는 소규모 유기농 농장 역시 현대적인 산업형 농업보다 홍수와 바람에 더 잘 견딘다는 것을 배웠다. 장거리 운송이 중단되자 수입 식품의 공급은 끊겼지만, 현지 농장에서 생산된 식품은 쉽게 구할 수 있었다.

하룻밤 사이에, 모든 주민이 이처럼 비옥한 섬에서 농업에 대한 자주권을 잃은 것이 얼마나 위험한지 깨닫게 되었다. 전통적인 농장이 여전히 유지되고 있는 지역의 주민들은 생태주의에 입각한 전통적인 농업이 과거의 기이한 유물이 아니라 미래의 생존에 필요한 중요한 도구라는 것을 배웠다.

허리케인은 지역 사회 내의 긴밀한 유대감의 중요성을 깨닫게 해주었다. 푸에르토리코 출신으로 섬 밖에서 살고 있는 사람들과의 유대감 역시 중요했다. 정부의 구호 활동 실패가 계속되자, 사람들은 어려운 상황에서도 서로서로 도우며 생명을 구하는 활동을 해나갔다.

허리케인 마리아 이후, 푸에르토리코 주민들이 꾸린 수십 개의 조직들이 연대하여 변화를 요구하기 시작했다. 이들은 〈훈테 젠테Junte Gente(〈단결한 민중〉이라는 뜻의 스페인어)〉라는 구호를 내걸고 공정하고 정의로운 경제로 전환할 것을 요구하고 있다. 또 낡은 체계를 더욱 강화하는 방식 대신에, 푸에르토리코 사람들에게 진정한 도움이 되도록 지역 사회에 기반을 두고 깨끗한 에너지와 새로운 교육, 교통과 식품 체계를 건설할 것을 요구하고 있다.

허리케인 같은 재해는 일상생활을 무너뜨린다. 재해 후에는 종종 한 지역 사회를 재건하거나 한 국가를 재건하는 사업이 필요한 경우도 있다. 3장에서 보았듯이, 어떤 사람들은 이런 붕괴 상황과 재건 과정을 부자에게 더 큰 부를 몰아주는 기회라고 여기기도 한다. 그러나 우리는 재해 이후 재건 과정의 혜택이 반대 방향으로 흐르게 만들 수 있다. 재건 과정을 이용해 한때는 불가능해 보였던 좋은 방안들을 실행할 기회, 낡고 해로운 활동 방식을 바꿀 기회를 잡을 수도 있다. 또 기후 변화의 충격뿐 아니라 전염병 같은 각종 위기에 더 잘 대처할 수 있도록 미래를 설계할 기회를 잡을 수도 있다.

녹색 도시 그린스버그

미국 캔자스주의 작은 도시 그린스버그 역시 푸에르토리코처럼 재해 때문에 초토화가 된 곳이다. 그런데 그린스버그는 푸에르토리코와는 다르게, 정치적 자치권을 유지하면서 필요한 재정 지원을 받았다. 덕분에 이 도시는 재건을 넘어서 과거가 아니라 미래를 지향하는 도시로 탈바꿈했다.

2007년 5월 어느 날 밤, 그린스버그는 토네이도의 기습으로 흔적도 없이 사라질 뻔했다. 평범한 폭풍이 아니라 슈퍼 토네이도라고 불릴 만큼 크고 강력한 초강력 폭풍이었다. 이 회오리바람의 최대 풍속은 시속 330킬로미터였고, 땅에 닿는 순간의 지름은 2.7킬로미터로 그린스버그 도시 전체를 덮고도 남을 만큼 컸다.

캔자스주 사람들은 토네이도에 대해 많이 안다. 그날 밤 그린스버그에서 토네이도 경보가 울리자, 주민들은 지하실이나 최대한 안전한 장소를 찾아 몸을 피했다. 주유소에 딸린 상점을 찾았던 손님들에게 가장 안전한 장소는 상점 내부에 있는 대형 냉장 시설 안이었다.

토네이도가 찾아오기 직전, 번개가 치고 굵은 얼음 우박이 쏟아졌다. 그 후 깔때기 모양의 소용돌이가 천천히 움직이며 도시를 뭉개고 지나갔다. 토네이도가 지나간 그린스버그에서는 건물의 95퍼센트가 파괴되거나 피해를 입었다. 또 열한 명이 목숨을 잃고 예순 명이 부상을 입었다.

그 후 이곳 주민의 절반인 약 1,500명이 도시를 등지고 떠났다. 남은 사람들은 천막에 모여 도시 재건 대책을 논의했다.

「천막 회의 때 다룬 가장 중요한 주제는 우리는 누구이고 우리에게 소중한 가치는 무엇인가 하는 거였어요. ……서로 의견이 부딪힐 때도 있었지만, 우리는 서로의 의견을 존중하며 끝까지 대화를 이어 갔죠.」 당시 그린스버그 시장이었던 밥 딕슨의 말이다. 농촌 지역에 사는 사람들이 흔히 그렇듯이, 딕슨은 여러 대에 걸쳐서 농사를 지어 온 집안의 후손이었다. 「우리의 선조가 이 땅을 지켜 온 청지기였다는 점을 잊어선 안 됩니다. 저의 선조는 원래 뗏장을 벽돌처럼 쌓아 올린 친환경 주택에 살았어요. ……우리 삶에서 환경을 전혀 해치지 않고 오랫동안 지속 가능한 유일한 요소는 바로 우리가 서로를 대하는 방식이라는 것을 알게 되었죠.」

그린스버그는 환경 친화적인 녹색 도시로 완전히 새롭게 태어나기로 결정했다. 그린스버그는 정부의 재해 복구 지원금과 비영리 단체와 대형 풍력 터빈을 건설한 현지 사업체의 도움을 받아 지속 가능한 삶의 모범적인 사례로 변신했다.

이렇게 해서 그린스버그에는 친환경 건축물 인증 제도인 LEED(에너지와 환경 디자인에서의 리더십Leadership in Energy and Environmental Design)의 상위 등급 기준을 충족하는 공공건물들이 새롭게 들어섰다. LEED 등급 제도는 건축물이 현지 환경에 가장 적합하게 부지에 배치되는지, 에너지와 물을 효율적으로 사용하는지, 제한된 자원을 파괴하지 않는 방법으로 생산되거나 수확되는 지속 가능한 재료를 건축 재료로 사용하는지 등 여러 가지 사항을 평가한다. 그린스버그 도시 소유의 새로운 병원과 학교를 포함해서 공공건물 십여 개 중 절반이 LEED 최고 등급을 받았다.

학생들 역시 공공건물 설계 과정에 참여했다. 이들은 새 학교에 대한 여러 가지 구상을 거리낌 없이 내놓았다. 도시 재건에 참여한 한 건축가는 이렇게 말했다. 「청소년들이 솔직한 의견을 내놓지 않았다면, 토네이도 발생 후 일주일 만에 학교 이사회가 구입한, 도심에서 16킬로미터 떨어진 부지에 학교가 세워졌을 겁니다. 그랬다면 그저 그런 평범한 동네 학교로 남게 되었겠지요. 그런데 청소년 세대가 변화의 필요성을 알아채고 그 필요성을 알리고 나선 덕분에 학교가 중심가에 건설되었어요. 이 학교는 이제 지역 사회를 결합시켜 교육을 변화시키고 지역 사회에

캔자스주 그린스버그의 우물 빅 웰은 깊이가 33미터인데 〈기계를 쓰지 않고 사람 손으로 만든 세계 최대의 우물〉이라는 명성을 안고 있다. 이 우물은 도시를 거의 초 토화시킨 2007년 토네이도 기습 때도 파괴되지 않았다. 그런데 우물 옆에 세워졌 던 박물관이 파괴되어 이제는 새로운 박물관이 지어졌다. 이 박물관이 그린스버그 가 친환경 도시로 거듭난 사실을 기록하고 있다. 토네이도의 나선형 모양을 연상시 키는 새로운 계단이 돋보인다.

활력을 불어넣는 공간이 되었습니다.」

이 도시는 깨끗하고 재생 가능한 에너지에서 전력을 얻고 있 다. 대부분의 전력을 풍력에서 얻는다. 그린스버그를 결딴냈던 자연의 힘이 이제는 크고 작은 터빈을 돌려 사업체와 공공건물, 농장에 전력을 공급하고 있다.

이 과감한 재창안 덕분에 그린스버그는 여러 가지 혜택을 누 리고 있다. 우선, 재생 가능 에너지원을 이용하니 비용이 절감된다. 새 병원은 같은 규모의 일반 병원보다 에너지 비용이 59퍼센트 적게 들고, 학교는 72퍼센트 적게 든다. 또 다른 혜택은 다시 토네이도가 와도 도시가 버텨 낼 가능성이 높아졌다는 점이다. 주택과 아파트는 뗏장을 벽돌처럼 쌓는 방식 등 에너지 손실을 막을 뿐 아니라 강풍에 견딜 수 있도록 건물 구조를 강화하는 여러 가지 방법을 동원해서 짓는다.

그린스버그의 주민 수는 토네이도 이전보다 줄었지만, 이 작은 마을은 큰 영향력을 떨치고 있다. 친환경으로 거듭난 그린스버그 이야기는 책에서, 기사에서, 두 편의 다큐멘터리 미니시리즈에서, 그리고 의회 의사당에서도 다루어졌다. 환경에 대한 영향을 최소화하는 지속 가능한 삶을 고민하는 젊은이들과 도시 계획 연구자들이 그린스버그가 그 일을 어떻게 해냈는지 살펴보려고 여러 지역에서 찾아온다.

그린스버그는 지역 공동체 차원에서의 참여 민주주의가 가진 위력을 보여 주었다. 참혹한 피해를 입은 이곳 사람들이 미래에 대한 새로운 관점으로 새롭게 출발할 용기를 낸 것이다. 그린스버그의 또 다른 교훈은 더 폭넓은 생각이 저력과 효율성을 발휘한다는 점이다. 주민 각자가 에너지 효율적인 창문과 장치를 이용해 각자의 가정과 사업체를 재건해 냈다면, 이런 변화 역시 바람직한 성과를 냈을 것이다. 그러나 생각의 폭을 더 넓혀 완전히 새로운 도시를 상상한 덕분에 그린스버그 주민들은 기후 변화에 맞선 싸움에서 훨씬 더 큰 성과를 이끌어 내는 데 필요한 지원과 자금을 확보할 수 있었다.

재해 때문에 만신창이가 되기 전에 더 많은 도시가 그린스버그가 일으킨 모범적인 변화에 못지않은 변화를 이루도록 도울 수 있다면 더 좋지 않을까? 국가적인 차원에서, 더 나아가 세계적인 차원에서 카사 푸에블로의 사례에서 얻은 교훈을 적용해 변화를 설계한다면 더 좋지 않을까?

이제부터 그 방법을 제시할 테니, 잘 따라오기를.

평온한 미래를 위한 싸움

푸에르토리코 바야몬에 사는 활동가 아미라 오데 키뇨네스는 아주 어렸을 때부터 환경을 사랑하는 마음이 강했다. 여섯 살 때 어느 산호초에서 스노클을 쓰고 잠수를 즐겼던 기억이 있는데, 열두 살이 되고 보니 〈그게 사라지고 없었어요〉라고 그는 말한다.

오데 키뇨네스가 이십 대 중반이었던 2017년에 허리케인 마리아가 푸에르토리코를 덮쳤다. 「모든 게 엉망이 되었어요. 우리가 수입에 얼마나 의존하고 있는지 알게 되었죠. 항구에 며칠 동안 배가 들어오지 못했는데 그사이에 먹을 게 동이 날 판국이 되었어요. 내가 태어나서 평생 걸어 다니던 거리가 온데간데없이 사라졌고요. 하루 또 하루가 지나도 아무것도 나아지는 게 없는 것을 보면서 무서운 마음이 들었어요.」

허리케인 마리아 이후에 오데 키뇨네스는 사회 정의와 기후 정의 활동에 집중하기 위해서 350.org 지부를 세웠다. 이 단체는 스스로를 〈화석 연료의 시대를 끝내고 지역 사회가 앞장서서 모두가 재생가능 에너지를 사용하는 세계를 만들기 위해 활동하는 평범한 사람들의 국제적인 운동〉이라고 표현한다. (나는 여러 해 동안 이 단체의 이사로 활동했다.) 또 오데 키뇨네스는 푸에르토리코 대학 캠퍼스에서 병물 판매를 중지하는 캠페인을 성공적으로 진행하는 등 환경 지킴이 활동도 열심히 하고 있다.

오데 키뇨네스는 기후 변화 문제를 넘어서서, 허리케인 마리아 피해 복구 과정에서 푸에르토리코 사람들에게 공정한 기회가 열리는 것을 보고 싶다고 말한다. 그리고 마리아 때부터 시작된 피해가 여전히 사람들의 삶을 망치고 있는 현실을 몹시 안타까워한다. 「해안 마을이나 산간 마을에는 아직도 주택 수천 채가 파괴된 채로 복구되지 않고 남아 있어요. 아직도 부서진 기간 시설이 남아 있고 집과 일터를 되찾지 못한 가구들이 있어요. ……사람들이 입은 마음의 상처는 전혀 치유되지 않았어요.」

푸에르토리코의 미래와 관련된 정책을 만들 때는 모든 사람을 참여시켜야 한다고 오데 키뇨네스는 주장한다. 「이 논의에는 반드시 공동체가 참여해야 합니다. 어떤 것이든 결정되고 나면 우리의 생존에 큰 영향을 미칠 테니까요.」 옳은 말이다. 위로부터 또는 외부로부터 해야 할 일을 지시받을 때보다 어떤 정책의 영향을 받게 될 사람들이 직접 정책 결정에 참여할 때, 그 정책은 사람들에게 더 잘 받아들여지고 더 큰 효과를 낼 수 있다. 허리케인 또는 기후 변화와 관련한 정책에는 반드시 그로 인해 가장 큰 영향을 받는 사람들의 의견이 반영되어야만 한다.

8장
그린 뉴딜

우리는 전 세계 기후 과학자들 덕분에 지구 온난화를 억제하려면 어떤 일을 해야 하는지 이미 알고 있다. 우리는 에너지를 얻는 방식, 자원을 사용하는 방식, 일상을 영위하는 방식과 관련해서 거의 모든 것을 바꾸어야 한다. 그렇게 큰 변화를 이루는 것은 불가능한 일 같은가?

그렇지 않다. 우리는 이미 그런 변화를 이룬 경험이 있다. 한 번도 아니고 여러 번 이루어 냈다. 우리는 국가적인 위기, 더 나아가 세계적인 위기가 닥쳤을 때마다 큰 변화를 이루어 냈다. 세계가 기후 위기와 경제 위기를 맞고 있는 지금도 바로 그런 변화가 필요한 때다.

대공황과 뉴딜

1930년대에 미국은 대대적인 변화를 이루어 냈다. 당시 미국은 프랭클린 루스벨트 대통령의 주도 아래 정부와 경제를 바꾸는 수십 개의 정책을 채택했다. 이 모든 정책을 아울러서 부르는 이름이 바로 뉴딜이다.

뉴딜이 채택된 배경에는 대공황이라는 참혹한 경제 위기가 있었다. 1929년 10월, 미국에서 대공황이 시작되었다. 대공황 직전에 투자자들의 돈이 주식 시장으로 몰려들면서 많은 주식의 가격이 갑자기 치솟았다. 투자는 상승과 하락의 사이클을 벗어날 수 없기 때문에 이런 방식의 투자는 경제 불안정을 낳을 수 있다. 주식이 제 가치보다 높게 매겨져 있어서 곧 휴지 조각이 될 거라는 보도가 나오면서 사람들이 충격에 휩싸였다. 초조해진 투자자들이 일주일 만에 엄청나게 많은 주식을 팔아 버렸다. 결국 주식 가치가 갑자기 뚝 떨어지면서 그 충격파가 미국 경제 전체로 퍼져 나갔다.

은행들이 무너지고 사업체들이 문을 닫았다. 수백만 명이 일자리를 잃었다. 일자리를 지킨 사람들도 대부분 임금이 대폭 깎이는 것을 감수해야 했다. 정부 역시 세금으로 들어오던 수입이 빠르게 줄어들면서 곤경에 빠졌다. 국가 간 무역이 위축되었다가 무너지면서 경제 불황이 다른 나라들로 퍼져 나갔다.

그때껏 미국이 겪어 보지 못한 심각한 빈곤과 고통, 기아가 미국 전역을 휩쓸었다. 곳곳에서 판자촌이 생겨났다. 주택 임대료를 낼 수 없거나 일자리를 구하지 못한 사람들이 나뭇조각과 낡은 천, 판지를 모아 되는 대로 누울 곳을 만들었다. 이들은 일자리를 찾거나 음식을 구걸하며 도시와 소도시, 시골을 돌아다녔다. 가장 큰 타격을 입은 것은 아프리카계 미국인들이었다. 이들은 가장 먼저 일자리를 잃었고 이들의 실업률은 백인보다 훨씬 높았다.

대공황 초기에, 정부는 곤경에 빠진 사람들에게 도움을 거의 주지 못했다. 연방 정부 차원에서 실업자나 노인, 장애인을 지원할 사회 안전망을 제공하는 제도 자체가 존재하지 않았다.

그러다 1933년, 루스벨트가 대통령에 취임했다. 루스벨트 대통령은 미국인들에게 대변혁을 약속했다. 루스벨트 행정부는 대공황이 불러온 곤경과 파탄을 극복하기 위해 새로운 정책과 제도, 공공 투자를 대대적으로 시행했다. 노동자들이 지나치게 낮은 임금에 고통받지 않게 보호하려는 취지에서 최저 임금법이 만들어졌다. 소득 활동에서 은퇴한 노인들에게 소득을 보장하고 장애를 가졌거나 일을 할 수 없는 사람들을 돕기 위해서 사회 보장 제도가 만들어졌다.

대공황을 불러일으킨 주요 원인은 일부 은행들의 무분별한 행동이었다. 은행들 사이에서는 사람들이 맡긴 예금을 이용해 위험한 주식 투자를 하거나 은행 임원이 주식 투자를 한 회사에 대출을 해주는 관행이 널리 퍼져 있었다. 따라서 은행들이 이런 행동을 하지 못하도록 제한하는 새로운 규제 조치가 필요했다. 긴급 은행법이 제정되었고 은행들은 연방 정부의 감독 아래 영업을 다시 시작했다. 이처럼 엄격한 연방 정부의 규제가 시행될 수 있었던 것은 건강한 경제를 회복하기 위해서는 이런 규제가 반드시 필요하다는 강력한 여론 덕분이었다. 잠깐 덧붙이자면, 요즘 과학자들 역시 건강한 지구를 회복하기 위해서 반드시 필요한 조치라는 판단 아래 온실가스 배출에 대한 엄격한 규제를 실시하라고 촉구하고 있다.

그 밖에도 여러 가지 뉴딜 정책이 실시되었다. 미국의 시골 지역 대부분에 처음으로 전기가 공급되고 도시마다 저렴한 주택이 대규모로 건설되었다. 가뭄 때문에 드넓은 농지가 더스트 볼*로 변해 버린 미국 중부 지역에서는 토양 보호에 초점을 둔 농업 지원 정책이 시행되었다. 이런 사업들은 많은 일자리를 만들고 사람들의 생활을 보호하는 성과를 내면서 미국이 대공황을 극복하는 데 도움을 주었다.

실업을 해결하기 위해서 뉴딜이 시행한 한 가지 방법은 시민 자연 보호단이라는 대규모 사업이었다. 십 대 후반을 비롯해 젊은 남자들에게 일자리를 주기 위해서 만들어진 조직으로, 이 조직에 참여하려는 사람들은 최소 6개월간의 활동 계약서에 서명을 해야 했다. 이들에게는 식사와 근무지 인근 야영지 내 기숙사가 제공되었고, 매달 소액의 임금이 지급되었다. 이들은 가족의 생계를 돕기 위해서 임금의 대부분을 집으로 보내야 했다. 이들 중 수천 명이 시민 자연 보호단 활동을 하는 동안 읽고 쓰기를

* Dust Bowl. 1930년대 미국 중부 지역에서 밀 경작지 확대 등의 영향으로 농토가 건조해진 데다 가뭄까지 겹치면서 강력한 모래먼지 폭풍이 자주 발생하던 지역을 말한다.

1933년 캘리포니아 동부 시에라산맥에 있는 어느 시민 자연 보호단 시설에서 몸을 씻는 젊은이들. 시민 자연 보호단은 미국을 대공황에서 구해 낸 뉴딜 정책의 일환이었다.

배웠고 새로운 직업 기술을 익혔다.

봉사자들은 공공사업 시행지에서 일했는데, 사업 시행지는 대부분 미국 서부의 야외였다. 이 사업이 낸 환경 개선의 성과는 엄청났다. 시민 자연 보호단 사업이 시행되는 동안 봉사자들이 심은 나무는 23억 그루가 넘었다. 이들은 도로, 교량, 홍수 방지용 제방과 댐을 비롯한 각종 시설을 건설하거나 개량했다. 미국 내 국립 공원과 주립 공원에서도 많은 사업이 시행되었다. 시민 자연 보호단의 참여 아래 새로 만들어진 공원이 800개에 이른다. 이때 만든 시설 중 많은 수가 지금까지 유지되고 있다.

시민 자연 보호단 활동의 절정기였던 1935년에는 보호단의 야영지 수가 2,900개, 봉사자 수가 무려 50만 명을 기록했다. 시행 기간 9년 동안 시민 자연 보호단에 참여한 미국 남성의 수는 무려 3백만 명이나 되었다. 아프리카계 미국인 남성들도 참여할 수 있었지만, 야영지 안에는 인종에 따라 분리된 시설이 있었다. 여성들은 원칙적으로 참여할 수 없었다. 딱 한 곳의 야영지만 예외였는데, 그곳에서 여성들은 식품 저장법을 비롯한 가사 훈련을 받았다.

그 밖에도 여러 가지 뉴딜 사업은 미국 전역에 지금까지 지속되는 성과를 남겼다. 공공 산업 진흥국은 많은 사람을 고용해 학교, 도로, 공항 등을 짓는 일에 투입했다.

1933년과 1940년 사이에 새로운 정부 기관이 30개 넘게 만들어졌고, 정부가 직접 고용한 인원은 1천만 명이 넘었다.

뉴딜의 가장 큰 문제는 사업의 혜택이 백인 남성 노동자들에게 지나치게 집중되어 있었다는 점이다. 여성, 아프리카계, 멕시코계 미국인, 원주민은 뉴딜의 혜택을 거의 받지 못했다. 그럼에도 뉴딜은 한 사회가 불과 10년 만에 큰 변화를 이룰 수 있음을 보여 주는 뚜렷한 사례다. 뉴딜은 가치관의 일대 전환을 이루어 냈다. 부와 이익을 그 어떤 희생도 개의치 않고 추구해야 하는 가장 큰 가치로 꼽던 사람들의 관심의 초점이 다른 사람들을 도우면서 더 안전한 경제와 사회를 재건하는 데로 옮겨 갔다.

가치관의 전환과 함께 정부의 책임과 연방 정부의 지출과 관련해서 신속한 변화가 일어났다. 정부는 긴급한 위기에 대처하기 위해 신속하게 행동했고 대대적인 변화를 시행했다. 만일 기후 변화를 억제하기 위해 필요한 변화를 감당할 만한 재원이 충분치 않다거나, 어떤 정부나 어떤 경제도 그렇게 신속한 대응을 할 수 없다는 말을 듣게 되면, 뉴딜을 떠올리자. 뉴딜의 사례에서 보았듯이, 이처럼 대대적인 변화를 감당할 만한 재원은 충분히 구할 수 있고, 정부나 경제의 신속한 대응도 충분히 가능하다는 것을 우리는 잊지 말아야 한다.

　뉴딜이 시행되는 동안, 미국 연방 정부가 이 모든 비용을 국민이 낸 세금으로 감당한 것은 아니었다. 루스벨트 행정부는 미국 경제에 대한 은행과 개인의 투자를 장려하는 보험 사업과 대출 사업을 개발했다. 정부와 민간이 함께 뉴딜의 시행에 필요한 비용을 공급했고, 뉴딜 덕분에 수백만 가구가 가난에서 벗어났다. 지금도 똑같은 일이 일어날 수 있다. 물론 어떤 인종과 어떤 성별에게는 혜택을 주지 않았던 방식만큼은 따라 해서는 안 된다. 이런 변화를 이루기 위해서 필요한 것은 오직 하나, 모든 것을 바꾸겠다는 우리의 결단뿐이다.

뉴딜 시대의 젊은이들

1934년 당시 미국의 영부인 엘리너 루스벨트는 이렇게 말했다. 「젊은이 세대를 잃게 될지도 모른다는 걱정이 늘 저를 짓누릅니다. 우리는 젊은이들을 활기 넘치는 공동체의 삶으로 이끌어서 그들이 스스로를 꼭 필요한 존재라고 느끼게 해야 합니다.」

프랭클린 루스벨트 대통령의 부인은 남편이 추진하는 뉴딜이 젊은이들에게 충분한 도움을 주지 못한다고 느꼈다. 많은 젊은이들이 일자리를 구하지 못했다. 돈이 없어 대학 교육을 포기하는 젊은이들도 많았다. 엘리너 루스벨트는 교육자들과 함께 젊은이들을 위한 정책을 구상했다.

그 결과 1935년에 국립 청소년국이 설치되었다. 국립 청소년국은 시간제 일자리를 신청하는 고등학생과 대학생에게 보수를 주었다. 이 제도 덕분에 학생들은 돈을 벌기 위해 학교를 그만둘 필요가 없었고, 돈을 빌리지 않고도 학교에 다닐 수 있었다. 예를 들어, 아이다호주의 한 젊은이는 지역 YMCA에서 아이들을 가르치면서 받은 국립 청소년국 장학금으로 2년제 대학을 계속 다닐 수 있었다.

국립 청소년국은 학교에 다니지 않는 실업 중인 젊은이들을 위해 연방 직업 훈련소에서 실무 훈련 기회를 주었다. 나중에는 사업의 초점을 젊은이들에게 바느질과 자동차 수리 등 직업 기술을 교육하는 일로 바꿨다.

미국이 제2차 세계 대전에 참전한 후로 정부는 젊은이들에게 국방과 관련된 기술을 가르쳤다. 국립 청소년국은 여성들에게 병원에서 X선 촬영기를 다루는 법, 항공기 제작 공장에서 드릴 등 전동 공구를 사용하는 법, 라디오를 조립하는 법 등을 가르쳤다.

1930년대에 뉴딜의 기획자들은 젊은이들을 무시할 수 없다는 생각에서 국립 청소년국을 만들었다. 당시 젊은이들이 지금 젊은이들과 마찬가지로 자신들을 무시해도 되는 존재로 대우하는 것을 잠자코 받아들이지 않았기 때문이다. 지금 청소년 세대는 기후 변화와 불공정 문제를 해결하기 위해 꾸려지는 변화의 일부가 될 것이다. 뉴딜의 젊은이들이 자신이 가진 기술을 사용할 방법을 찾거나 새로운 기술을 배우면서 변화를 이루는 데 동참했듯이, 여러분이 이미 가진 기술이나 새로 익히는 기술이 변화를 꾸려 가는 여러분의 활동에서 중요한 부분이 될 수 있다. 이에 대해서는 다음 장에서 다룬다.

지구를 위한 마셜 플랜

현대사에서 사람들이 심대한 도전에 맞서 신속하고 대대적인 행동을 벌였던 때는 뉴딜 시대만이 아니었다. 서구권 국가들은 제2차 세계 대전 동안(1939~1945) 히틀러가 집권한 독일과 맞서 싸우기 위해서 순식간에 산업을 탈바꿈시켰다. 세탁기, 자동차 등 소비재 생산 공장들이 놀라운 속도로 선박, 비행기, 무기를 만드는 공장으로 바뀌었다.

사람들 역시 생활 방식을 바꾸었다. 군대가 쓸 연료가 부족하지 않도록 개인용 자동차 운행을 멈추거나 운행 횟수를 줄였다. 영국 사람들은 반드시 필요한 일이 아닌 한 자동차를 거의 사용하지 않았다. 북미의 사람들 또한 자동차 운행을 대폭으로 줄였다. 1938년부터 1944년 사이 미국과 캐나다에서는 버스, 기차 등 대중교통 이용량이 각각 87퍼센트, 95퍼센트나 늘어났다.

사람들은 군대가 필요로 하는 농산물 공급에 지장을 주지 않으려고 자기 집 마당이나 마을 공용 공간에 텃밭을 일궈 자신이 먹을 것을 직접 키웠다. 1943년 미국에서는 2천만 가구가 〈승리의 텃밭〉을 가꾸었다. 다시 말해서, 미국 인구의 5분의 3이 직접 신선한 채소를 키워 먹었다는 이야기다.

전쟁이 끝났을 때, 유럽 서부와 남부 지역은 폐허가 되어 있었다. 경제는 파탄이 났고, 많은 도시와 자연환경이 쑥대밭을 이루고 있었다.

미국 국무 장관 조지 마셜이 유럽 여러 나라의 재건을 도와야 한다며 의회를 설득했다. 마셜은 제2차 세계 대전 당시 적국이었던 독일도 지원 대상에 포함시켰다. 유럽의 부흥은 미국과 자본주의에 장기적으로 큰 이익이 될 것이고, 미국산 제품에 대한 수요가 늘어날 것이라고 주장했다.

1948년 4월, 미국 의회는 마셜의 계획에 동의했다. 이 계획에는 마셜 플랜이라는 이름이 붙었다. 마셜 플랜에 지출된 금액은 총 120억 달러가 넘었다. 당시로서는 미국 역사상 가장 큰 액수의 원조 사업이었다. 처음에는 식량, 연료, 의료용품을 보내는 일부터 시작했다. 다음에는 발전소, 공장, 학교, 철도 재건에 필요한 투자가 이루어졌다.

마셜 플랜은 유럽의 공장과 기업, 학교, 사회 복지 사업의 회복을 돕기 위해 많은 노력을 기울였다. 마셜이 예측했던 것처럼, 전쟁에 파괴된 유럽 국가들의 회복을 돕는 일은 미국에도 도움이 되었다. 마셜 플랜은 유럽 국가들과의 무역과 정치적 결속을 강화했고, 유럽 국가들은 상당히 빠르게 국제 무역에 복귀했다. 마셜 플랜이 시행되지 않았다면 유럽은 이처럼 신속하게 회복할 수 없었을 것이다.

요즘에는 기후 위기에 대처하기 위해서 지구를 위한 마셜 플랜을 시행하자고 주장하는 사람들이 있다. 내가 이 이야기를 처음 들은 것은 앙헬리카 나바로 야노스에게서였다.

나는 2009년에 나바로 야노스를 만났다. 당시 야노스는 남미 국가 볼리비아 대표로 유엔 기후 회의에서 막 연설을 마친 뒤였다. 다음은 그 연설 중 일부다.

작은 섬과 최저 개발국, 내륙국, 브라질, 인도, 중국을 비롯한 세계 전역의 취약한 공동체에 속한 수백만 인구는 기후 변화의 원인을 제공한 적이 없음에도 기후 변화로 인해 고통받고 있습니다. (……) 온실가스를 줄이면서 동시에 사람들의 삶의 질을 향상시키기 위해서 (……) 우리는 지구를 위한 마셜 플랜을 시행해야 합니다.

지구를 위한 마셜 플랜은 오래전에 산업화를 이룬 부유한 국가들이 다른 나라들에 진 기후 부채를 갚는 방법이 될 수 있다. 이에 대해서는 3장에서 다루었다. 부유한 국가들은 화석 연료에서 재생 에너지로 전환하여 자국의 경제를 변혁하는 것을 넘어서서, 다른 나라들이 같은 일을 하는 데 필요한 자원을 제공할 수 있다. 또 이를 통해서 많은 사람에게 가난에서 벗어날 기회를 주고 이들이 아직 누리지 못하는 전기, 깨끗한 물 등의 필수 서비스를 제공할 수 있다.

기후 변화에 맞서 싸울 수 있도록 전 세계를 준비시키려면, 우리는 가장 먼저 석탄 광산과 해양 석유 채취 시설, 석유와 가스를 뽑아내는 프래킹 유전의 신규 건설을 중지시켜야 한다. 물론 여기서 그쳐서는 안 된다. 이미 가동 중인 광산과 석유 채취 시설, 프래킹 유전의 가동을 중지시켜야 한다. 또한 화석 연료 사용을 줄이고 산업형 농업과 같은 여러 가지 활동에서 비롯하는 온실가스 배출을 줄이는 한편, 재생 에너지와 생태적인 농경법의 사용을 빠르게 늘려야 한다. 이를 통해서 이번 세기 중반까지 세계 탄소 배출량을 영으로 만들어야 한다.

다행히 우리는 이미 가진 도구와 기술로 이 모든 것을 해낼 수 있다. 더 좋은 소식은 우리는 화석 연료를 기반으로 한 경제에서 탄소를 배출하지 않는 경제로 전환하면서 세계적으로 수억 개의 좋은 일자리를 만들어 낼 수 있다는 점이다. 다음과 같이 다양한 분야에서 일자리가 생길 것이다.

- 태양광 전지판, 풍력 터빈 등 신재생 에너지 기술을 설계, 제작 및 설치하는 일자리.
- 자동차와 항공기의 지나친 이용을 대체할 유익한 대안으로 고속 전기 열차 등 대중교통 시설을 만들고 운영하는 일자리.
- 오염된 땅과 물을 정화하는 일자리, 훼손된 야생 동물 서식지와 황폐해진 지역을 복원하는 일자리, 나무를 심는 일자리.
- 가정, 기업, 공장, 공공 건물을 개조하여 에너지 효율을 높이는 일자리.
- 아이들을 가르치는 일자리, 정신 건강에 유익한 지원을 하는 일자리, 병자와 노인을 돌보는 일자리, 예술 작품을 만드는 일자리.

이 모든 일자리는 이미 탄소를 적게 배출하는 일자리지만, 적절한 개선을 통해 탄소를 더 적게 배출하는 일자리로 전환될 수 있다.

이런 전환을 이루려면 비용이 많이 들까? 그렇다. 하지만 뉴딜과 마셜 플랜의 사례에서 보았듯이, 정부들은 꼭 필요할 때에는 어떻게 해서든 자원을 찾아낸다. 최근의 사례도 있다. 2008~2009년 금융 위기와 경기 침체 때 미국 정부는 파산한 금융 기관을 구하고 침체된 경기를 일으키기 위해서 막대한 액수를 지출했다. 코로나19가 불러온 경기 침체 때도 경기를 부양하기 위해서 큰 지출을 했다. 반드시 돈을 써야 할 상황이라는 게 분명하고 또 사람들이 돈을 쓰라고 요구한다면 필요한 곳에 쓸 돈은 충분히 마련할 수 있다.

게다가 기후 행동이 필요하다는 것은 분명하다. 세계 전역에서 많은 사람이 정부를 상대로 기후 위기에 대응하기 위해서 변화를 이루기 위한 광범위한 정책 실시를 촉구하고 있다.

그런데 여러 가지 힘이 우리의 대응을 가로막고 있다. 바로 화석 연료에 대한 의존과 세계적인 에너지 기업과 농업 기업의 영향력, 그리고 위기를 외면하는 무관심의 영향력이다. 이 힘들은 지구를 망가뜨리고 있을 뿐 아니라 사람들의 삶의 질을 망치고 있다.

사람들은 엄청난 부를 가진 갑부들과 나머지 사람들 사이의 격차가 점점 커질 때 고통을 받고, 가난한 사람들과 원주민의 권리가 짓밟힐 때 고통을 받고, 다리, 댐 등 공공시설이 무너질 때도 고통을 받는다. 과연 지금의 경제 체제에 의존해서 이런 현실을 바꿀 수 있을까? 그럴 가능성은 희박하다. 자유 시장을 옹호하는 주장들이 정부가 기업 활동을 규제할 책임이 있다는 생각을 약화시켜 왔다. 만일 정부가 규제하지 않으면 기업은 결코 자신의 이익을 해치는 행동을 할 이유가 없다.

우리의 미래를 가장 안전하게 만드는 대대적인 변혁을 이루기 위해서는, 기후 변화 문제에 대처하면서 동시에 기후 변화를 심화시키는 경제 모델을 개혁하는 계획을 세우고 실행해야 한다. 그렇게 해야만 우리는 지구의 생명 부양 시스템을 보호하고 회복시키면서 동시에 이 시스템에 의존하는 모든 사람을 존중하고 부양하는 사회와 경제를 가질 수 있다.

이처럼 대대적이고 광범위한 변화를 이루는 것은 대단히 어려운 일이다. 뉴딜 때, 제2차 세계 대전 당시의 총력전, 그리고 마셜 플랜 때도 그랬듯이, 대대적인 변혁을 이루기 위해서는 새로운 법률과 규제 조치가 필요하다. 정부는 변혁을 뒷받침할 재원을 마련하기 위해서 재정 지출에 변화를 일으켜야 한다. 많은 사람이 이런 변혁이 이루어진 다양한 미래상을 구상하고 제시하고 있다. 우리 역사에 이미 그런 선례가 있음을 강조하기 위해서, 많은 사람이 이런 미래상을 그린 뉴딜이라고 부른다.

오늘날 젊은이들은 살기 좋은 미래의 건설을 위해 그린 뉴딜에 합류한다.

그린 뉴딜과 미래

2018년 말, 미국의 기후 활동 단체 선라이즈 무브먼트Sunrise Movement에 소속된 젊은 기후 활동가들이 미국 하원 의장 예정자의 사무실에서 연좌 농성을 벌였다. 젊은이들이 주도하는 이 운동은 정부 지도자들이 기후 위기에 제대로 대응하지 못하고 있다고 보고 문제를 제기한 것이다.

선라이즈 무브먼트의 일부 활동가들은 아직 투표를 할 수 없는 어린 나이인데도 정치에 대한 관심이 높았다. 이들은 의원 후보들에게 화석 연료 산업이 주는 기부금을 거절하라고 요구했고, 재생 가능 에너지에 우호적인 태도를 보이는 의원 후보들을 지지했다.

선라이즈 무브먼트의 젊은이들은 정치 지도자들에게 그린 뉴딜을 계획하고 시행할 것을 핵심 요구로 내걸었다. 그린 뉴딜만이 미국이 화석 연료 의존에서 벗어나면서 동시에 환경에 해를 입히지 않는 일자리를 만들고 사회 정의와 기후 정의를 보장하는 길이라고 주장했다.

그린 뉴딜은 기후 위기 극복에 초점을 둔 뉴딜이라고 요약할 수 있다. 이 견해가 논의되기 시작한 것은 2000년대 중반 이후였다. 경제학자, 환경 운동가, 그리고 몇몇 정치인들이 미국과 영국, 그리고 유엔에서 이 견해를 제시했다. 그러나 이 견해가 정치적 논의의 중심으로 들어온 것은 2018년 가을, 유엔 기후 변화에 관한 정부 간 협의체가 2100년까지 지구 온도 상승을 1.5도로 억제한다는 목표를 달성하기 위해서 필요한 조치들을 조목조목 다룬 보고서를 발표한 다음부터였다.

2019년 초, 알렉산드리아 오카시오코르테스 하원 의원과 에드 마키 상원 의원이 미국 의회에 그린 뉴딜 결의안이라는 계획안을 제출했다.

이 결의안은 미국 의회에 탄소 배출 제로에 도달하기 위한 정책을 실시하고 또한 모든 에너지를 깨끗한 재생 가능 에너지원으로부터 얻는다는 목표를 아주 빠르게 달성하기 위해서 전념할 것을 요청했다. 다음은 결의안이 제시한 방법 중 일부다.

- 기존 건물을 개량하고, 신축 건물은 에너지와 물의 효율

적 이용이 가능하도록 지을 것.

● 산업과 제조 과정에서 오염 물질과 온실가스 배출을 줄일 수 있는 원료와 기술을 사용하는 등 환경에 해를 입히지 않는 제조 방식을 지원할 것.

● 전력망의 효율성 향상을 위해서 투자하고 오염 물질을 배출하지 않는 원천에서 얻은 전기를 적정한 요금으로 공급하기 위해서 노력할 것.

● 대중교통, 고속 열차, 온실가스를 방출하지 않는 차량에 대한 투자를 포함해서 전국적인 규모에서 운송 시스템을 대대적으로 변혁할 것.

오카시오코르테스와 마키가 제시한 그린 뉴딜 계획안은 탄소 감축을 넘어서서 광범위한 변화를 통해 사회를 개선하는 것을 목표로 삼았다. 즉, 모든 미국인에게 가족을 부양하기에 충분한 임금이 보장되는 일자리와 대학을 포함한 교육, 질 좋은 의료 혜택, 안전하고 비싸지 않은 주거, 〈깨끗한 물, 깨끗한 공기, 건강에 유익하고 비싸지 않은 음식, 그리고 자연에 접근할 권리〉를 보장하길 원했다. 이 모든 것은 특권이 아니라 권리이며, 돈이 많지 않으면 누릴 수 없는 것이 되어서는 안 된다고 이 결의안은 강조했다.

이 그린 뉴딜 결의안은 기후 변화에 맞서 싸우는 것을 넘어서서 공정하고 정의로운 사회의 실현을 목표로 삼았다. 이 계획이 시행되면 기후 변화를 억제하는 것을 넘어서서 사람들에게 많은 혜택이 제공될 것이다. 일자리와 환경 보호는 엄청나게 많은 생명을 구하는 효과를 낳을 것이다. 불평등과 불공정을 토대로 하는 시스템, 즉 아프리카계 미국인과 백인을, 시민권자와 이민자를, 여성과 남성을, 원주민과 비원주민을 다르게 대우하는 시스템 등이 무너지기 시작할 것이다.

마키 상원 의원과 오카시오코르테스 하원 의원이 제시한 이 결의안은 상원을 통과하지 못했다. 환경과 기후 문제에 대한 해결책에만 초점을 맞춰야 한다고 주장하는 의원들도 있긴 하지만, 많은 미국 상원 의원과 하원 의원이 다양한 형태의 그린 뉴딜을 지지하고 있다. 기후 변화 정책의 진전을 요구하는 대중적 요구 역시 사그라지지 않고 있다. 오래지 않아 또 다른 그린 뉴딜 계획안이 의회에 제출될 것이다.

다른 나라들에서도 많은 사람과 많은 정당이 비슷한 계획을 요구하고 있다. 캐나다, 호주, 유럽 연합, 영국 등 여러 나라의 유권자들과 지도자들은 선택을 해야 하는 갈림길에 서 있다. 그린 뉴딜 수준의 변혁을 시행할 것인가? 아니면 〈이제껏 해온 대로〉 태연하게 계속해서 대기에 탄소를 추가할 것인가?

만일 그린 뉴딜의 길을 선택한다면, 우리는 과거에 우리를 실망시킨 것들을 반드시 피해 가야 한다. 정치적 영향력이 없다는 이유로 배제되거나 방치되는 사람이 없도록 해야 한다. 또 기후 변화에 관련해서는 기업의 이익이 사람들과 지구의 이익과 일치하지 않는다는 것을 잊지 말아야 한다. 기업의 이익이 모든 일에 결정권을 가지도록 놓아두어서는 안 된다. 물론 우리는 변화를 이루는 길에 참여하려는 사업체를 끌어안으면서 우리 경제가 지속되도록 노력해야 한다. 우리는 어느 누구의 의견도 무시되지 않도록 공정한 기회가 보장되는 민주적인 의사 결정에 기초하여 근본적인 변화를 추구해야 한다.

우리는 친환경이 추가된 뉴딜이나 태양광 전지판이 추가된 마셜 플랜 이상의 것을 원한다.

우리에게 필요한 것은 뉴딜 때처럼 중앙집중식으로 건설한 댐과 화석 연료 발전소가 아니다. 지역 사회 소유 아래 다양한 곳에서 다양한 자원을 이용해 생산되는 풍력 발전과 태양광 발전이다.

우리에게 필요한 것은 도심 외곽으로 제멋대로 뻗어 나가는 백인의 주택 지역과 인종에 따라 분리된 도심 주거 단지가 아니다. 우리에게 필요한 것은 아름답게 설계되고 인종에 따른 분리가 없으며 탄소 배출을 하지 않고 지속 가능한 도심 주거지다. 물론 이 주거지는 부동산 개발업자와 투자자의 이익이 아니라 유색인 주민의 의견을 반영하여 건설되어야 한다.

우리가 원하는 것은 천연자원과 공공 토지의 보존 권한을 군대와 연방 기관에 넘겨주는 방식이 아니다. 우리에게 필요한 것은 그 권한을 원주민 공동체와 작은 규모의 농장과 목장 소유자, 지속 가능한 어업을 실천하는 어민들에게 넘겨주는 것이다. 이들은 수십억 그루의 나무를 심고 습지를 복원하고 토양과 산호초의 회복을 돕는 과정을 충분히 이끌 수 있다.

요컨대, 우리는 이제껏 한 번도 대규모로 시도해 본 적 없는 일들을 해내야 한다. 우리는 경제 성장보다 모든 사람의 복지가 더 중요하다는 인식을 품은 사회를 일구어야 한다. 그래야만 기후 변화를 일으키는 오염과 기후 피해의 불공평한 부담이라는 문제에서 벗어날 수 있다.

이제껏 시도한 적이 없는 또 한 가지는 기후 부채를 갚는 것이다. 이 내용은 3장에서 다루었다. 기후 부채의 청산은 가난한 국가들이 탄소 배출을 줄이고 깨끗한 에너지로 전환할 수 있도록 돕기 때문에 전 세계에 도움이 되는 일이다.

또 우리는 소비를 중심으로 하는 삶의 방식에서 벗어나야 한다. 지구는 모든 사람의 사치스러운 소비 생활을 뒷받침할 만큼 많은 자원과 에너지를 가지고 있지 않다. 그러나 우리는 모든 사람의 삶의 질을 다양한 방식으로 향상시키는 일은 충분히 해낼 수 있다.

미국을 비롯한 많은 사회에서 〈삶의 질〉이란 더 열심히 일해서 점점 더 많은 소비를 하고 부를 쌓는 것이라는 믿음이 널리 퍼져 있다. 그것들이 우리에게 행복을 주는 게 사실이라면, 어째서 이 사회에는 스트레스와 우울증, 약물 남용 문제가 심각하게 나타나는 걸까? 사람들이 일하는 시간을 줄이고 대신에 우정, 여가 생활, 자연과의 교류, 예술 창작과 감상에 쏟는 시간을 늘릴 수 있도록 경제가 바뀐다면 어떨까? 연구에 따르면, 이런 삶은 사람들에게 더 큰 행복감을 줄 뿐 아니라, 끊임없이 제조되는 소비재를 소비하는 삶보다 에너지와 자원을 훨씬 더 적게 소비한다.

무엇보다도, 우리 모두의 삶의 질을 결정하는 것은 바로 지구의 건강이다. 선라이즈 무브먼트에 소속된 젊은이 수백 명은 의회에서 연좌 농성을 할 때, 〈우리에게는 살기 좋은 미래와 좋은 일자리를 가질 권리가 있다〉라고 쓰인 셔츠를 입고, 〈우리에게 남은 시간은 12년뿐이다! 과연 당신들의 계획은 무엇인가?〉라고 쓰인 현수막을 들었다. 또 이들은 비판을 넘어서서 더 많은 것을 제시했다. 대대적인 변화가 이루어진 이후의 세계의 모습을 제시하고, 그 세계에 도달할 방안에 대한 계획을 제시했다.

기후 운동은 환경 오염 반대와 유전과 탄광 신설 반대 등, 반대를 외치는 활동에 능숙하다. 그린 뉴딜은 그것과는 다른 활동이다. 그린 뉴딜은 이런 반대 활동과 함께 제시되는 원대하고 대담한 미래상이다. 그린 뉴딜은 우리에게 무엇을 해서는 안 되는지만을 짚어 주는 게 아니라, 우리가 무엇을 할 수 있는지를 보여 준다.

청소년 세대가 그린 뉴딜의 미래상을 널리 전파하고 있다. 청소년들은 정치인들이 더 이상 이 미래상을 외면하지 못할 거라고 말한다. 그리고 이들의 말이 옳다.

강력한 운동만이 길이다

그린 뉴딜을 향한 미래상을 개발할 때, 우리는 대공황기의 뉴딜과 마셜 플랜에서 귀중한 교훈을 얻을 수 있다. 그중 하나가 어떤 위기가 닥친다 해도 새로운 해법은 반드시 찾을 수 있다는 것이다. 1930년대에 미국은 경제 침체와 실업의 비상사태라는 위기에, 그리고 1940년대부터 1950년대에 이르기까지는 전쟁으로 폐허가 된 유럽과 아시아 국가들의 참혹한 상황이라는 위기에 직면해 있었다.

이 두 가지 위기에 대응해 어떤 일이 일어났을까? 사회의 모든 부문이, 즉 소비자와 노동자, 제조업체와 중앙 정부, 지방 정부까지 위기 대응에 참여했고, 많은 부문이 단합하여 대대적인 변화를 이루었다. 이들에게는 뚜렷한 공동 목표가 있었다. 대공황기에는 실업자를 고용할 일자리를 창출하여 경제를 되살리는 것이 공동 목표였고, 제2차 세계 대전 직후에는 전쟁으로 파괴된 유럽의 경제를 되살리는 것이 공동 목표였다.

또 다른 교훈은 당시 문제를 풀어 가던 사람들이 한 가지 해법만을 찾는 데서 그치지 않았다는 것이다. 그리고 이들은 피상적인 해결책을 동원한 사소한 변화만을 추구하지 않았다. 뉴딜과 마셜 플랜이 채택한 해결책은 광범위한 영역을 아우르는 행동이었다. 사람들은 공공사업에서 일자리를 얻었고, 정부와 산업이 함께 협력하여 사업을 기획하고 집행했다. 은행에 대해서는 특정 종류의 투자가 권장되었다. 소비자들은 저마다 생활 습관을 바꾸었다.

기후 위기를 극복하기 위해서 얼마나 큰 변화를 이루어야 하는지 생각하다 보면 막막해지기 쉽다. 인종 차별과 관련된 위기와 코로나19 같은 공중 보건 관련 비상사태를 포함해서 수많은 긴급 위기에 직면할 때면 더더욱 그렇다. 그러나 우리는 이런 역사 속 선례들을 통해서, 원대한 목표와 강력한 정책이 합쳐지면 사회의 거의 모든 부문이 눈앞에 닥친 공동 목표를 달성하기 위해서 필요한 변화를 거뜬히 이루어 낼 수 있음을 확인할 수 있다.

뉴딜과 마셜 플랜의 사례를 통해서 우리는 또 다른 교훈을 얻는다. 뉴딜도 마셜 플랜도 시작 단계에서 실수를 하고 실험적인 시도도 하고 경로 수정을 겪기도 했다. 다시 말해서, 일을 시작하기 전에 반드시 세부적인 계획을 완벽하게 세울 필요는 없다. 긴급한 대규모 계획은 일단 뛰어들어 행동으로 풀어 가면 된다. 기후 변화를 극복하고 사회 정의를 실현하기 위한 그린 뉴딜 역시 마찬가지다.

그러나 시작하지 않고서는 결코 이루어 낼 수 없다.

우리에게는 또 다른 역사 속 교훈이 있다. 어쩌면 가장 중요한 교훈일 듯싶다. 사회를 더 공정한 방향으로 전환시킨 대부분의 변화는 단 한 가지 때문에 일어났다. 바로 대규모 조직을 이룬 사람들의 끊임없는 압력, 즉 〈운동〉이었다. 그 대표적인 사례가 1960년대 학교와 공공시설에서의 인종 분리 법률을 폐지하는 성과를 낸 미국의 민권 운동이다.

앞으로 그린 뉴딜의 성패는 운동에 달렸다. 그린 뉴딜을 현실로 만들려고 시도하는 대통령이나 정부에게 꼭 필요한 것이 바로 강력한 사회 운동이다. 이들을 지지하는 한편으로 변화를 요구하고 또 과거의 해로운 방식을 고수하려는 시도에 저항하는 강력한 사회 운동이 필요하다. 이 운동은 변화를 향해 나라를 이끌어 가는 지도자와 정부를 지지하는 것을 넘어서 지도자와 정부가 더 많은 일을 하도록 몰아붙여야 한다. 지구를 위한 마셜 플랜을 옹호했던 나바로 야노스의 말처럼, 지금은 우리가 역사상 유례없는 대규모 행동에 나서야 할 때다.

우리는 정치적 영향력을 행사하여 진정한 기후 행동을 위해서 싸울 정치인들을 돕고 이들에게 표를 주어야 한다. 그러나 선거만으로는 큰 문제를 해결할 수 없을 것이다. 그린 뉴딜이 기후 벼랑 끝에 선 우리를 안전한 곳으로 이끌 수 있느냐 마느냐는 앞으로 수년 간 사회 운동과 기후 운동이 얼마나 정치적 영향력을 발휘하느냐에 달렸다.

운동은 두 가지 요소를 기반으로 결집한 사람들의 집단이다. 첫째는 공동 목표 또는 공동 목적이다. 그리고 둘째는 기존 권력의 방해나 무시에 흔들리지 않고 자신들의 생각을 알리겠다는 결단력이다. 운동은 작은 규모로도 존재할 수 있다. 학생 셋이 모여 학교를 상대로 벌과 새가 노닐 수 있는 화초 정원을 만들어 달라고 요구하는 것 역시 운동이다. 작은 운동은 거대한 운동으로 자랄 수 있고, 더 나아가 도시 곳곳의 거리를 가득 메운 어마

어마한 시위행진으로 자랄 수 있다.

　기후 변화에 대해 경고하는 표지판을 들고 홀로 계단에 앉았던 스웨덴 여학생이 이루어 냈듯이, 작은 것에서 시작한 운동이 전 세계를 뒤덮는 대규모 운동으로 자라날 수 있다.

부엔 비비르 Buen Vivir, 함께 잘 살기

우리가 인간은 자연을 멋대로 정복하고 뽑아 써도 된다는 생각을 던져 버린다면, 그 대신에 어떤 생각이 자리 잡을까? 이 세계와 그 안에서의 우리의 위치를 다르게 바라보는 관점이 과연 있을까?

물론 있다. 〈부엔 비비르〉가 그중 하나다. 이 말은 스페인어로 〈좋은 삶〉이란 뜻이다. 에콰도르와 볼리비아의 사회 운동은 〈함께 잘 살기〉라는 뜻으로 이 말을 사용한다. 부엔 비비르는 남미 여러 나라 원주민들의 근본적인 인생관이다. 이 관점은 사람들 간의 조화로운 관계뿐 아니라 사람과 자연 사이의 조화로운 관계를 추구한다. 부엔 비비르는 문화와 공동체의 공유 가치뿐 아니라 모든 생명체를 존중한다. 부엔 비비르는 인간을 땅과 땅에 깃든 자원과 협력하여 살아가는 존재로 본다. 인간을 자연의 소유자 또는 주인으로 보는 관점과는 완전히 다르다.

부엔 비비르는 누구나 좋은 삶을 누릴 권리가 있다고 본다. 여기서 좋은 삶이란 갈수록 더 많은 것을 소비하는 삶이 아니라 모든 사람이 모자람이 없이 누리며 사는 삶이다. 남미의 사회 운동은 부엔 비비르를 사회, 경제 및 환경 문제를 이야기하는 출발점으로 삼고 있다.

부엔 비비르는 남미에서부터 태평양 전역으로 퍼져 나갔는데, 특히 몇 년 전, 뉴질랜드에서는 부엔 비비르의 가치를 반영하는 중요한 성과가 나왔다.

마오리족은 뉴질랜드의 원주민이다. 2017년, 왕거누이강을 끼고
살아가는 마오리 사람들이 1백 년이 넘는 세월 동안 청원과 법적 소
송을 이어 온 끝에 왕거누이강의 〈인격〉을 인정하는 결정을 얻어 냈
다. 뉴질랜드 정부는 이 강이 마오리족의 육체적, 정신적 삶을 지탱
하는 원천이라는 것을 공식적으로 인정하고, 이 강에게 사람 또는
기업과 대등한 법률적 권리를 부여했다. 이 법률은 우리 가치관을
표현할 새로운 기회, 자연을 보호할 새로운 기회, 우리와 자연과의
상호 작용 방식을 바꿀 새로운 기회를 열어 놓았다.

9장
청소년 활동가의 강력한 도구

　지금 학교에 다니는 학생이라면 2030년이면 청년기를 맞을 것이다. 그때까지 세계는 탄소 배출을 거의 절반으로 줄여야 한다. 거기서 다시 20년 후인 2050년에는 탄소 배출을 영으로 줄여야 한다.

　이제껏 살펴보았듯이, 이 계획을 달성해야만 우리는 지구 온도 상승을 섭씨 1.5도로 억제할 최고의 기회를 잡을 수 있다.

　이 탄소 감축 목표를 이루느냐 마느냐 하는 결정은 여러분의 삶 전체에 영향을 미칠 것이다. 그런데 이 결정은 이 글을 읽는 여러분 중 많은 분들이 투표권을 가지는 나이가 되기 전에 내려질 것이다. 그러나 여러분은 당장 행동을 통해서 정치 지도자와 정치인 후보자에게 여러분이 곧 투표권을 가지게 된다는 사실을 계속 일깨우는 활동을 펼칠 수 있다. 살기 좋은 미래를 위한 싸움은 나이가 적건 많건 누구나 상관없이 참여할 수 있는 일이다.

　이 장에서는 여러 가지 형태의 기후 행동을 소개한다. 여러분이 몇 살이냐에 따라서, 특별히 더 도움이 될 만한 행동도 있을 것이다.

어쩌면 여러분은 이 장에서 소개하는 행동 중 하나, 혹은 몇 가지를 이미 하고 있을지도 모른다. 그렇다면 장한 일이다! 아무리 사소한 기후 행동도 소중한 것이다. 그 행동을 통해서 자신감을 얻게 될 테니 말이다.

어디서부터 시작해야 할지 아직 길을 찾지 못했다면, 여기 소개하는 도구들 가운데서 원하는 것을 찾기를 바란다. 여러분은 모험적이고 개방적이며 창의적이니까 이 도구들을 달리 사용할 방법을 고안할 수도 있고 아예 새로운 도구를 발명해 낼 수도 있을 것이다.

학교로 가는 기후 변화

학생들은 학교에서 보내는 시간이 많다. 여러분 학교에는 기후에 관한 수업 시간이 있는가? 몇 시간짜리 수업이고, 몇 학년 때 듣는 수업인가? 지구 과학 수업에서 기후 변화를 배우는가?

2018년 영국의 한 연구에 따르면, 학생의 3분의 2 이상이 학교에서 기후 변화와 환경에 대해 더 많이 배우길 원했다. 또한 거의 같은 비율의 교사들이 이 주제와 관련해서 더 많은 수업을 하길 원했다. 그러나 많은 교사들은 자신이 그 주제로 수업할 만큼 충분한 준비가 되어 있지 않다고 느낀 것으로 나타났다.

요즘 많은 나라들이 기후 변화 교육을 교육 과정에 포함시키고 있다. 2019년 이탈리아 교육부 장관은 곧 모든 학년의 학생들이 지속 가능성과 기후 변화에 대해 배우게 될 거라고 말했다. 동남아시아의 캄보디아 역시 새로운 고등학교 과학 교과 과정에 기후 변화를 추가할 계획이라고 밝혔다.

미국에서는 19개 주와 워싱턴 D.C.가 차세대 과학 표준NGSS을 채택했다. 이 과학 표준은 2013년에 도입되었다. 이 표준은 학생들이 배워야 할 과학 지식을 상세하게 설명한 표준 지침인데, 이 표준을 채택하는 주는 과학 교과 과정에 기후 과학을 포함시켜야 한다. 예를 들어, 중학교와 고등학교 때에는 인간 활동과 기온 상승 사이의 연관성에 대해서 배운다. 또 화석 연료보다 온실가스를 적게 배출하는 대체 에너지에 대해서도 배운다.

이 표준 말고도 유치원생부터 고등학생까지의 과학 교과 내용을 편성한 또 다른 표준이 있는데, 이 표준을 채택하는 21개 주의 학교들 역시 기후 변화를 가르쳐야 한다. 여러분 학교가 속한 지자체의 공식 웹 사이트나 교육청 웹 사이트를 찾아가면 시행 중인 과학 교과 내용 표준을 확인할 수 있다.

여러분 학교에서 기후와 관련한 교과를 가르치지 않거나 이 주제와 관련하여 더 많은 것을 배워야겠다는 생각이 든다면, 학교의 교과 내용과 관련해서 누가 결정을 내리는지 확인해 보라. 기후 과학을 얼마나 많이 가르치고 어떻게 가르칠지를 과학 선생님이 결정하는 경우도 있고, 학교 이사회나 교육청이 결정하는 경우도 있다.

이런 결정을 누가 하는지 확인했다면, 기후와 관련한 교육을 늘려 달라는 편지를 쓰거나 동료 학생들의 서명을 받아 청원서를 제출할 수 있다. 학교 운영 위원회나 학교 이사회에 직접 참석해서 여러분 의견을 알릴 수 있는지도 확인해 보라.

어떤 방법을 택하든 여러분의 목표를 명확하고 구체적으로 밝히는 게 효과적일 것이다. 무엇을, 왜 요구하는지 설명할 수 있도록 준비하라. 여러분이 원하는 것을 다른 학생들과 부모님들 역시 원하고 있음을 알게 될지도 모른다.

여러분 학급이나 학교에 외부인 초청 강의 프로그램이 있는가? 선생님이나 교장 선생님에게 환경 문제와 기후 변화에 대해 강의를 해줄 강사를 찾아 달라고 요청하라. 현장 학습 기회를 이용하는 것은 어떤가? 현장 학습이 가능하다면, 현장 학습 장소로 제안할 만한 장소를 찾아보라. 인근에 태양 에너지를 사용하는 시범 주택이나 풍력 발전 단지, 또는 기후 변화에 대한 전시회가 열리는 과학관이 있는지 찾아보라.

기후 변화에 관한 수업 과제에 초점을 맞추는 것도 좋다. 독후감을 쓰거나 과학 보고서를 쓸 때 기후 변화를 주제로 하는 방법을 찾아보라. 기후와 관련한 위험에 대해서 써도 좋고 흥미로운 기후 대응책에 대해서 써도 좋을 것이다.

조별 공동 과제를 할 때라면, 학급 친구 중에 기후 변화와 관련된 주제를 다루어 볼 의향이 있는 사람이 있는지 찾아보라. 숙제를 계기로 부모님이나 친구와 기후 변화에 관한 대화를 시작할 수도 있다. 어쩌면 부모님이나 친구 덕분에 더 많은 자료를 찾거나 활동에 참여할 방법을 찾게 될지도 모른다.

각양각색의 시위 방법

기후 시위의 사례들은 이 책에서 이미 많이 소개했다. 어떤 사람들은 시위라고 하면 전국적인 규모의 지구의 날 행진이나 기후 시위처럼 미리 예정된 대규모 대중 집회나 행진에 참여하는 것을 떠올린다. 이런 행사에는 대개 많은 조직과 활동 집단의 구성원들이 참여한다. 하지만 어떤 집단에 속해 있지 않더라도 지구를 오염시키는 행위에 반대하는 행동을 지지하기만 한다면 누구라도 이런 행사에 참여할 수 있다.

대도시에서는 이런 행사가 대단히 커질 수 있다. 2019년 9월 세계적 기후를 위한 등교 거부 시위 때는 뉴욕에서 10만 명, 몬트리올에서 50만 명이 행진했다. 작은 도시와 시골에서도 행진과 시위가 있었다. 같은 날, 남극 과학 기지에서는 연구원 아홉 명이 항의 팻말을 들고 눈 위에 서서 전 세계의 기후 시위 참가자들에게 응원과 지지를 보냈다.

작은 마을에서는 이삼십 명이 중심가에서 기후를 위한 행진을 벌이는 것만으로도 많은 참여를 이끌어 낼 수 있다. 많은 사람들 속에 섞여 행진하는 것보다 작은 집단을 이루어 행진하는 편이 더 큰 용기를 필요로 한다. 그만큼 작은 마을에서 활동하는 이들은 대단한 열정과 관심을 가지고 있다는 이야기다. 이 문제는 언론의 관심을 끄는 대규모 시위에 참여한 군중만으로는 풀 수 없다. 우리 모두가 참여해서 해결해야 하는 문제다.

수업이 있는 날 기후 시위가 예정되어 있고 그 시위에 참여하고 싶다면, 부모님과 선생님에게 이야기를 해라. 일부 학교들은 이런 행사가 있는 날 수업에 빠지는 것을 허락하기도 한다. 심지어 어떤 학생들은 같은 반 동료들과 선생님들과 함께 행진이나 항의 집회에 가기도 한다. 이런 시위행진에 참가하는 것을 수업 과제로 정하면 어떨지 선생님에게 의견을 물어보라. 자신에게 기후 행동이 왜 중요한지에 대한 글을 쓰거나 행진 참여 후에 학급 신문이나 학교 신문에 실을 기사를 쓰겠다는 제안을 해보는 것도 좋다.

그러나 거리 행진만이 유일한 항의 활동은 아니다. 변화를 일으키는 방법은 여러 가지다. 어떤 것에 돈을 쓰지 않겠다는 입장을 밝히는 것도 그중 하나다.

많은 사람이 오염 물질 배출로 악명 높은 회사가 만든 제품이나 그 회사에 대출을 해주는 은행이 만든 예금 상품에 대한 불매 운동에 참여해 왔다. 때로는 화석 연료 회사의 광고를 내보내는 텔레비전 프로그램에 대한 시청 거부 운동이 펼쳐지기도 한다. 소셜 미디어나 편지 쓰기 캠페인을 통해서 불매 운동이 확산되어 수천 명의 사람들이 어떤 회사나 산업에 대해서 〈우리 관심을 받고 싶다면, 당신의 방식을 바꾸라〉는 신호를 보낼 때 불매 운동은 강력한 효과를 낼 수 있다.

예일 기후 변화 커뮤니케이션 프로그램에 따르면, 소비자 불매 운동은 일반적인 인식보다 훨씬 더 강한 영향을 기업에 미친다고 한다. 전국적인 관심 속에 진행되는 불매 운동 중 약 4분의 1이 기업의 관행을 바꾸는 성과를 낸다. 예를 들어, 미국에서 고래 묘기로 수익을 내온 씨월드SeaWorld는 범고래 학대에 반대하는 대중의 압력에 밀려 범고래 사육 중단 결정을 내렸다. 자라Zara 의류 매장을 소유하고 있는 회사 역시 불매 운동과 소셜 미디어 캠페인 때문에 1천여 개 매장에서 모피 판매를 중단했다.

이런 압박은 송유관, 프래킹 등 화석 연료 관련 시설을 새로 짓는 사업에 돈을 빌려주는 은행과 보험 회사, 개인 투자자에게도 큰 영향을 미칠 수 있다. 활동가들은 〈#송유관 돈 대주기는 이제 그만!#StopTheMoneyPipeline〉 등의 구호를 내걸고 환경에 충격을 주거나 기후 변화를 악화시키는 사업, 예컨대, 스탠딩 락에서의 송유관 신설 사업 등에 대한 투자를 철회할 것을 금융 기관에 요구하고 있다. 은행을 비롯한 금융 기관은 고객을 잃는 것을 원치 않는다. 따라서 활동가들이 화석 연료 사업에 투자하는 금융 기관과의 거래를 중단하겠다고 선언하면 금융 기관은 이 활동의 결과를 의식할 수밖에 없다.

화석 연료 회사에 대한 투자 회수 운동이 진행되면서 많은 금융 기관과 투자자들 사이에서 화석 연료 관련 주식이 매력을 잃어 가고 있다. 대학, 교회, 재단, 지방 정부 등 규모가 큰 기관들은 상당한 금액의 기금을 보유하고 있고, 이 돈을 주로 주식과 채권에 투자한다. 예전에는 중요한 기금은 대부분 화석 연료 회사에 투자를 했다. 그러나 청년들이 주도하는 화석 연료 투자 회수 운동 덕분에 여러 기관이 화석 연료 회사에 투자했던 총 약 11조 달러의 기금을 회수하겠다고 선언했다. 그리고 이 기관들은 이 기금 중 상당 금액을 기후 위기를 극복하려고 노력하는 사업에 투자하겠다고 약속했다.

여러분은 이런 투자 회수로 강력한 영향력을 발휘할 만큼 많은 주식을 가지고 있진 않을 것이다. 그렇다면 소비자로서 의사를 표현하는 것도 좋은 방법이다. 예를 들면, 음식이나 음료를 살 때 플라스틱으로 만든 빨대와 봉지를 재활용이 가능한 종이로 바꿀 의사가 없는 가게를 이용하지 않는 것이다. 축산업이 기후 변화를 더욱 심화시키는 중요한 요인임을 알고 있으니 음식을 먹을 때 식물성 재료로 만든 것을 고르는 것도 방법이다. 책을 살 때는 먼 곳에 위치해 있어서 책 배송에 에너지를 소모하는 서점을 이용하는 대신, 걷거나 자전거 또는 버스를 이용해서 갈 수 있는 가까운 서점에서 책을 사거나 도서관에서 책을 빌려 보는 것도 방법이다.

또 어떤 시위행진이나 집회에 참여할 계획이라면 그 행사에서 자신이 마실 물은 여러 번 사용할 수 있는 통에 넣어 가지고 다니기로 하자. 무분별한 소비와 쓰레기 배출에 항의하는 개인적인 행동도 중요하다. 여러분 학교의 학생회나 학교 이사회를 설득해서 학교의 구입 품목과 쓰레기 처리 방법을 바꿀 수 있다면 훨씬 더 큰 성과를 낼 것이다. 우리는 앞에서 자신의 학교를 친환경적인 학교로 만드는 활동을 성공적으로 이루어 낸 청소년 기후 활동가 이야기를 읽었다. 학교 지붕에 태양광 전지판을 설치하자거나 음식물 쓰레기를 처리하여 퇴비로 만들자고 학교를 설득할 수 있다면 좋을 것이다. 여러분은 주요 대도시에서 열리는 행진에 직접 참여하는 게 어려울지도 모른다. 여러분이 있는 곳은 학교니까 여러분의 학교를 기후 변화에 맞서 싸우는 현장으로 바꾸어 놓는 일부터 시작하면 어떨까?

아프리카 청소년의 기후 시위

아프리카 우간다의 바네사 나케이트는 고등학교를 졸업하기 전에 우간다 최초로 미래를 위한 금요일 등교 거부 시위를 벌였다. 나케이트가 기후 변화를 막기 위한 활동에 나선 것은 우간다 사람들의 앞날이 걱정되어서였다.

「저는 우리 마을 사람들과 우리 나라 사람들의 삶에 변화를 일으키는 일을 하고 싶었어요. 우리 나라는 농업을 많이 하는 나라이고, 우간다 사람들은 대부분 농사를 짓고 살아요. 가뭄이나 홍수로 농사를 망쳐서 수확이 줄면 식품 가격이 치솟게 되죠. 그렇게 되면 특별한 사람들만 음식을 살 수 있어요.」

나케이트는 이 문제로 대중의 관심을 끌 방법을 찾았다. 그러다 미래를 위한 금요일 기후 시위에 대해 알게 되었다. 나케이트는 네 번의 기후 시위를 조직하는 일부터 시작했다. 처음에 사람들은 나케이트가 시위하는 목적을 이해하지 못했다. 그러나 나케이트는 이 일로 많은 활동가들이 이미 얻었던 교훈을 배웠다. 어떤 대의가 옳다는 확신만 있다면 그 어떤 조롱이나 비난에도 꺾이지 않고 꿋꿋하게 활동을 펼칠 수 있다는 교훈이었다.

「제가 거리에 서 있는 것을 보고 사람들이 고개를 갸웃거렸어요. 어떤 사람은 쓸데없이 시간 낭비를 하고 있다, 정부가 네 의견 따위를 귀담아듣겠느냐고 거슬리는 말도 하더군요. 하지만 전 포기하지 않았어요.」

바네사 나케이트는 우간다 최초로 미래를 위한 금요일 등교 거부 시위를 벌였다.

나케이트는 기후 시위를 계속했고, 2019년 유엔 기후 정상 회담
이 열리는 스페인 마드리드에 가서 세계 각지에서 온 기후 시위대에
합류했다.

나케이트는 언론이 기후 변화를 다루는 방식에 불만을 느꼈다.
「언론은 기후 변화를 미래의 문제로만 다룹니다. 아프리카와 동남
아시아의 가난한 나라 사람들에게는 기후 변화가 당장 눈앞의 문제
라는 생각을 전혀 하지 않아요. 언론은 우리가 하는 이런 이야기가

널리 알려지도록 도와야 해요. 언론이 이런 이야기를 하지 않으면 우리 지도자들은 우리가 하는 이런 시위가 얼마나 중요한지 알지 못해요.」

요즘에는 모든 운동에 소셜 미디어를 비롯해서 언론 매체의 활용이 필수적이다. 활동가의 입장에서 언론 매체의 활용에는 두 가지를 유의해야 한다. 첫째, 매체를 활용할 때는 신뢰할 수 있는 출처에서 나온 좋은 정보를 사용해야 한다. 불완전하거나 잘못된 정보를 사용할 경우 도우려는 뜻에서 한 일이 오히려 운동의 대의를 깎아내릴 수 있다. 둘째, 나케이트가 느꼈던 것처럼 여러분이 활용하는 매체가 기후 변화의 중요한 측면을 다루지 않는다는 생각이 들면, 신문, 뉴스 방송국 등 다양한 정보원에 광범위한 보도를 요청하는 글을 써서 보낼 수 있다. 기왕이면 가능한 한 많은 사람의 서명이 첨부된 편지나 청원서를 보내는 게 좋다.

자연과 함께하는 운동

어떤 사람들은 자연에서 걷는 경험이나 공원에서의 산책, 또는 호수에서의 수영이 계기가 되어 환경 운동에 뛰어들기도 한다. 이처럼 자연과 가까워지는 경험이 사람들을 환경 운동으로 이끌기도 한다.

자연에서 시간을 보내는 것 자체도 분명히 환경을 생각하는 행동이다. 자연이 중요하다는 생각과 자신이 자연을 아낀다는 사실을 행동으로 나타내는 것이니까.

이처럼 작은 씨앗이 중요한 환경 운동으로 성장할 수도 있다. 독일 출신의 펠릭스 핑크바이너는 초등학교 4학년 때 기후 변화에 관한 학교 과제를 해야 했다. 처음에는 자신이 좋아하는 동물을 구하자는 내용을 쓸 계획이었다. 그러다가 〈북극곰이 아니라 인간을 구해야 한다는 것을 깨닫게 되었다〉고 핑크바이너는 말한다.

핑크바이너는 과제를 위해 자료를 찾던 중에 아프리카에서 나무 심기 운동을 펼쳐 온 왕가리 마타이 이야기를 읽었다. (마타이에 대해서는 3장에서 다루었다) 그리고 나무 심기가 환경을 살리고 기후 변화를 막는 데 도움이 된다는 글을 썼다. 학급에서 과제를 발표할 때는 과감한 제안을 내놓았다. 독일에 나무 1백만 그루를 심자는 제안이었다. 몇 달 후, 핑크바이너는 학교 근처에 첫 번째 나무를 심었다. 어머니가 사다 준 작은 능금 묘목이었다. 「이렇게 큰 관심을 얻을 줄 진작에 알았다면, 어머니에게 훨씬

나무 1조 그루 심기 운동을 이끌고 있는 독일의 펠릭스 핑크바이너.

더 그럴듯한 나무를 구해 달라고 할 걸 그랬어요.」핑크바이너가 나중에 한 말이다.

나무를 많이 심자고 감동적인 호소를 하는 초등학생 이야기가 뉴스 매체와 소셜 미디어를 타고 널리 퍼져 나가면서 큰 관심을 불러일으켰다. 4년 후 핑크바이너는 유엔의 초청을 받고 뉴욕에 가서 나무 심기 운동에 관한 연설을 했다. 그 무렵에 독일에서 1백만 그루 나무 심기 목표가 달성되었다.

핑크바이너는 〈지구를 위한 나무 심기〉라는 비영리 단체를 만들었다. 목표는 지구에 1조 그루의 나무를 심는 것. 청소년이 주도하는 이 단체는 전 세계 어린이들을 위해서 일일 체험 행사를 여는데, 이 행사에서는 어린이들이 나무 심는 방법을 배우고 나무 심기 운동을 시작하는 법을 배운다. 핑크바이너가 말했듯이, 나무 심기는 어린이들이 기후 변화에 대처하기 위해서 지금 당장 할 수 있는 일이다. 어른들이 문제를 해결해 주기만을 마냥 기다릴 필요 없이, 지금 당장 할 수 있는 일이다.

나무 심기 운동이 주는 혜택을 알리는 일은 굳이 유엔에서 연설을 하거나 직접 단체를 만들어야만 할 수 있는 일이 아니다. 핑크바이너의 나무 심기 운동은 단 한 그루의 나무에서 시작되었다. 가까운 곳에 나무 심기 행사를 하는 곳이 있는지, 직접 참여할 수 있는지 알아보라. 여러분이 다니는 학교나 동아리나 캠프, 또는 종교 단체에 청소년이 주도하는 나무 심기 행사를 열자고 제안하는 것도 좋은 방법이다.

집 마당에 나무 한 그루를 심는 일이든, 큰 숲을 복원하는 일이든, 나무 심기에 성공하려면 두 가지 조건을 충족해야 한다. 첫째, 그곳의 기후와 토양에서 잘 자라는 그 지역 고유 수종을 골라서 심어야 한다. 지역 고유 수종은 그 지역에 사는 새와 동물에게 훌륭한 먹이와 서식지를 제공하기 때문에 환경 보호에 더 효과적이다.

둘째, 제대로 심는 방법을 배운 뒤에 나무를 심어야 한다. 땅에 적당한 깊이로 구멍을 파고 나무 사이에 적당한 간격을 두어 심어야 한다. 어린 나무는 심은 뒤 몇 년 동안은 동물이 뜯어 먹지 않도록 주위에 울타리를 둘러 보호해야 하는 경우도 있다. 묘목을 파는 가게나 나무 심기 행사를 주최하는 단체에 물어보면 필요한 정보를 얻을 수 있다.

나무 심기 말고도 자연과 가까워지는 방법은 여러 가지가 있다. 자연에서 야영을 하거나 새 관찰 여행을 떠나도 좋다. 유기농 원예 체험을 하면서 토양과 식물의 한살이에 대해 배우는 것도 좋다. 학교 정원, 마당의 공간이나 창턱이나 발코니에 놓을 수 있는 화분을 이용해서 꽃이나 향이 좋은 식물, 상추 등 채소를 재배하는 것도 좋다.

오물 줍기 봉사 활동에 참여하는 것도 야외에서 할 수 있는 행동이다. 많은 도시와 지역 환경 단체가 공원, 산책로, 해변 또는 냇가에서 오물을 줍는 행사를 열고 있다.

마지막으로, 세계 각지의 많은 환경 단체가 지구와 야생 동물을 보호하기 위한 활동을 펼치고 있다. 그중에는 청소년 회원의 참여를 반기는 단체도 있고 지역 사회에서 열리는 걷기 행사나 자원봉사 활동을 후원하는 단체도 있다.

마음이 끌리는 단체가 있는지 조금만 공을 들여서 찾아보길 권한다. 다른 사람들과 단체를 꾸리는 것 역시 지구를 지키는 방법이 될 수 있다. 이런 단체 활동을 통해서, 기후 변화를 막을 수 있는 해법은 지구를 지키는 활동만이 아니라 지구에서 함께 살아가는 사람들을 돌보는 활동까지 포함한다는 것을 깨달을 수 있다.

돈을 먹고는 살 수 없고 석유를 마시고는 살 수 없어요

십 대 활동가 어텀 펠티에는 물을 지키는 전사다. 펠티에는 캐나다 위크웨미콩 원주민이다. 물은 펠티에의 삶의 중요한 일부다. 펠티에의 고향은 온타리오주 휴론 호수의 한가운데 있는 여러 섬 중 하나다.

펠티에는 여덟 살 때 다른 원주민 마을에 갔다가 끓이지 않은 물을 마시면 안 된다는 경고판을 보고 큰 충격을 받았다. 이 일을 계기로 펠티에는 환경 보호 행동에 나서게 되었다. 펠티에에게 큰 영향을 준 사람은 이모할머니 조세핀 만다민이다. 만다민은 물이 오염되고 있는 현실을 고발하기 위해 몸소 걸어서 오대호 구석구석을 여행하는 등, 캐나다와 미국 사이에 있는 오대호의 물을 보호하는 데 평생을 바쳐 온 사람이다.

펠티에는 물을 지켜야 할 필요성에 대해 목소리를 높이기 시작했다. 펠티에는 열네 살 때 돌아가신 이모할머니의 뒤를 이어 아니시나벡 원주민 수자원국장이 되었다. 이때부터 펠티에는 온타리오주의 40개 원주민 공동체의 물을 지키는 핵심 대변인이 되었다. 펠티에는 이모할머니를 영웅이라고 부른다. 〈이모할머니가 해오신 일을 제가 계속 이어 갈 거예요. 더 이상 할 필요가 없을 때까지요〉라고 펠티에는 말한다.

펠티에는 실제로 이모할머니가 해온 일을 계속 이어 가고 있다. 캐나다 총리 앞에서, 그리고 유엔의 여러 회의에서 누구나 깨끗하고 안전한 물을 이용할 권리가 있으며 환경을 지키기 위해서 물의 오염을 막는 게 중요하다는 내용의 연설을 했다. 또한 인근 주민의 식수원을 더럽히거나 위태롭게 하는 산업 활동과 상업 활동을 중단할 것을 촉구하고 있다. 열다섯 살 때 펠티에는 2019년 유엔 회의에서 이렇게 말했다. 「전에도 말했지만, 또다시 말하겠습니다. 우리는 돈을 먹고는 살 수 없고 석유를 마시고는 살 수 없습니다.」 이처럼 부유한 나라 안에도 주민들이 깨끗하고 안전한 물을 이용하지 못하는 곳이 있다. 이런 곳은 대개 아프리카계 미국인과 원주민이 사는 곳이다. 그중 대표적인 예가 미국 미시간주 플린트 지역이다. 이곳 주민들은 부실한 수도 관리와 식수 오염 문제를 개선하기 위해서 여러 해 동안 싸워 왔다. 펠티에가 행동에 나서게 된 것 역시 깨끗한 물은 일부 사람에게만 보장된 특권이 아니라 모두가 누릴 수 있는 권리여야 한다는 생각 때문이었다.

정치의 주체가 되자

「우리는 투표로 당신들을 몰아내기 위해서 힘을 결집할 것입니다.」 2019년 9월 태평양 섬나라 피지 출신의 코말 카리시마 쿠마르가 유엔에서 연설했다. 쿠마르를 비롯한 청년 기후 활동가들은 유엔 회원국 지도자들을 향해 청소년들이 지켜보고 있다면서, 청소년들은 나이가 들어 투표권을 얻게 되면 누가 기후 변화를 막기 위해서 행동을 하고 누가 하지 않았는지 기억할 거라고 말했다.

여러분은 여러 해가 지나야 투표권을 갖게 될지도 모른다. 하지만 나이가 어리다고 정치에 아무런 영향도 미칠 수 없는 것은 아니다. 지금의 정치 지도자들이 기후 변화에 맞선 행동을 통해서, 또는 그런 행동을 외면함으로써 만들어 놓은 세계에서 여러분은 남은 삶을 살아가야 한다. 따라서 여러분은 단 하루도 미루지 말고 지금 당장, 여러분이 지켜보고 있다는 것을 정치 지도자들에게 알리는 일을 시작해야 한다.

정치적 행동이 사회 정의를 달성하거나 기후 변화에 맞서 싸우는 최선의 방법이라고 생각한다면, 우선 여러분이 사는 동네, 도시, 그리고 국가의 지도자가 누구인지부터 알아야 한다. 그들이 지구 온난화와 기후 변화에 대해 무슨 말을 해왔는지, 또 가난한 사람들과 원주민의 권리에 대해 무슨 말을 해왔는지 알아야 한다. 또 그들의 말과 행동이 일치하는지 알아야 한다.

주민 공청회에 참가하는 것도 좋은 방법이다. 주민 공청회는 주민들이 던진 질문에 지도자들이 답변을 하고 지역 사회와 문제를 논의하는 자리다. 지도자들이 주민 공청회를 열지 않는다면, 그들에게 편지 보내기 활동을 조직하는 것도 좋다. 만일 지도자들이 사회 정의를 실현하고 기후 변화에 맞서 싸우는 쪽에 투표를 하거나 행동을 해왔다면 그런 행동을 해주어 고맙다는 말을 전하고, 그들이 그런 행동을 하지 않고 있다면 여러분이 어떤 문제를, 어떤 이유에서 가장 중요하게 생각하는지 설명하는 게 좋다.

갈수록 많은 정치인들이 청소년들의 생각과 행동에 주의를 기울여야 한다는 것을 깨닫고 있다. 아직은 투표할 수 있는 나이가 되지 않은 청소년도 미래에는 투표권을 갖게 된다. 또 여러분은 투표권을 가진 가족이 정치인을 선택하는 투표를 할 때 그 선택에 영향을 미칠 수 있다.

여러분 중에 이미 투표권이 있는 사람이 있다면 이렇게 행동하길 권한다. 후보자의 공약에 대해 조사해서 여러분이 생각하는 바와 미래에 대한 바람을 가장 잘 대변하는 정치인을 지지하라. 이런 정치인의 선거 유세 활동을 돕는 자원봉사자로 활동하라.

가장 강력한 정치 행동은 정치에 직접 진출하는 것이다. 정치 활동을 할 때 에너지가 솟고 신바람이 나는 사람이라면 직접 공직 선거에 후보로 나서길 권한다. 여러분이 다니는 학교나 대학에 선거로 뽑는 자리가 있다면, 선거 유세에 사회 정의나 기후 변화 문제를 포함시킬 수 있는지 고려해 보라. 선거 유세 때 여

젊은 기후 활동가들이 〈이제껏 해온 대로〉 방치할 뿐 아무런 조치도 하지 않는 정치 지도자들에게 경고하는 표지판을 들고 정치가 변하길 바란다고 선언하고 있다. 투표권을 갖게 되는 젊은이는 하루하루 늘어나고 있다.

러분이 펼치는 주장은 다른 사람들에게 새로운 정보나 영감을 주어 더 많은 사람이 이 문제에 관심을 갖도록 이끌 수 있다.

　세계 각지에서 젊은이들이 학교에서뿐 아니라 공직에까지 선출되고 있다. 뉴질랜드의 젊은이 클로이 스와브릭은 환경 보호와 기후 변화 해결을 강력히 지지하는 녹색당 대표로 국회 의원 선거에 출마했고, 스물세 살 때 국회 의원에 당선되었다.

　호주에서는 조던 스틸존이 스물두 살 때 국회 의원에 당선되었다. 장애를 가진 최초의 선출직 국회 의원인 스틸존은 호주 녹색당 소속인데, 이 당은 생태 환경의 지속 가능성과 사회 정의, 지방 자치 민주주의 실현을 옹호하는 정당이다.

스틸존은 호주가 유럽과 남미의 일부 국가의 선례를 따라서 투표 연령을 16세로 낮춰야 한다고 주장한다. 이미 수십만 명의 젊은이들이 미래에 대한 깊은 관심을 표현하고 있다. 젊은이들은 〈이제껏 해온 대로〉 방침이 기후 변화를 막을 수 없다는 게 분명해질 때 그 방침을 고수하려는 압박감을 어른들만큼 크게 느끼진 않을 것이다. 모든 나라의 열여섯 살 청소년들이 투표권을 갖게 된다면, 우리는 공정하고 살기 좋은 미래를 좀 더 빨리 앞당길 수 있지 않을까?

법을 이용하자

앞에서 보았듯이, 젊은이들은 이미 정부와 오염 물질을 배출하는 기업과 송유관 건설 기업들이 지구를 망치는 것을 막기 위해서 법을 이용하고 있다. 유엔에 제기된 기후 관련 소송부터 특정한 국가나 기업을 상대로 한 소송까지, 기후 위기가 점점 심각해짐에 따라 법적인 대응이 갈수록 늘어날 것이다. 지금도 태평양의 여러 섬나라에서는 기후와 관련한 법적인 행동이 진행되고 있다.

2019년, 솔로몬 요를 비롯해서 태평양의 여러 섬나라 출신으로 법률을 공부하는 대학생 여덟 명이 〈기후 변화와 싸우는 태평양 도서 지역 학생 모임〉이라는 활동가 그룹을 만들었다. 이 모임은 국제적인 활동가 조직망인 기후 행동 네트워크의 일부로, 법적 수단을 통해 기후 변화에 맞서 싸운다는 취지에서 출발했다. 이 모임은 태평양의 여러 섬나라 지도자들에게 유엔과 국제 사법 재판소를 통해 기후 변화에 관한 조치를 시행하도록 요청하고 있다.

이 모임은 이렇게 주장한다. 〈첫째, 기후 변화가 국제법에 규정된 우리 기본권을 위협하고 있다. 둘째, 태평양 도서 지역 주민인 우리는 세계 탄소 배출을 줄이기 위해 할 수 있는 모든 활동을 펼쳐야 한다.〉 솔로몬 요는 국제 사법 재판소에 기후 변화 관련 소송을 제기하는 것이 〈여러 나라에 미래 세대를 보호할 의무가 있음을 깨닫게 하는 데 도움이 될 것〉이라고 기대한다.

솔로몬 요를 비롯한 청년 기후 활동가들은 이런 법률적 소송을 진행하려면 일반적으로 시간이 많이 걸릴 뿐 아니라 비용이 많이 든다는 것을 알고 있다. 그러나 법률은 정치와 시위와 마찬가지로 활동가들이 적절한 상황에서 사용할 수 있는 도구다.

이미 진행되고 있는 기후 소송이나 사회 정의를 위한 소송을 지원하는 활동을 하는 것도 좋은 방법이다. 예를 들어, 청소년 기후 활동 단체 〈제로 아워〉는 6장에서 소개한 줄리아나 소송에 참여한 청소년들을 지지하는 청원 운동을 벌여 많은 청소년들의 서명을 이끌어 냈다. 여러분이 같은 뜻을 가진 청소년들과 연대하여 직접 기후 소송을 시작하려면 무엇이 필요한지 구상해 볼 수도 있다. 법률은 아무 때나 쉽게 사용할 수 있는 도구는 아니지만, 대단히 강력한 영향력을 끼치는 도구가 될 수 있다.

지구를 살리는 예술, 그린 아트

예술적 창의성이 있는 사람들은 대공황기의 뉴딜 시대에도 역사적인 예술 작품을 만들어 냈다. 미국 정부는 다른 분야의 노동자들뿐 아니라 예술인들에게도 도움을 주었다. 공공 산업 진흥국과 재무부가 시행한 사업을 통해서 수만 명에 이르는 화가, 작가, 음악가, 극작가, 조각가, 영화 제작자, 배우, 공예가가 의미 있는 일자리를 찾았다. 아프리카계 미국인과 원주민 예술가들에게도 전례 없는 규모의 지원이 이루어졌다.

그 결과 예술가들의 창의성이 봇물 터지듯 터져 나왔다. 연방 미술 프로젝트 하나만 따져도 포스터 2,000여 점, 벽화 2,500여 점, 공공장소 비치용 회화 10만 점 등 시각 예술 작품 47만 5천여 점이 창조되었다. 연방 음악 프로젝트는 22만 5천 건의 공연을 열어, 미국인 약 1억 5천만 명을 공연장으로 이끌었다.

이 시기의 예술은 대부분 대공황의 고통에 찌든 사람들의 삶에 즐거움과 아름다움을 선사하는 내용이었다. 하지만 사람들이 겪는 고통을 포착해 내는 예술가들도 있었다. 이들은 뉴딜이 얼마나 필요한 정책인가를 예술로 표현해 내길 원했다.

지구와 사람들을 구하기 위한 싸움이 절실히 필요한 지금도 예술은 역시 이런 일을 해낼 수 있다. 예술은 우리에게 즐거움을 줄 뿐 아니라 우리가 무엇을 위해 싸우고 있는지 일깨움을 줄 수 있다.

기후 변화와 관련한 경고는 때때로 지금 얼마나 암울한 일들이 벌어지고 있는지, 또는 앞으로 얼마나 더 암울한 미래가 펼쳐질지 보여 주는 섬뜩한 사실과 이미지를 끊임없이 쏟아 내는 듯한 느낌을 준다. 물론 이런 사실과 이미지도 필요하지만, 우리에게는 희망을 주는 그림과 노래와 이야기도 필요하다. 우리에게는 긍정적인 미래를 그려 내고 그 미래를 어떻게 이루어 낼 수 있는지 묘사하는 예술이 필요하다.

바로 이것이 7분짜리 애니메이션 영상 「미래에서 온 메시지 A Message from the Future」를 만든 취지다. 여러분은 이미 학교에서 이 영상을 보았을 수도 있다. 이 영상은 초등학교부터 대학교까지 수많은 교실에서 상영되고 있다. 물론 온라인으로 무료로 시청할 수도 있다. 나는 화가 몰리 크래배플과 하원 의원 알렉산드리아 오카시오코르테스, 영화 제작자이자 기후 정의 활동 조직가인 아비 루이스(나의 남편이다), 그 밖의 여러 사람과 협력하여 이 영상을 제작했다.

이 영상은 미래를 배경으로 한다. 영상은 인류의 운명이 경각에 달린 아슬아슬한 순간에 지구에서 경제 규모가 가장 큰 나라 미국에서 많은 사람이 인류에게 희망이 있다는 믿음을 가지게 되는 과정을 보여 준다. 영상은 그린 뉴딜이 만들어 낸 미래를 보여 준다. 번창하는 세계를 표현하는 경쾌한 그림 위로 미래의 시점에 선 오카시오코르테스가 어떤 일이 일어났는지 이야기하는 목소리가 흐른다.

「우리는 우리의 모든 행동 방식에서 변화를 일구어 냈다. 우리 사회는 현대적이며 풍족할 뿐만 아니라 품위 있고 인도적인 사회로 변모했다. 의료와 의미 있는 일자리 등의 보편적 권리가 모든 사람에게 보장되는 덕분에, 우리는 미래에 대한 두려움을 내려놓았다. 우리는 서로에 대한 두려움을 잊었다. 또한 우리는 공동의 목적을 발견했다.」

영상을 보면 알겠지만, 「미래에서 온 메시지」는 여러 가지 면에서 지금의 기후 활동가들의 결의를 북돋아 줄 수 있다. 무엇보다 이 영상은 우리가 앞으로 만들 세상을 상상하면서 변화를 이루어 낼 수 있다는 믿음을 가지도록 격려해 준다.

또 기후 변화와 사회 정의에 관한 주장을 표현하기 위해 새로운 방법을 찾아 나선 예술가들도 있다. 마이애미주 근처에 사는 환경 예술가 자비에르 코르타다는 바다 표면을 상징하는 물결 모양의 선으로 수천 개의 표지판에 숫자를 그렸다. 그는 이 표지판을 마이애미 외곽 파인크레스트의 주택 소유자들에게 나누어 주고 집 앞에 세워 두라고 권했다. 이 표지판에 적힌 숫자는 해수면이 얼마나 상승하면 그 주택이 바닷물 아래로 잠기는가를 나타낸다. 예를 들어, 숫자 〈3〉은 해수면이 3피트(약 90센티미터) 더 상승하면 그 집이 물에 잠긴다는 뜻이다. 주변의 아이들 역시 이 발상에 매료되어 비슷한 표지판을 만들어 도로와 학교 주변에 세워 놓기 시작했다. 이 예술 활동은 큰 성과를 거두었다. 파인크레스트 주택 소유자들은 기후 변화에 초점을 맞춘 조직을 꾸리고 해양 과학자를 대표로 세웠다.

청소년들 역시 기후 예술을 만들고 있다. 뉴질랜드 크라이스트처치에서 기후 시위에 참가한 학생들이 불렀던 노래는 열두 살 여학생이 만든 노래다(이에 대해서는 3장에서 다루었다). 오리건주 포틀랜드에서는 매년 〈고마운 우리 강들〉이란 행사가 열린다. 이 행사에는 유치원생부터 대학생까지 많은 학생이 참가해서 강에 대한 시와 그림, 이야기를 만든다. 그중 일부가 책으로 출간되고 서점을 찾는 청중에게 낭독되기도 한다. 학교와 도서관 등 공공건물에는 종종 환경을 주제로 청소년들이 만든 포스터와 여러 작품이 전시된다.

여러분 가운데도 그림 그리기나 노래 만들기, 이야기 만들기를 좋아하는 사람이 있을 것이다. 어쩌면 시험 삼아 영화나 비디오 게임, 만화를 만드는 사람도 있을 것이다. 여러분은 이런 창의적인 도구를 사용해서 자신이 가진 생각과 두려움, 희망, 미래 구상을 공유할 수 있다.

창의적인 사람들은 늘 새로운 의사소통 '방법을 찾는다. 예를 들어, 뜨개질을 즐기는 사람들은 지금 〈기후 목도리〉를 뜨고 있다. 이들은 자신의 마을이나 나라 또는 세계의 하루하루의 온도 변화나 한 해 한 해의 온도 변화 기록을 구해 각각의 온도에 어울리는 색깔을 정한다. 예를 들어, 가장 낮은 온도를 짙은 파랑으로, 갈수록 높아지는 온도를 녹색, 노랑, 주황, 빨강으로 정하고 가장 높은 온도를 짙은 보라로 정한 다음, 이 다양한 색상의 실을 이용해서 긴 목도리를 뜬다. 이들 작품에서 뜨개질 한 단은 하루 또는 일 년을, 실의 색상은 온도를 나타낸다.

자기 나름의 방식으로 여러분이 만든 기후 예술을 공유하라. 예를 들어, 붓질이나 바느질 솜씨가 있는 사람은 행진과 시위 때 쓸 표지판과 현수막, 의상을 만드는 친구를 도울 수 있다. 예술과 항의는 대개 밀접하게 연관되어 있다. 어떤 방법을 선택하든 자신의 독창성을 발휘하라. 예술과 공연은 사람들이 메시지에 귀 기울이게 하고 알아듣기 어려운 메시지를 쉽게 이해하도록 도울 수 있다.

함께하는 운동의 힘

혼자 움직이는 활동만으로도 세상에 큰 영향을 미칠 수 있다.

레이철 카슨은 『침묵의 봄』을 썼을 당시 운동에 소속되어 있지 않았다. 하지만 5장에서 보았듯이, 그가 혼자 힘으로 열정을 기울여 쓴 저서는 1970년대 환경 운동에 큰 자극이 되었고, 그 운동은 자연을 보호하기 위해서 설계된 법률의 황금기를 여는 동력이 되었다.

사회 운동, 환경 운동, 기후 운동 분야의 다양한 문제를 다루는 단체들이 교육 활동이나 프로젝트, 행진, 시위 등을 통해 힘을 키워 가고 있다. 단체 활동은 물론이고 개인 활동 역시 성과를 낼 수 있다. 우리 운동은 다양한 대의와 다양한 행동을 품을 수 있는 잠재력을 가지고 있다.

공동의 대의를 위해서 사람들과 협력하는 활동에 마음이 끌린다면, 자신과 같은 목표를 가진 사람들을 돕거나 이들에게서 도움을 받고 싶다면, 운동을 찾아 뛰어들어라. 여러분이 직접 운동을 만들고 다른 사람들이 여러분의 운동에 동참하겠는지 확인하는 길도 있다.

운동은 변화를 이루어 낸다. 여러분은 지구를 불타게 하는 기계의 작동 속도를 늦추는 데 필요한 마찰이, 저항이 될 수 있다.

결론
세 번째 불, 청소년의 힘

여러분은 전환기에 살고 있다.

이제까지 보았듯이, 인류는 기후 변화가 빚어내는 대규모 재해의 위험을 안고 있다. 하지만 이 위험한 순간이 특별한 기회를 열어 주기도 한다. 우리는 아직도 수많은 인간의 생명과 자연환경, 다양한 종류의 동식물을 구할 능력이 있다.

선라이즈 무브먼트의 젊은 활동가들은 이 순간이 〈가능성과 위험〉으로 가득 채워져 있다고 이야기한다. 여기서 위험은 기후 위기를 말하는데, 기후 위기는 이미 진행 중이다. 지구가 뜨거워지는 것을 막지 못한다면, 세계의 어떤 지역은 다른 지역보다, 또 세계의 어떤 사람들은 다른 사람들보다 기후 재해로 인한 고통을 훨씬 더 심하게, 또는 훨씬 더 일찍 겪을 것이다. 그러나 기후 위기의 위험은 우리 모두 앞에 닥쳐 있다. 여기서 가능성은 지구 온난화를 막아 낼 가능성을 말한다. 물론 이것은 우리가 대담하게 뛰어들어 기회를 놓치지 않고 큰 변화를 이루어 낸다는

벨기에에서 기후 행진을 하는 젊은이들. 이들처럼 환경 정의와 사회 정의에 대한 열망을 품고 운동에 참여하는 젊은이들이 세상을 바꿀 수 있다.

것을 전제로 할 때의 가능성이다. 그리고 우리는 이런 변화 과정에서 노숙인 문제, 인종 문제 등 여러 가지 위기를 해결할 기회를 잡을 수 있다. 〈모든 문제를 동시에 해결하자!〉 이것이 바로 그린 뉴딜의 핵심이다.

지금은 우리가 어떻게 살고, 어떻게 먹고, 어떻게 여행하고, 어떻게 사업을 하고, 어떻게 생계를 꾸려야 하는지 다시 생각해야 할 때다. 우리가 단합한다면 온도 상승을 막아 내는 것 이상의 변화를 이루어 낼 수 있다. 우리는 지구를 보호하기 위해 이루어 내는 변화를 통해서 우리 사회의 취약하고 소외된 공동체들을 보호하고 강화할 수 있고, 더 나아가 모두에게 안전하고 공정한 세상을 만들 수 있다.

기후 변화는 우리 사회가 안고 있는 모든 문제를 더욱 악화시킨다. 기후 변화는 전쟁, 인종 차별, 불평등, 가정 폭력, 부실한 의료가 끼치는 해악을 더욱 조장하거나 더욱 강화한다. 그런데 기후 변화가 오히려 평화와 경제 정의, 사회 정의를 위해서 노력하는 운동의 영향력을 더욱 촉진하거나 더욱 강화하는 결과로 이어진다면?

기후 위기는 우리 인류의 미래에 대한 위협이다. 그리고 과학자들은 이 위협을 막아 낼 수 있는 최종 기한을 확고히 못 박았다. 이 확고한 최종 기한을 넘기지 않으려면 우리는 반드시 모든 사람과 자연 생태계를 소중히 여기는 여러 운동을 통합해 내야 한다.

지금 우리가 무엇을 하느냐에 따라, 우리는 예전보다 더 나은 여건에서 이 위기를 벗어날 수 있다. 우리는 태양과 바람에서 재생 에너지를 얻을 수 있고, 친환경 교통 수단을 만들 수 있고, 나무와 습지와 초원을 더 많이 늘릴 수 있다. 야생 동물 서식지를 보호하고 야생 동물 사냥과 자연 서식지 파괴를 제한한다면, 우리가 지구상의 다른 생물 종들과 함께 살아가는 미래를 맞이할 가능성이 높아진다. 플라스틱, 특히 일회용 플라스틱의 사용을 줄인다면, 우리는 쓰레기가 덜 나오는 세상, 깨끗한 공기와 물이 있는 세상을 이루어 낼 수 있다.

또 우리는 정부 운영과 정책 계획에 더 다양한 사람들이 더 폭넓게 참여하는 기회를 만들 수 있다. 우리는 토지에 대한 원주민의 권리를 이해하고 원주민의 지식에서 배울 기회를 얻을 수 있다. 우리는 부와 자원이 더 공정하게 분배되는 세상을 이루어 낼 수 있다. 우리는 어떤 사람이나 장소를 〈희생 지대〉로 취급하는 일을 받아들일 수 없다고 단호히 말할 수 있다.

우리 집이 불타고 있다. 우리가 가진 모든 것을 구해 낼 수는 없지만, 아직 우리에게는 서로를 구하고 다른 많은 생물 종을 구해 낼 기회가 있다. 불을 끄고 그 자리에 새로운 세계를 세우자. 정교함은 약간 덜 하더라도, 쉴 곳과 돌보는 손길이 필요한 모든 이들이 함께할 수 있는 세계를 세우자.

지금 우리 눈앞에는 세 개의 불이 타오르고 있다. 첫 번째 불은 세상을 불태우는 기후 변화다. 두 번째 불은 3장에서 소개한 뉴질랜드 총격 사건에서 보았듯이 갈수록 끓어오르는 분노와 두려움, 이민자에 대한 적의다. 이런 정서가 세계 각지에서 특정한 정치적 결정을 부추기고 있다. 이런 정서는 사람들의 마음을 모질게 만들고, 다른 사람들이 오지 못하도록 국경을 단단히 걸어 잠그게 만들고, 권위주의 지도자에게 사람들 마음이 끌리게 만든다.

하지만 세 번째 불은 여러분과 같은 새로운 세대의 젊은 활동가들의 가슴속에서 타오르는 불이다. 여러분의 목소리는 우리에게 힘을 북돋아 준다. 여러분의 시야는 최선의 미래를 향해 열려 있다. 지금 우리가 해야 할 일은 세 번째 불에 연료를 보태서 더 큰 불이 되도록 돕는 일이다.

불티가 많을수록 불은 더 밝게 타오른다. 여러분이 가진 불티를 보탠다면 불은 더 밝게 타오를 것이다.

자, 이제 여러분은 모든 것을 바꿀 준비가 되었는가?

후기

코로나19 사태에서 얻은 교훈

내가 이 책의 집필을 마친 2020년 봄에, 새로운 전염성 바이러스 코로나19가 등장해 수많은 사람을 감염시키고 있었다. 바이러스는 빠르게 퍼져 나가서 세계적 유행 곧 팬데믹 상황이 되었다.

수백만 명이 감염되고 수많은 사람이 안타까운 죽음을 맞고 수많은 가족이 생이별을 했다. 많은 사람이 일자리와 사업을 잃고, 식량, 의료용품 등의 자원이 동이 나고, 모든 나라의 경제 활동이 거의 중단되었다. 이 책에서 다루었던 허리케인, 홍수, 토네이도 등의 재해는 특정 지역을 혼란으로 몰아넣은 재해였지만, 코로나19는 세계적인 규모의 재해였다.

앞에서 여러 가지 재해를 다룰 때 그랬던 것처럼, 우리는 여기서 다시 한번 미래에 대해서, 그리고 코로나 사태를 통해 우리가 무엇을 알게 되었는지 생각해 보자.

코로나19 세계적 유행은 우리가 의지했던 기존 시스템과 생

2020년 초 코로나19 세계적 유행으로 세계가 멈춰 섰다. (〈세계〉라는 이름의 간판을 내건 사진 속의 극장 역시 운영을 멈췄다.) 모든 재해가 그렇듯이, 이 재해는 변화를 일구는 계기가 되었다.

활 방식, 작업 방식에 제동을 걸었다. 재해로 인한 고통에 시달리는 사람들은 당연히 정상 생활로의 복귀를 간절히 바란다. 하지만 이처럼 큰 재해를 겪은 후의 세상이 예전과 똑같을 수는 없다. 세상은 틀림없이 달라진다. 과연 더 좋은 쪽으로 달라질까? 더 나쁜 쪽으로 달라질까?

코로나19 위기가 시작된 초기에, 인도 작가 아룬다티 로이는 코로나19 세계적 유행을 미래로 통하는 관문으로 여긴다는 생각을 밝혔다.

역사를 돌이켜 보면, 세계적 유행병은 사람들을 과거와 관계를 끊고 새로운 세상을 상상할 수밖에 없는 상황으로 이끌어 냈다. 이번에도 마찬가지다. 이 세계적 유행병은 이 세계와 다음 세계 사이에 놓인 관문이다.

우리는 선택할 수 있다. 편견과 증오, 탐욕, 컴퓨터에 쌓인 정보, 사장된 구상, 죽은 강, 그리고 연기 자욱한 하늘의 주검을 질질 끌면서 그 관문을 넘을 것인가. 아니면 새로운 세계를 상상하면서 그 세계를 이루기 위해 싸우려는 열의를 품고 짐이 없이 가뿐한 몸으로 경쾌하게 걸어서 그 관문을 넘을 것인가.

이 참혹한 위기가 지나간 뒤에, 우리가 걸을 수 있는 길은 두 가지다. 하나는 많은 사람이 뒤에 남겨질 것을 알면서도 전에 있던 곳으로 돌아가려고 서로 경쟁을 벌이는 길이다. 다른 하나는 우리 관심을 넓혀 모든 사람을 챙기는 새로운 관점에 서서 미래를 재건할 기회를 열어 가는 길이다. 어떤 미래를 이루어 갈지 생각할 때, 우리는 반드시 기후 위기와 관련해서 배운 것은 물론이고 코로나 사태 때 배운 것까지 잊지 말고 적용해야 한다.

코로나19 세계적 유행으로 중요한 사실이 드러났다. 많은 나라, 많은 지역의 지도자와 기관은 사람들이 위기로부터 벗어나도록 도울 책임이 있음에도 불구하고, 그 책임을 감당할 만한 준비와 훈련, 능력을 갖추고 있지 않아 결국엔 바이러스 위기를 극복할 명확한 계획을 입안하고 개발하지 못했다. 〈작은 정부〉를 지향한다는 미명 아래 공공 부문은 이미 여러 해에 걸쳐서 재원

필요한 사람이 가져갈 수 있게 거리에 내놓은 생필품. 청결 유지를 위해 물 휴지로 닦아 쓰라는 친절한 안내도 있다. 재해 때마다 늘 그랬듯이, 보통 사람들은 코로나19 세계적 유행 때 다양한 방법을 찾아내 이웃과 지역 사회를 도왔다.

부족에 시달렸고, 그사이에 유용한 지식과 경험을 가진 사람들이 공직을 떠나거나 쫓겨났다. 결국 〈큰 정부〉의 도움이 절실히 필요한 상황이 되었을 때, 수많은 사람이 아무런 도움도 받지 못한 채 자구책을 찾거나 이미 어려움을 겪고 있던 지방 정부에 의존해야 했다.

미국에서는 엄청난 인원이 코로나19에 감염되었다. 이것은 의료 혜택을 모든 국민의 권리로 보지 않고 수익을 목적으로 하는 의료 시스템이 빚어낸 치명적인 결과라는 게 똑똑히 드러났다. 건강 보험이 없는 사람들은 의료 비용이 많이 들까 겁이 나서 병원에 가길 꺼렸고, 치료를 원하는 사람들은 의료 시스템이 적절한 치료를 제공할 준비가 되어 있지 않다는 것을 알게 되었다. 병원 임원들과 의료 산업의 지도자들은 이미 오래전부터 가능한 한 적은 돈을 지출하고 가능한 한 많은 돈을 자신과 투자자 몫으로 돌리려고 노력해 왔다. 그래서 대기 병상을 최소로 유지하고 최소의 인력으로 병원을 운영하는 방침을 고수했다. 심지어 공중 보건 비상사태에 대비한 기본적인 필수 물품조차 비축해 놓지 않았다.

코로나19 사태는 공중위생의 문제를 넘어서서, 환경과 관련한 여러 가지 진실들을 드러냈다. 2020년 4월, 야생 생물과 생태계를 연구하는 어느 과학자 그룹은 유엔 산하 기구인 〈생물 다양성 및 생태계 서비스에 관한 정부 간 과학 정책 플랫폼〉과 함께한 연구에서, 전염병 세계적 유행과 인간의 무분별한 자연 이용 사이의 연관성에 대해 이렇게 썼다. 〈최근의 세계적 유행병은 인간 활동, 특히 경제 성장을 어떤 희생이 따르더라도 이루어야 하는 가장 소중한 가치로 여기는 세계 금융과 경제 시스템이 빚어낸 직접적인 결과다.〉

새로 출현하는 인간 질병 가운데 동물로부터 인간에게 옮겨진 질병이 3분의 2가 넘는다. 예를 들어, 코로나바이러스는 박쥐 몸에 있어도 박쥐에게는 전혀 해를 끼치지 않는다고 알려져 있다. 그런데 숲을 파괴하고 야생 지역을 갈아엎어 광산, 도로, 농장을 만드는 등의 인간 활동을 통해서 사람들이 다른 종과 접촉하고 충돌하는 기회가 점점 늘고 있다. 야생 동물을 잡아 식용으로 먹거나 애완동물로 기르는 활동 역시 같은 역할을 한다. 일단 어떤 질병이 동물의 몸에서 인간 숙주에게 옮겨 가면, 인구가 밀집된 도시와 세계 곳곳을 연결하는 항공 여행 덕분에 인간 사이로 빠르게 그리고 널리 퍼져 나갈 수 있다. 그래서 과학자들은 코로나19 세계적 유행 이후에 세워질 경제 재건 계획에는 전 세계적으로 환경 보호를 더욱 강화하는 정책이 반드시 포함되어야 한다고 말한다.

여러 정부가 바이러스의 확산을 늦추기 위해 사업장에 대한 휴업 명령과 재택근무 권고령을 내리자, 차량 통행량이 평소보다 크게 줄고, 항공 여행도 크게 줄었다. 이런 변화는 깨끗한 공기와 온실가스 배출 감소로 이어져 기후 위기 억제에 도움이 되는 좋은 소식이라고 여겨졌다. 긍정적인 결과를 낳긴 했지만, 이런 변화는 단기적인 변화, 사람들이 마지못해 선택한 변화일 뿐이었다. 많은 사람이 코로나19 사태 이전의 〈예전과 같은 삶〉을 되찾길 간절히 원했다. 다시 말해서, 차량 통행과 항공 여행 감소는 일시적인 변화일 뿐, 장기적이고 근본적인 변화가 아니었다. 공기를 더 깨끗하게 하고 온실가스 배출 감소 추세를 계속 유지하려면 에너지와 여행 관련 시스템에 장기적이고 근본적인 변화가 이루어져야 하는데 말이다.

마지막으로 강조할 것은 코로나19 세계적 유행을 통해서 환경 오염의 폐해가 취약 계층에 집중되는 현실이 적나라하게 드러났다는 점이다. 대기 오염이 심한 지역은 다른 지역에 비해 중

증 환자 비율과 사망자 비율이 훨씬 높았다. 이곳 사람들은 오염된 환경 때문에 바이러스에 더 쉽게 정복당한 것이다. 게다가 대기 오염이 심한 지역에 사는 사람들은 대체로 가난한 사람들과 유색인들이었다. 이렇게 해서 환경과 관련한 불평등은 의료와 관련한 불평등으로 이어졌다.

1930년대 대공황 위기를 겪은 뒤로, 미국은 사회를 변화시키고 수많은 국민을 고통에서 구해 내겠다는 의지와 그러기 위해 필요한 돈을 찾아냈다. 위기가 닥치면, 위기 이전에는 불가능하다고 여겨지던 어떤 구상이 갑자기 가능한 일로 바뀐다. 여기서 문제는 과연 무엇을 지향하는 길이 선택되느냐다. 가능한 한 많은 사람을 안전하게 보호하도록 설계된 합리적이고 공정한 길인가? 아니면 상상하기도 힘들 만큼 큰 부자가 더 부유해지도록 설계된 약탈적인 길인가? 화석 연료 회사와 유람선 여행 회사, 항공사 등 이미 큰 부를 가진 산업을 구제하는 일에 정부가 수십억 달러를 쏟아붓는 길인가? 아니면 그 돈을 전 국민을 지켜 줄 건강 보험의 재원으로, 또 많은 일자리를 만들면서 동시에 기후 변화를 막아 낼 그린 뉴딜의 재원으로 투입하는 길인가?

코로나19 세계적 유행에서 얻은 가장 큰 교훈은 이것이 아닐까 싶다. 개인과 가족, 정부 지도자까지 모두가 어려움을 무릅쓰고 반드시 필요한 변화를 이루었다는 사실이다. 그것도 이제껏 어느 누구도 상상해 본 적 없는 변화를 이루었다. 그리고 많은 사람이 의료인을 위해 마스크와 의료 장비를 만들거나, 능력 닿는 대로 이웃 노인들을 돕는 등 자상하고 창의적인 방법으로 어려운 상황을 헤쳐 나갔다. 정부들은 국가 경제를 부양하는 데 필요한 재원을 찾아냈다.

코로나19 세계적 유행은 모든 면에서 우리의 의지와 능력을 시험했다. 그리고 사회가 나아갈 방향과 관련한 신속하고도 대대적인 변화가 충분히 가능하다는 것을 다시 한번 일깨워 주었다. 모든 것을 바꾸는 것은 충분히 가능하다. 이제 남은 과제는 우리가 가진 창의력과 에너지와 자원을 이용하여 코로나19를 극복하면서 동시에 기후 변화를 극복하고 정의로운 사회와 더 공정한 미래를 이루는 것이다.

부록: 기후 재해에 대한 자연적인 해결책

(2019년 4월 공개서한)

우리 세계는 두 가지 실존적 위기에 처해 있다. 무서울 정도로 빠르게 진행되고 있는 기후 붕괴와 생태계 붕괴다. 우리의 생명을 부양하는 시스템이 순식간에 붕괴하는 것을 막아 내기 위해서 긴급한 조치를 취해야 하는데도 불구하고, 우리는 이 두 위기 모두에 대해서 긴급한 조치를 취하지 않고 있다. 이 글을 쓰는 목적은 기후 위기를 방지하면서 동시에 생태계를 보호하는 데 대단히 놀라운 기여를 하는데도 불구하고 소홀히 여겨져 온 방법, 즉 자연적인 기후 해법을 강력히 옹호하는 데 있다. 자연적인 기후 해법은 생태계를 보호하고 복원하여 대기 중의 이산화탄소를 흡수하는 접근법이다.

숲, 토탄 지대, 맹그로브, 소금 습지, 천연의 해저면 등 중요한 생태계를 보호하고 복원하면 많은 양의 탄소를 대기에서 흡수해 저장할 수 있다. 또 이런 생태계를 보호하고 복원하면 여섯 번째 대멸종을 최소화하면서 동시에 인근 주민들의 기후 재해에 대한 탄력성을 강화하는 데 도움을 줄 수 있다. 이처럼 생태계 보호와 기후 보호는 대개의 경우 동일한 효과를 낸다. 그런데도 이제껏 이 잠재력은 대부분 간과되어 왔다.

우리는 연구와 재정적 지원 사업의 신속한 집행과 정치적 선언을 통해서 자연적인 기후 해법을 적극 지원할 것을 정부들에 촉구한다. 여기서 짚어 두고 싶은 점은 이런 해법이 반드시 충분한 정보가 제공된 상태에서 원주민을 비롯한 여러 지역 사회의 자유로운 사전 동의 및 참여와 함께 시행되어야 한다는 것이다.

단, 이 해법이 산업 경제에서의 신속하고 포괄적인 탄소 감축 노력을 대체하는 용도로 이용되어서는 안 된다. 기후 위기를 빚어내는 모든 원인을 해결하는 것을 목표로 충분한 재원이 투입된 헌신적인 프로그램을 진행해야만 우리는 지구 온도 상승을 섭씨 1.5도 이하로 억제하는 데 기여할 수 있다. 우리는 자연적인 기후 해법까지 포함하여 환경 위기와 기후 위기의 극복에 필요한 프로그램을 긴급히 시행할 것을 요구한다.

그레타 툰베리 기후 활동가
마거릿 애트우드 저술가
마이클 만 대기 과학부 석좌 교수
나오미 클라인 저술가 겸 사회 활동가
모하메드 나시드 몰디브 전 대통령
로완 윌리엄스 전 캔터베리 대주교

다이아 미르자 배우 겸 유엔 환경 계획 친선 대사

브라이언 이노 음악가 겸 예술가

필립 풀먼 저술가

빌 맥키번 저술가 겸 사회 활동가

사이먼 루이스 지구 과학 교수

휴 펀리위팅스톨 방송 진행자 겸 저술가

샬럿 휠러 산림 복원 과학자

데이비드 스즈키 과학자 겸 저술가

아노니 음악가 겸 예술가

아샤 데 보스 해양 생물학자

옙 사노 활동가

비투 사갈 조수 보호 재단 설립자

존 사우벤 그린피스 영국 대표

크레이그 베넷 지구의 벗 대표

루스 데이비스 조류 보호 단체 RSPB 부회장

리베카 리글리 생태 복원 재단 리와일딩 브리튼 대표

조지 몬비오트 언론인

더 찾아볼 자료

도서

Lucy Diavolo, ed., *No Planet B: A Teen Vogue Guide to the Climate Crisis* (Chicago: Haymarket Books, 2021).

Jamie Margolin, *Youth to Power: Your Voice and How to Use It* (New York: Hachette Go, 2020).

Don Nardo, *Planet Under Siege: Climate Change* (San Diego: Reference Point Press, 2020).

New York Times Editorial, *Climate Refugees* (New York: New York Times Educational Publishing, 2018).

Greta Thunberg, *No One Is Too Small to Make a Difference* (New York: Penguin, 2019).

온라인 자료

https://www.youtube.com/watch?v=KAJsdgTPJpU

From PBS Newshour, Greta Thunberg's scorching speech at the United Nations on September 23, 2019.

https://www.youtube.com/watch?v=d9uTH0iprVQ

「미래에서 온 메시지A Message from the Future」는 그린 뉴딜 이후의 삶을 그린 단편 애니메이션 영화이다. 알렉산드리아 오카시오코르테스가 내레이션을 맡고, 몰리 크래배플, 아비 루이스, 나오미 클라인이 공동 제작했다.

https://www.youtube.com/watch?v=2m8YACFJlMg

「미래에서 온 메시지 II: 복구의 시대A Message from the Future II: Year of Repair」이 단편 애니메이션 영화는 2020년대에 발생한 세계적인 전염병과 인종 차별 반대 운동을 도약의 기회로 삼아 더 나은 사회를 세우고 지구를 치유하는 데 성공한 미래 모습을 그리고 있다.

https://www.youtube.com/watch?v=_h1JbSBqZpQ

「Autumn Peltier and Greta Thunberg」이 단편 영화에서 나오미 클라인은 2020년 토론토 국제 영화제에 출품된 다큐멘터리의 주인공인 청소년 활동가 어텀 펠티에와 그레타 툰베리와 대담을 나눈다.

https://solutions.thischangeseverything.org/

〈Beautiful Solutions〉은 환경과 사회 정의 이야기와 아이디어, 가치, 그리고 이 목표를 향해 노력하는 청소년들을 비롯한 세계 각지의 많은 활동가의 사례를 보여 준다.

https://stopthemoneypipeline.com/

〈Stop the Money Pipeline〉는 세계의 기후를 망가뜨리고 있는 화석 연료 산업의 책임을 묻는 운동이다. 화석 연료 사업에 들어가는 돈이 어디서 나오는지 사람들에게 알리고 은행을 비롯한 금융 기관이 이 사업에 대한 투자를 거부하도록 이끄는 것이 이 운동의 활동 목표다.

https://leapmanifesto.org/en/the-leap-manifesto/

〈도약 선언문The Leap Manifesto〉은 에너지 민주주의, 사회 정의, 그리고 〈지구와 서로를 돌보는 것에 기초한〉 공적인 삶을 촉구한다. 원주민 대표들과 여러 운동에 참여하는 활동가들이 캐나다를 위해 만든 도약 선언문이지만, 이 선언문에 담긴 비전은 어디에나 적용된다.

https://www.youtube.com/watch?v=kP5nY8lzURQ

〈Sink or Swim Project〉는 기후 변화를 주제로 한 청소년 활동가 델라니 레이놀즈의 TEDxYouth 강연 영상이다(시간 7분 30초).

https://naomiklein.org/

나오미 클라인의 웹 사이트. 나오미 클라인이 쓴 기사와 책, 제작한 영화에 대한 정보가 있다.

https://www.sunrisemovement.org/

〈The Sunrise Movement〉의 웹 사이트. 여러분이 사는 지역에서 활동하는 그룹에 대한 온라인 자료와 정보를 찾을 수 있다.

https://climatejusticealliance.org/workgroup/youth/

〈The Youth Working Group of the Climate Justice Alliance〉의 웹 페이지.

https://www.earthguardians.org
〈Earth Guardians〉는 다양한 활동에 전념하고 있으며 전 세계 젊은이들이 환경, 기후 및 사회 정의를 위한 싸움의 지도자가 될 수 있도록 훈련한다.

http://thisiszerohour.org
〈Zero Hour〉의 웹 사이트. 유색인 활동가들이 설립하고 이끄는 조직이다.

https://strikewithus.org/
자본주의에 반대하는 사람들과 노동 계급, 그리고 다양한 인종으로 구성된 청년들이 기후 행동을 위해 조직한 연합체이다.

https://www.vice.com/en_us/article/8xwvq3/11-young-climate-justice-activists-you-need-to-pay-attention-to-beyond-greta-thunberg
이 책이나 다른 책에서 다룬 몇몇 활동가에 대해 간략히 소개하고 있는 온라인 기사이다.

참고 문헌
(2020년 4월 29일 기준)

1장 행동에 나선 아이들

Naomi Klein, *On Fire*. 한국어판은『미래가 불타고 있다』(열린책들, 2021).

https://www.theguardian.com/commentisfree/2019/sep/23/world-leaders-generation-climate-breakdown-greta-thunberg

https://time.com/collection-post/5584902/greta-thunberg-next-generation-leaders/

https://skepticalscience.com/animal-agriculture-meat-global-warming.htm

https://unfoundation.org/blog/post/5-things-to-know-about-greta-thunbergs-climate-lawsuit/

https://www.usatoday.com/story/news/world/2019/09/26/meet-greta-thunberg-young-climate-activists-filed-complaint-united-nations/2440431001/

https://earthjustice.org/blog/2019-september/greta-thunberg-young-people-petition-UN-human-rights-climate-change/

2장 누가 세상을 뜨겁게 만드나

Naomi Klein, *On Fire*.

Naomi Klein, *This Changes Everything*. 한국어판은『이것이 모든 것을 바꾼다』(열린책들, 2016).

https://www.newsweek.com/record-hit-ice-melt-antarctica-day-climate-emergency-1479326

https://www.theguardian.com/world/2019/dec/29/moscow-resorts-to-fake-snow-in-warmest-december-since-1886

https://www.theguardian.com/commentisfree/2019/dec/20/2019-has-been-a-year-of-climate-disaster-yet-still-our-leaders-procrastinate

https://www.vox.com/2019/12/30/21039298/40-celsius-australia-fires-2019-heatwave-climate-change

https://insideclimatenews.org/news/31102018/jet-stream-climate-change-study-extreme-weather-arctic-amplification-temperature

https://350.org/press-release/1-4-million-students-across-the-globe-demand-climate-action/

https://www.climate.gov/news-features/understanding-climate/climate-change-global-temperature

https://www.businessinsider.com/greenland-ice-melting-is-2070-worst-case-2019-8

https://www.ncdc.noaa.gov/news/what-paleoclimatology

https://www.giss.nasa.gov/research/features/201508_slushball

https://climate.nasa.gov/nasa_science/science/

https://nas-sites.org/americasclimatechoices/more-resources-on-climate-change/climate-change-lines-of-evidence-booklet/evidence-impacts-and-choices-figure-gallery/figure-9/

https://www.theguardian.com/environment/2019/nov/27/climate-emergency-world-may-have-crossed-tipping-points

https://www.ipcc.ch/sr15/chapter/spm/

https://insideclimatenews.org/news/19022019/arctic-bogs-permafrost-thaw-methane-climate-change-feedback-loop

https://www.climate.gov/news-features/understanding-climate/climate-change-global-sea-level

https://www.climate.gov/news-features/understanding-climate/climate-change-global-temperature

https://climateactiontracker.org/global/cat-thermometer/

https://www.ncdc.noaa.gov/sotc/global/201911

https://www.climaterealityproject.org/blog/why-15-degrees-danger-line-global-warming

https://www.reuters.com/article/us-palmoil-deforestation-study/palm-oil-to-blame-for-39-of-forest-loss-in-borneo-since-2000-study-idUSKBN1W41HD

https://oceanservice.noaa.gov/facts/acidification.html

https://www.npr.org/sections/thesalt/2018/06/19/616098095/as-carbon-dioxide-levels-rise-major-crops-are-losing-nutrients

https://climate.nasa.gov/evidence/

https://journals.ametsoc.org/doi/10.1175/BAMS-D-16-0007.1

https://earthobservatory.nasa.gov/features/GlobalWarming/page3.php

https://www.eia.gov/tools/faqs/faq.php?id=73&t=1

3장 기후와 정의

Naomi Klein, *The Shock Doctrine*. 한국어판은 『자본주의는 어떻게 재난을 먹고 괴물이 되는가』 (모비딕북스, 2021).

Naomi Klein, *No is Not Enough*. 한국어판은 『노로는 충분하지 않다』 (열린책들, 2018).

Naomi Klein, *This Changes Everything*.

"Only a Green New Deal Can Douse the Fires of Eco-Fascism"(https://theintercept.com/2019/09/16/climate-change-immigration-mass-shootings) by Naomi Klein

https://www.greenpeace.org.uk/news/black-history-month-young-climate-activists-in-africa/

https://www.nobelprize.org/prizes/peace/2004/maathai/biographical/

https://www.bloomberg.com/graphics/2019-can-renewable-energy-power-the-world/

https://wagingnonviolence.org/2016/03/how-montanans-stopped-otter-creek-mine-coal-in-north-america/

참고 문헌 319

https://theintercept.com/2019/09/16/climate-change-immigration-mass-shootings/

https://www.huffpost.com/entry/naomi-klein-climate-green-new-deal_n_5e0f66e4e4b0b2520d20b7a5

https://lareviewofbooks.org/article/against-climate-barbarism-a-conversation-with-naomi-klein/

https://theintercept.com/2019/09/16/climate-change-immigration-mass-shootings/

https://www.huffpost.com/entry/naomi-klein-climate-green-new-deal_n_5e0f66e4e4b0b2520d20b7a5

https://lareviewofbooks.org/article/against-climate-barbarism-a-conversation-with-naomi-klein/

https://www.theguardian.com/environment/2016/oct/26/oil-drilling-underway-beneath-ecuadors-yasuni-national-park

https://news.mongabay.com/2019/07/heart-of-ecuadors-yasuni-home-to-uncontacted-tribes-opens-for-oil-drilling/

4장 과거를 불태우고 미래를 세우자

Naomi Klein, *This Changes Everything*.

https://www.egr.msu.edu/~lira/supp/steam/wattbio.html

http://ipod-ngsta.test.nationalgeographic.org/thisday/dec4/great-smog-1952/

https://www.history.com/news/the-killer-fog-that-blanketed-london-60-years-ago

https://www.usatoday.com/story/news/world/2016/12/13/scientists-say-theyve-solved-mystery-1952-london-killer-fog/95375738/

https://theculturetrip.com/europe/united-kingdom/england/london/articles/london-fog-the-biography/

5장 충돌의 순간이 다가오다

Naomi Klein, *This Changes Everything*.

Naomi Klein, *On Fire*.

https://www.teenvogue.com/gallery/8-young-environmentalists-working-to-save-earth

https://www.sanclementetimes.com/ground-san-clemente-high-school-environmental-club-gets-ready-new-year/

https://acespace.org/people/celeste-tinajero/

http://miamisearise.com/

https://www.scientificamerican.com/article/exxon-knew-about-climate-change-almost-40-years-ago/

https://www.theguardian.com/commentisfree/2020/jan/20/big-oil-congress-climate-change

https://thebulletin.org/2019/12/fossil-fuel-companies-claim-theyre-helping-fight-climate-change-the-reality-is-different/

https://insideclimatenews.org/content/Exxon-The-Road-Not-Taken

https://www.ucsusa.org/sites/default/files/attach/2015/07/The-Climate-Deception-Dossiers.pdf

https://www.thenation.com/article/exxon-lawsuit-climate-change/

https://www.bloomberg.com/news/articles/2019-09-12/houston-ship-channel-partially-shut-by-greepeace-protestors

https://www.greenpeace.org/usa/meet-the-brave-activists-who-shut-down-the-largest-fossil-fuel-ship-channel-in-the-us-for-18-hours/

https://www.theguardian.com/us-news/2019/nov/23/harvard-yale-football-game-protest-fossil-fuels

https://www.theguardian.com/business/2020/jan/15/harvard-law-students-protest-firm-representing-exxon-climate-lawsuit

https://www.independent.co.uk/news/uk/home-news/extinction-rebellion-shell-aberdeen-protest-climate-crisis-xr-a9286331.html

6장 우리 집과 지구를 지키자

Naomi Klein, *This Changes Everything*.

https://www.cbc.ca/news/business/enbridge-northern-gateway-agm-1.512878

http://priceofoil.org/2016/07/01/victory-for-first-nations-in-northern-gateway-fight/

https://insideclimatenews.org/news/03052018/enbridge-fined-tar-sands-oil-pipeline-inspections-kalamazoo-michigan-dilbit-spill

https://www.cer-rec.gc.ca/sftnvrnmnt/sft/dshbrd/dshbrd-eng.html

https://www.npr.org/2018/11/29/671701019/2-years-after-standing-rock-protests-north-dakota-oil-business-is-booming

https://psmag.com/magazine/standing-rock-still-rising

https://theintercept.com/2017/05/27/leaked-documents-reveal-security-firms-counterterrorism-tactics-at-standing-rock-to-defeat-pipeline-insurgencies/

https://www.nytimes.com/interactive/2016/11/23/us/dakota-access-pipeline-protest-map.html

https://theintercept.com/2017/05/27/leaked-documents-reveal-security-firms-counterterrorism-tactics-at-standing-rock-to-defeat-pipeline-insurgencies/

https://www.phmsa.dot.gov/

https://earther.gizmodo.com/this-14-year-old-standing-rock-activist-got-a-spotlight-1823522166

https://www.billboard.com/articles/events/oscars/8231872/2018-oscars-andra-day-common-marshall-performance-activists-who-are-they

https://www.ourchildrenstrust.org/juliana-v-us

https://static1.squarespace.com/static/571d109b04426270152febe0/t/5e22508873d1bc4c30fad90d/1579307146820/Juliana+Press+Release+1-17-20.pdf

https://www.theatlantic.com/science/archive/2020/01/read-fiery-dissent-childrens-climate-case/605296/

https://time.com/5767438/climate-lawsuit-kids/

https://www.businessinsider.com/juliana-vs-united-states-kids-climate-change-case-dismissed-2020-1

http://ourislandsourhome.com.au/

https://www.theguardian.com/australia-news/2019/may/13/torres-strait-islanders-take-climate-change-complaint-to-the-united-nations

https://www.businessinsider.com/torres-strait-islanders-file-un-climate-change-complaint-against-australian-government-2019-5

7장 미래를 바꾸자

Naomi Klein, *This Changes Everything*.

Naomi Klein, *On Fire*.

Naomi Klein, *The Battle for Paradise*.

https://www.theguardian.com/environment/2019/apr/03/a-natural-solution-to-the-climate-disaster

https://www.globalccsinstitute.com/resources/global-status-report/

https://www.virgin.com/content/virgin-earth-challenge-0

https://www.sciencedirect.com/science/article/pii/S1876610217317174

https://blogs.ei.columbia.edu/2018/11/27/carbon-dioxide-removal-climate-change/

https://www.treehugger.com/environmental-policy/environmentalists-call-carbon-capture-and-storage-forests.html

https://www.ipcc.ch/sr15/

https://www.themanufacturer.com/articles/carbon-capture-and-storeage-takes-a-step-forward/

https://horizon-magazine.eu/article/storing-co2-underground-can-curb-carbon-emissions-it-safe.htm

https://www.nationalgeographic.com/environment/2019/07/how-to-erase-100-years-carbon-emissions-plant-trees/

https://www.bgs.ac.uk/science/CO2/home.html

https://science.sciencemag.org/content/365/6448/76

https://www.technologyreview.com/s/614025/geoengineering-experimentharvard-creates-governance-committee-climate-change/

https://www.scientificamerican.com/article/risks-of-controversial-geoengineering-approach-may-be-overstated/

https://www.iflscience.com/environment/bill-gatesbacked-controversial-geoengineering-test-moves-forward-with-new-committee/

https://www.salon.com/2020/01/14/why-solve-climate-change-when-you-can-monetize-it/

https://www.nationalgeographic.com/environment/oceans/dead-zones/

https://www.sciencedaily.com/releases/2012/06/120606092715.htm

https://www.businessinsider.com/elon-musk-spacex-mars-plan-timeline-2018-10

https://www.popularmechanics.com/science/a30629428/rand-paul-climate-change-terraform-planets/

https://www.vice.com/en_us/article/8xwvq3/11-young-climate-justice-activists-you-need-to-pay-attention-to-beyond-greta-thunberg

https://www.umass.edu/events/workshop-student-leadership

https://solutions.thischangeseverything.org/module/rebuilding-greensburg,-kansas

https://www.usatoday.com/story/news/greenhouse/2013/04/13/greensburg-kansas/2078901/

https://www.kshs.org/kansapedia/greensburg-tornado-2007/17226

https://www.kansas.com/news/weather/tornado/article147226009.html

https://www.kwch.com/content/news/Greensburg--420842963.html

https://www.usgbc.org/articles/rebuilding-and-resiliency-leed-greensburg-kansas

8장 그린 뉴딜

Naomi Klein, *On Fire*.

Naomi Klein, *This Changes Everything*.

https://web.stanford.edu/class/e297c/poverty_prejudice/soc_sec/hgreat.htm

https://www.theatlantic.com/ideas/archive/2019/03/surprising-truth-about-roosevelts-new-deal/584209/

https://www2.gwu.edu/~erpapers/teachinger/glossary/nya.cfm

https://livingnewdeal.org/creators/national-youth-administration/

https://history.state.gov/milestones/1945-1952/marshall-plan

https://solutions.thischangeseverything.org/module/buen-vivir

https://www.theguardian.com/sustainable-business/blog/buen-vivir-philosophy-south-america-eduardo-gudynas

https://www.history.com/topics/great-depression/civilian-conservation-corps

9장 청소년 활동가의 강력한 도구

Naomi Klein, *On Fire*.

https://www.campaigncc.org/schoolresources

https://edsource.org/2019/teachers-and-students-push-for-climate-change-education-in-california/618239

https://www.scientificamerican.com/article/some-states-still-lag-in-teaching-climate-science/

https://www.studyinternational.com/news/climate-change-education-schools/

https://www.nytimes.com/2019/11/05/world/europe/italy-schools-climate-change.html

https://www.nbcnews.com/news/world/global-climate-strike-protests-expected-draw-millions-n1056231

https://www.buzzfeednews.com/article/zahrahirji/climate-strike-greta-thunberg-fridays-for-future

https://climatecommunication.yale.edu/publications/consumer-activism-global-warming/

https://www.commondreams.org/news/2020/02/03/divestment-fever-spreads-eco-radicals-goldman-sachs-downgrade-exxon-stock-sell

https://350.org/press-release/global-fossil-fuel-divestment-11t/

https://www.democracynow.org/2019/12/12/cop25_vanessa_nakate_uganda

https://www.nationalgeographic.com/news/2017/03/felix-finkbeiner-plant-for-the-planet-one-trillion-trees/

https://www.plant-for-the-planet.org/en/home

https://www.reuters.com/article/us-climate-change-un-youth/young-climate-activists-seek-step-up-from-streets-to-political-table-idUSKBN1W60OD

https://www.businessinsider.com/youngest-politicians-around-world-2019-3#senator-jordon-steele-john-elected-in-2017-at-the-age-of-22-is-currently-the-youngest-member-of-australias-parliament-he-is-also-the-first-with-a-disability

https://www.reuters.com/article/us-climate-change-un-youth/young-climate-activists-seek-step-up-from-streets-to-political-table-idUSKBN1W60OD

http://www.wansolwaranews.com/2019/08/09/law-students-push-for-urgent-advisory-opinion-as-climate-fight-gains-momentum/

http://www.sciencenewsforstudents.org/article/using-art-show-climate-change-threat

https://willamettepartnership.org/honoring-our-rivers-fledges-the-nest/

결론: 세 번째 불, 청소년의 힘

Naomi Klein, *On Fire*.

Naomi Klein, *This Changes Everything*.

사진 출처

8면(위) Toby Hudson, Wikimedia, CCA-SA 3.0

8면(아래) Sergio Llaguno/Dreamstime.com

20면 Holli/Shutterstock

26면 Anders Hellberg, Wikimedia, CCA-SA 4.0

31면 Mark Lennihan/AP/Shutterstock

36면 NASA

41면 eyecrave/iStock

52면 USG

66면 ioerror, Flickr/Wikimedia, CCA-SA 2.0

86면 Avi Lewis

103면 Danita Delimont/Alamy Stock Photo

117면 Alan Tunnicliffe/Shutterstock

125면 VectorMine/iStock

130면 NT Stobbs, Wikimedia, CCA-SA 2.0

137면 Stinger/Alamy Stock Photo

155면 Joe Sohm/Dreamstime.com

161면 Johnny Silvercloud, Wikimedia, CCA-SA 2.0

감사의 말

나오미 클라인

헌신적이고 재능 있는 협력자 리베카 스테포프를 만나게 되어 대단히 기쁘다. 이 책은 그의 비전과 세심한 노력 덕분에 탄생할 수 있었고, 이 책에서 소개된 젊은 기후 활동가들의 감동적인 활약상 가운데 상당수를 그가 맡아 써주었다. 우리 두 사람을 맺어 주고 이 책의 간행을 추진해 준 앤서니 아노브에게 무한한 감사를 드린다. 알렉사 패스터는 우리가 책을 펴낼 수 있는 훌륭한 출판사를 제공해 주었고 편집과 관련하여 여러 가지 통찰력 있는 조언을 해주었다. 라지브 시코라는 기후와 관련된 풍부한 지식을 동원하여 사실 확인 작업을 맡아 주었고, 재키 조이너는 지칠 줄 모르는 집중력과 선의를 가지고 우리를 이끌어 주었다. 아비루이스는 모든 일에서 내게 도움을 주는 파트너다. 이 책은 내가 약 15년간 취재하고 저술해 온 내용을 바탕으로 한 것이다. 따라서 나의 취재와 저술에 도움을 준 모든 과학자와 활동가, 작가,

편집자, 친구 들의 이름을 빠짐없이 들면서 이들의 공을 치하하기란 불가능할 것 같다. 대신에 이 자리를 빌려 호기심과 도덕성과 자연에 대한 사랑을 품고 내게 기쁨과 영감을 불어넣어 준 여러 청소년 독자들을 소개하고자 한다. 조, 애런, 테오, 제브, 요아브, 짐리, 요시, 미카, 틸리, 레비, 네이트, 에브, 아를로, 조지아, 미리암, 비어트리스, 메이비스, 레오, 닉, 애덤, 그리고 나의 어여쁜 바다 소년 토마, 모두들 고맙다.

리베카 스테포프

이 책의 집필에 나를 참여시켜 준 나오미 클라인과 앤서니 아노브에게 깊은 감사를 전한다. 나오미는 여러 해에 걸친 열정적인 저술로 내게 영감을 불어넣어 주었다. 젊은 독자들을 위한 애쓰니엄 북스 청소년 팀과 이 책의 출간을 도와준 여러 사람들, 그리고 늘 변함없이 나를 지지해 주는 파트너 자카리 에드먼슨에게도 감사드린다. 무엇보다도 모든 것을 바꾸는 활동에 이미 뛰어들었거나 이제 막 발을 들여놓은 열정적인 청소년 활동가들에게 헤아릴 수 없이 깊은 고마움을 전하고 싶다.

옮긴이의 말

나오미 클라인이 2014년에 쓴 기후 환경서 제목이 원제로 〈This Changes Everything〉이다. 나는 이 책을 영문 원서로 만나 2016년에 번역을 끝냈고, 그해 〈이것이 모든 것을 바꾼다〉라는 한국어판 제목을 달고 출간되었다. 벌써 오래전 일이다.

나오미 클라인의 글에서는 알토란 같은 정보가 넘쳐 난다. 그러나 책상에 앉아 쓴 글이 아니라 뜨거운 현장에서 쓴 글이라는 느낌이 확실하게 온다. 기후 변화와 관련한 활동을 하며 만난 사람들 이야기, 겪은 이야기가 생생하게 녹아 있으니까. 『이것이 모든 것을 바꾼다』 출간 후에도 그는 꾸준히 책을 쓰고 맹렬히 활동하고 있다(나 역시 그가 쓴 책 여러 권을 만나 번역했다).

이번에 나오미 클라인의 책을 다시 만났다. 바로 이 책이다. 원제가 〈How to Change Everything(모든 것을 바꾸는 방법)〉이라 앞에 소개한 〈This Changes Everything〉과 잇닿아 있어 반가운 마음이 들었다. 게다가 청소년을 위한 책이라 더 반가웠다.

미래를 일구어 갈 청소년의 힘을 알기 때문이다.

나오미 클라인은 잘난 척을 하지 않는다. 글을 읽다 보면, 〈이건 나 혼자 쓴 글이 아니에요〉, 〈내 글은, 그리고 내 활동은 많은 사람이 이뤄 가는 활동에 빚을 지고 있어요〉라는 목소리가 전해지는 듯하다. 그리고 그 뒤에서 더 큰 울림이 번져 나온다. 〈당신이 필요해요. 당신도 와서 한몫을 보태세요.〉

나오미 클라인의 글과 활동은 수많은 나라, 수많은 사람의 가슴에 불을 지폈다.

나오미 클라인의 글을 번역하던 나의 가슴에도 불을 지폈다. 우리가 기후 위기에 삼켜지는 걸 막기 위해 나는 작은 일을 시작했다. 글로 기후 행동이 필요함을 알리는 일을 실천하고 있다.

지구를 살리고 지구에 기대어 사는 모든 사람을 살리려면, 모든 것을 바꾸어야 한다. 모든 것을 바꾸려면 수많은 사람이 필요하다. 〈내가 할 수 있는 작은 일부터 시작하는 수많은 사람이 필요하다〉고 그는 (말로만이 아니라, 행동으로) 말한다.

나 역시, 그의 바람대로,
이 책에 소개된 모든 청소년의 바람대로,
모든 일에서 변화가 일어나기를 바란다.
기후 변화가 학교로 가고,
기후 변화가 부엌으로 가고,
기후 변화가 가게로 가고,

기후 변화가 거리로 가고,

기후 변화가 국회로 가고,

기후 변화가 투표장으로 가기를 바란다.

미래가 우리 손을 떠나지 않도록.

2022년 3월

이순희 씀

옮긴이 **이순희** 서울대학교 영어영문학과를 졸업하고 번역가와 청소년 도서 저술가로 활동하고 있다. 나오미 클라인의 『이것이 모든 것을 바꾼다』, 『노로는 충분하지 않다』, 『미래가 불타고 있다』 등 환경, 사회, 경제 분야의 여러 도서를 번역했다. 또 지구와 환경, 기후 변화 문제를 다루는 청소년 도서 『빌 게이츠의 화장실』과 『그레타 툰베리와 함께하는 기후 행동』을 썼다.

미래가 우리 손을 떠나기 전에

발행일 2022년 4월 15일 초판 1쇄

지은이   나오미 클라인 · 리베카 스테포프
옮긴이   이순희
발행인   홍예빈 · 홍유진
발행처   주식회사 열린책들

경기도 파주시 문발로 253 파주출판도시
전화 031-955-4000   팩스 031-955-4004
www.openbooks.co.kr